Um chapéu para viagem

Um chapéu para viagem

MEMÓRIAS

Companhia Das Letras

Copyright © 2010 by Gattai Produções Artísticas Ltda.

1ª edição, Record, Rio de Janeiro, 1982

Grafia atualizada segundo o Acordo Ortográfico
da Língua Portuguesa de 1990, que entrou em vigor no Brasil em 2009.

Projeto gráfico
Rita da Costa Aguiar

Imagem da capa
Xilogravura de Calasans Neto

Pesquisa iconográfica
Bete Capinan

Preparação
Cristina Yamazaki/ Todotipo Editorial

Índice onomástico
Todotipo Editorial

Revisão
Huendel Viana
Márcia Moura

Dados Internacionais de Catalogação na Publicação (CIP)
(Câmara Brasileira do Livro, SP, Brasil)

Gattai, Zélia
  Um chapéu para viagem: memórias/ Zélia Gattai.
  — São Paulo: Companhia das Letras, 2010.

  ISBN 978-85-359-1593-8

  1. Amado, Jorge, 1912-2001 2. Escritores brasileiros — Biografia
  3. Gattai, Zélia, 1916-2008 4. Memórias autobiográficas I. Título.

09-12655   CDD-928.699

Índice para catálogo sistemático:
1. Escritores brasileiros : Biografia 928.699

[2010]
Todos os direitos desta edição reservados à
EDITORA SCHWARCZ LTDA.
Rua Bandeira Paulista, 702, cj. 32
04532-002 — São Paulo — SP
Telefone (11) 3707-3500
Fax (11) 3707-3501
www.companhiadasletras.com.br

PARA Jorge, nos seus setenta anos, com amor.

PARA Lalu e seu João, com saudades.

PARA Alice Raillard, Anny-Claude Basset, Amália Hermano Teixeira, Antoinette Hallery, Auta Rosa, Calasans Neto, Elcy Santos Freire, Glória Machado, Heloísa Ramos, Lúcia Victória Peltier de Queiroz, Luiza Amado e Maria Clarinda Lima de Carvalho, que viram este livro nascer e crescer.

"Dona Eulália é uma pessoa original!"

OPINIÃO DE DONA ANGELINA

Há pouco mais de três anos, rendendo-me à afetuosa pressão de meus filhos Paloma e João Jorge para que escrevesse as histórias de minha infância que repetidas vezes lhes contara no correr dos anos, decidi-me a fazê-lo, tendo comprovado ser muito mais fácil contar do que escrever. Conversa puxa conversa, de repente me encontrei com quase trezentas páginas escritas à máquina. Mostrei-as a Jorge Amado, meu marido, certa de que ele iria rir de meu atrevimento ("menina atrevida", como dizia dona Angelina, minha mãe, quando eu fazia qualquer coisa inesperada). Para surpresa minha, ao contrário do que eu imaginara, Jorge aconselhou-me a reunir os originais em livro. Assim nasceu *Anarquistas, graças a Deus*, editado por Alfredo Machado (Record), em novembro de 1979. A publicação desse livro deu-me muitas alegrias, pois interessou a inúmeras pessoas no Brasil e no estrangeiro. A crítica foi generosa tanto aqui como em Portugal; recebi centenas de cartas que me comoveram, reencontrei amigos de infância, ganhei amigos novos. Aos que me perguntaram quando publicaria novo volume de memórias, respondi que com *Anarquistas, graças a Deus* iniciara e encerrara minha carreira literária. Era essa realmente minha intenção.

Acontece que em 1981 comemorou-se o cinquentenário da publicação do primeiro romance de Jorge, e em agosto de 1982 ele completaria setenta anos de idade. Muitas manifestações de carinho lhe estão sendo prestadas por motivo do duplo aniversário. Que presente poderia eu dar a meu marido em ocasião tão especial? Ocorreu-me a ideia de homenageá-lo narrando um pouco de sua vida, sobretudo de sua infância, reproduzindo histórias ouvidas da boca de seus pais, coronel João Amado de Faria e dona Eulália Leal Amado, seu João e Lalu, duas pessoas extraordinárias. Achei que presente melhor não podia lhe dar do que o relato de minha convivência com seus pais e seus irmãos, num período extremamente fecundo de nossa vida, de 1945 a 1948.

Assim nasceu este livro, no qual comecei a trabalhar em 1980 e que só agora consegui concluir [1982], tendo sido muitas vezes interrompida pelas contingências de nossa vida, sobrecarregada de viagens e compromissos. Escritos e revisados os originais, faltava título que os encabeçasse. Optei por *Um chapéu para viagem*, já que o livro começa com uma viagem e termina com outra, viagens fundamentais em minha vida. Para cada uma delas ganhei um chapéu, dois belos chapéus que impressionaram e inquietaram Lalu, preocupada que me dessem "quentura na cabeça". Em verdade, na hora de partir de São Paulo para o Rio de Janeiro e ao deixar o Rio para a Europa, em ambas as viagens tinha a cabeça quente, estourando. Não devido ao chapéu, é claro!

ZÉLIA GATTAI

DEZEMBRO DE 1945 — VÉSPERA DE VIAGEM

Tudo arrumado, malas prontas, o apartamento com ar de abandono. Partiríamos no dia seguinte para o Rio de Janeiro. Jorge acabara de ser eleito deputado federal por São Paulo. Convocado meses antes pelo Partido Comunista, do qual era membro, foi-lhe comunicado ter sido seu nome um dos escolhidos para compor a chapa de candidatos do partido a deputado federal por São Paulo, nas eleições marcadas para 2 de dezembro daquele ano de 1945. Jorge relutara em aceitar, não nascera para político profissional, a atuação parlamentar não o tentava. O que desejava era escrever — sua única vocação —, viajar, ser dono de seu tempo. Não conseguira, no entanto, safar-se da tarefa; os argumentos apresentados convenceram-no: seu renome de escritor ampliaria a chapa, sua popularidade arrastaria votos. Concordou em ser candidato, com uma condição: eleito, renunciaria em seguida ao mandato, cedendo a cadeira no Parlamento a seu suplente.

Os dirigentes tinham razão: Jorge foi eleito com votação excelente; pessoas que não votariam em outro candidato comunista votaram no escritor. Detalhe curioso: obteve a maioria dos votos da colônia judaica, apesar de concorrer também a uma cadeira no Congresso Nacional um judeu ilustre, Horácio Lafer.

Jorge esperava apenas chegar ao Rio para concretizar sua renúncia. Em seguida partiríamos para o Rio Grande do Sul, Uruguai e Argentina, em necessitadas e merecidas férias. Na viagem para o Rio faria minha estreia em avião. Jorge me perguntara se estava com medo de voar e eu lhe dissera que não tinha medo de avião nem de nada; nem mesmo de enfrentar Lalu, acrescentei. Lalu era a forma carinhosa com que marido e filhos tratavam dona Eulália Leal Amado, mãe de Jorge. Já sabia tudo a seu respeito de tanto ouvir falar; tudo e mais ainda, pois seu filho mais velho divertia-se em me assustar:

— Lalu é fogo! — dizia ele. — Vá se preparando! Matreira, sabida como ela só! Tem sangue índio; é desconfiada e curiosa... se prepare para passar no exame... Vai te espremer, te apertar no torniquete, querer saber tudo de tua vida...

Jorge me contara que, havia muitos anos, Lalu perdera a audição:

— Vá se preparando para gritar se quiser que ela te ouça, mas, sobretudo, para ouvir... Minha mãe gosta de contar casos dos filhos, e se você der corda ela vai longe... Tome cuidado, nunca se atreva a fazer queixas de mim — ria divertido.

— Para dona Eulália não existe nada no mundo tão perfeito quanto os três filhos. Ela mente um pouquinho... — disse e foi logo corrigindo: — Mente, não, inventa histórias fantásticas! Tem uma imaginação prodigiosa!

Essa fora a maneira que Jorge encontrara para me apresentar sua mãe e o fazia com graça, entre risadas. Confusa, eu não sabia se devia lhe dar ouvidos ou não. Do coronel João Amado, o pai, as informações eram mais alentadoras:

— O Coronel é alegre, bastante franco, às vezes um pouco rude, diz as coisas na cara... Só fala aos berros. Acostumado a gritar com os jagunços no tempo da conquista da mata, continuou por hábito e por necessidade, com o problema da surdez de mamãe. Boa pessoa, é um grande coração.

Jorge não escondia sua admiração pelos pais. Naquela última semana de São Paulo, ele lhes telefonara várias vezes para o Rio, onde viviam, hóspedes de um pequeno hotel na rua Santo Amaro, o Hotel Ópera. Chamadas interurbanas, difíceis de serem obtidas, com horas e horas de espera, requerendo um tom de voz especial, gritado e prolongado, voz de longa distância:

— ... É... Chegamos no domingo... meio-dia mais ou menos... Olhe! Vou casado! Já sabia?... o nome dela é Zélia... é... Zélia... Olhe, diga à minha mãe que ela vai gostar da nora... o senhor também, é claro... diga a Joelson para ir com vocês ao aeroporto...

UM CHAPÉU PARA VIAGEM

Fanny Rechulski, secretária de Jorge, quis saber qual chapéu eu usaria na viagem.

— Chapéu? — admirei-me.

Não cogitara disso, nem pensara usar chapéu... Havia muito tempo que não possuía nenhum.

— E você acha que é preciso chapéu para viajar de avião, Fanny?

— Bem, preciso não é... mas cairia bem. O chapéu sempre dá um toque chique, dá mais importância... Teus sogros não vão esperar vocês no aeroporto?

— Os velhos e Joelson também... — respondi, rindo para Fanny com malícia.

Joelson, o segundo irmão de Jorge, estudante de medicina, havia pouco estivera em São Paulo e tínhamos pilheriado, inventando um imaginário casamento de Fanny com ele. Joelson regressara para o Rio mas a brincadeira perdurava.

Fanny já trabalhava para Jorge havia algum tempo, quando eu me mudei para o apartamento que ele ocupava na avenida São João, em agosto de 1945. A partir daquela data, tornara-se pública a nossa ligação. A notícia espalhou-se rapidamente e não faltaram comentários.

Bastante relacionada e por dentro dos disse que disse, em geral desfavoráveis, Fanny me punha a par das últimas novidades. A minha união com Jorge incomodara muita gente, transformara-se num pequeno escândalo, repercutindo nos meios de esquerda e em portas de livrarias. Agora íamos partir deixando para trás todos aqueles mexericos.

Ao regressar do almoço, naquela tarde, Fanny trouxe uma caixa de papelão redonda, dentro dela um chapéu de feltro bege.

— É para tua viagem, combina com a saia marrom e a blusa creme que você vai usar. Ganhei de presente de minha tia Cora, está quase novo, veja. Usei pouco, só umas duas ou três vezes.

A tia de Fanny, chapeleira famosa, cobria e enfeitava as cabeças das damas mais chiques de São Paulo e Rio. Um chapéu com etiqueta Cora custava um dinheirão, não era para qualquer uma. Segundo Fanny, a tia ficara "podre de rica" fazendo chapéus. Aquele que eu acabava de ganhar era sóbrio e elegante: aba levantada de um lado, caída do outro, cobrindo a orelha direita em ligeira curva.

Sem dar tempo para outras explicações, meti o elegante Cora na cabeça:

— Deixa ver se me fica bem...

Segurando pela parte desabada, puxei-o para baixo. Ouvi apenas um grito assustado de Fanny:

— Ai!

Meus dedos se enterravam na parte levemente em curva do feltro, varando-a de lado a lado. A pobre moça, coitada, estava sem jeito. Eu não lhe dera oportunidade de me fazer o histórico da preciosa prenda. Ela a havia recebido das mãos da tia com a recomendação de que tivesse todo o cuidado ao colocá-lo na cabeça. Uma freguesa grã-fina, que o encomendara, havia estragado o chapéu, esgarçando o feltro ao experimentá-lo, forçando os dedos na aba, sem modos, estabanadamente (como eu o fizera, certamente), e, ao vê-lo inutilizado, ainda tivera a petulância de não assumir a culpa, recusando-se a receber e a pagar a encomenda.

Muito decepcionada com o acidente, Fanny me explicou tudo. Tratei de tranquilizá-la:

— Pode deixar, Fanny, que eu dou um jeitinho...

Após uma passadela de ferro com um pano úmido e vapor e um cerzidinho invisível, o chapéu voltou à sua forma, quase perfeito. Enchapelada, chique e distinta, eu estava *comme il faut* para enfrentar os sogros.

ORIGENS

Filha de imigrantes italianos, Angelina e Ernesto Gattai, nasci na capital de São Paulo. Descendente de anarquistas toscanos, o menino Ernesto havia chegado ao Brasil, com os pais e vários irmãos, no fim do século xix, integrando um grupo de revolucionários, na célebre aventura da fundação da Colônia Cecília, experiência anarquista em plena selva brasileira.

Meus avós maternos, católicos, vieram para o Brasil, trazendo os filhos ainda crianças, para substituir nas fazendas de café, em São Paulo, a mão de obra escrava, após a abolição. Meu pai perdeu a mãe ainda menino. Permaneceu fiel aos ensinamentos recebidos na infância: "Sou um livre-pensador", assim se definia. Quanto à religião, gostava de repetir uma frase que provocava polêmica e o divertia: "Somos ateus, graças a Deus!".

Criada na religião católica, mamãe, no entanto, não precisou "virar a casaca" para adotar as ideias do marido. Ao encontrá-lo, já pensava da mesma forma que ele. Angelina e Ernesto conheceram-se em São Paulo, ainda adolescentes, quase crianças, em festas proletárias, no popular bairro do Brás, onde residiam. Artistas amadores, participavam de representações de peças de autores anarquistas, encenadas no palco do Teatro Operário de São Paulo. Um deles, Pietro Gori, era o ídolo de dona Angelina, que conhecia os textos de suas peças de memória e os repetia, na ponta da língua, até o fim de sua vida.

Operários de profissão, mamãe operária têxtil, papai mecânico, sem terem conseguido fazer nem mesmo o curso primário completo, possuíam, no entanto, pendores culturais, arraigado gosto pelas artes, pela literatura. Não se realizaram em suas vocações, a vida não lhes deu condições.

Minha mãe, apaixonada por teatro, romance e poesia, ávida leitora, teria sido, disso estou certa, uma intelectual, mas não pôde ser.

Apaixonado por automóveis, entendido em máquinas e motores, meu pai fazia incríveis cálculos matemáticos em suas "contas de cabeça", sem precisar de lápis e papel, para achar a solução correta de um problema. Teria sido, não resta a menor dúvida, um engenheiro de mão cheia; mas não pôde ser.

A mais nova dos cinco filhos do casal, passei minha infância e adolescência com meus irmãos, acompanhando meus pais a festas proletárias, ouvindo conferências políticas, recitando poemas de Castro Alves e de Guerra Junqueiro nos palcos das Classes Laboriosas e da Lega Lombarda — locais de reuniões de trabalhadores —, sobretudo nas datas comemorativas, como o Primeiro de Maio.

Criada e educada num ambiente de mundo sem fronteiras, jamais fiz distinção de raças ou de cor; aprendi a julgar os homens por seus méritos. Meus mestres, dona Angelina e seu Ernesto, não puderam dar aos filhos escolas superiores, nem diplomas de faculdade, mas, em compensação, lhes deram o interesse pela cultura, pelas questões sociais, o amor à paz, à justiça, à humanidade, buscaram abrir-lhes os olhos e o espírito para os problemas da vida.

AS TRÊS MOÇAS SE CASAM

Das minhas irmãs, Wanda, a mais velha, casou-se aos vinte anos. Depois foi a vez de Vera, a segunda; eu fui a terceira e última das meninas a eleger marido.

Casei-me aos dezenove anos. Noivo escolhido entre vários candidatos, esse tinha uma qualidade a mais: era também, como meus pais, um "livre-pensador". Mas, ainda assim, o casamento não deu certo, durou alguns anos e, como saldo positivo, ao dissolver-se a união, coube-me a alegria de um filho, e amigos que conheci durante o tempo de casada, amigos queridos com os quais eu prolongava e aprofundava o ambiente da casa paterna: o interesse pela cultura e pela política. Os mesmos amigos que me ajudaram a superar a dor que me causara a perda de meu pai, em 1940.

UM FATO CORRIQUEIRO
DURANTE O ESTADO NOVO

No clima de insegurança do Estado Novo, a Polícia Política e Social de São Paulo, de posse de uma denúncia, deu uma batida em casa de meus pais, em 1938. Os policiais chegaram de madrugada, alguns cercaram a casa enquanto outros a invadiam. Meu pai dormia, foi arrancado da cama. A família, apanhada de surpresa, perguntava-se assustada o que estava acontecendo.

Com rapidez os tiras vasculhavam tudo. Não deixaram gavetas no lugar, esvaziaram completamente os armários. Os colchões cortados a gilete espalhavam plumas e painas pela casa; mas a mina, procurada com sofreguidão, os policiais encontraram-na debaixo do colchão de dona Angelina, não dentro dele: pastas com recortes de jornais e revistas. Alguns amarelecidos pelos anos, ainda dos tempos de Sacco e Vanzetti; outros mais recentes, reportagens ilustradas com fotografias sobre prisões e expulsões do Brasil de italianos antifascistas, alguns deles amigos nossos. Entre os recortes políticos havia também uma reportagem policial sobre "o crime da mala", já que dona Angelina conhecera pessoalmente Maria Féa, a vítima, cortada em pedacinhos pelo marido, José Pistone, e metida dentro de uma mala. Ocupando três colunas em página de jornal, uma foto encabeçava a notícia da prisão e expulsão, para a Itália de Mussolini, de Oreste Ristori, velho amigo da família. Os recortes, antigos e novos, pertenciam a dona Angelina, colecionados zelosamente ao longo dos anos.

Ao ver suas relíquias nas mãos dos tiras, mamãe desesperou-se: "Tudo isso aí é meu! Meu marido nem sabia que eu guardava... Palavra de honra!". Que podia significar a palavra de honra de uma esposa aflita para os insensíveis tiras, excitados, agora, com a descoberta de uma espingarda velha, sustentada por um prego, atrás de uma porta? Atarantada, mamãe voltava às inúteis explicações:

— Os senhores não estão vendo que é uma Flobe de caçar passarinhos?

Entusiasmados, os policiais exibiam uns aos outros a aposentada espingarda de caça, marca Flaubert, dita "Flobe", na linguagem da família Gattai. Não iam perder tempo dando ouvidos "àquela pobre-diaba" desejosa de salvar a pele do marido a todo custo. Aflito com o desespero da mulher, a expor-se, temeroso de que lhe acontecêsse algo, em tom enérgico para ser atendido, papai pediu-lhe que não dissesse mais nada, que se calasse. O tira encarregado de vigiá-lo, e que desde o início da batida lhe apontava o cano do revólver, rosnou, arrogante:

— Cala a boca aí, seu!

O dia começava a clarear quando os tiras partiram levando seu Ernesto, a espingarda, os recortes de jornais, muitos livros, entre os quais os dramas anarquistas de Pietro Gori.

CADEIA E JULGAMENTO

Meu pai ficou preso mais de um ano, um longo e sofrido tempo de ansiedade e aflição, para ele e para nós.

A princípio, nos primeiros quarenta dias, não tivemos notícias suas, por mais que as buscássemos. Todas as investidas, todos os esforços para vê-lo, saber de seu paradeiro, foram inúteis. Vivíamos num clima de ameaça e medo, era difícil conseguir advogado disposto a defender preso político. Ao aceitar a questão, o causídico arriscava-se a ser fichado e perseguido, a sofrer sanções.

Estávamos nesse desespero, quando, inesperadamente, um abnegado bacharel bateu à nossa porta, disposto a arriscar sua carreira. Simpático, boa conversa — um pouco falante demais —, nos encheu de esperanças, nem tudo estava perdido. Garantiu que tudo faria, tinha boas relações: "Muito em breve terão o chefe em casa outra vez".

Nosso entusiasmo durou pouco. Demo-nos conta em seguida de que o heroico bacharel não passava de um refinado vigarista. Desaparecera carregando o dinheiro que pedira, "indispensável para o início dos trabalhos". Os cartões com nome e endereços que nos dera eram falsos.

Um dia fomos convocados por Luiz Apolônio, chefe dos investigadores da Delegacia de Ordem Política e Social. Com muita experiência e sabedoria, o chefe dos investigadores nos interrogou, a princípio com voz mansa, a própria delicadeza, jogando verdes, apelando para o amor que dedicávamos ao nosso pai:

— Se contarem tudo que sabem das relações do Gattai com tipos subversivos, de contatos dele com pessoas estranhas, ele será posto em liberdade imediatamente.

Nenhum de nós lhe respondeu. Permanecemos calados. Cansado do primeiro processo, passou para o segundo, o da violência; aos berros ameaçou-nos a todos: cadeia para os filhos e expulsão do país para os pais. Continuamos calados. Após longo intervalo, pressionou o botão de uma campainha, sobre a mesa; deu instruções em voz baixa ao investigador que atendeu prontamente ao chamado, recebeu a ordem e saiu.

Não demorou muito, a porta foi aberta e por ela entrou, acompanhado de um guarda, um homem curvo, magro, de face macerada; tinha os olhos injetados, estava trêmulo... Foi preciso que o estranho viesse ao nosso encontro para que o reconhecêssemos. Permanecera mais de quarenta dias no porão escuro e úmido da delegacia, sob a lei dos policiais, a mesma de sempre: "ou confessa ou aguenta as consequências". Ernesto Gattai não confessou nada, aguentou as consequências.

Depois desse primeiro encontro, somente meses depois viemos ter conhecimento de seu paradeiro: fora transferido para o Presídio Maria Zélia, onde aguardaria julgamento. Nessa ocasião ficamos sabendo, através de famílias de presos políticos, que, como nós, se comprimiam diante das grades de ferro dos portões do presídio em dias de visitas, que não havíamos sido as únicas vítimas do falso advogado. Toda uma máfia de escroques, mancomunada com policiais, dedicava-se a extorquir dinheiro das famílias de presos políticos.

Uma portaria de expulsão do país estava à espera de ser executada logo que o prisioneiro fosse condenado como "terrorista perigoso". A sentença não se cumpriu, no entanto: longo telegrama, vindo do Rio de Janeiro, assinado por dr. Aragão (quem seria dr. Aragão? nunca ouvíramos falar antes em seu nome), comunicava à família de Ernesto Gattai que ele fora absolvido pelo Tribunal de Segurança, por absoluta falta de provas de sua culpabilidade. Quanto à portaria de expulsão, fora arquivada. Não havia, naquele tempo, lei que sancionasse a expulsão de estrangeiros radicados no Brasil, sobretudo pais de filhos brasileiros. Dr. Aragão assumira a defesa de meu pai no tribunal, obtivera sua absolvição, felicitava-nos efusivamente, não falava em honorários, nunca nos apresentou conta. Até hoje não sei como e por que ele assumiu no Rio a causa do preso de São Paulo. Nunca mais tivemos notícias desse advogado, generoso e solidário, mas penso no desconhecido dr. Aragão com gratidão e carinho.

BREVE NECROLÓGIO

Fraco, depauperado, a saúde para sempre comprometida, meu pai não resistiu à febre tifoide que o acometeu, tempos depois de ter saído da prisão. Morreu em 1940, aos 54 anos. No dia de seu sepultamento as casas comerciais da alameda Santos e avenida Rebouças, no quarteirão onde vivera durante muitos anos, cerraram as portas em sinal de luto. Centenas de pessoas acompanharam seu enterro, e na hora de baixar o caixão, desafiando os tiras que circulavam pelo cemitério, ameaçadores olheiros, surgiu um homem de aparência modesta que, de pé na beira da sepultura, pronunciou algumas palavras breves, de improviso, recordando "o dedicado companheiro, o cidadão íntegro, exemplo de coerência e de dignidade!". Desapareceu da mesma forma como havia chegado, após o breve necrológio. Não o conhecia, não voltei a vê-lo.

Naquela hora, a mais triste de minha vida, valeram-me os amigos; cercaram-me de carinho, ajudaram-me a vencer o desespero.

A CASA DE MEUS AMIGOS
APARECIDA E PAULO MENDES DE ALMEIDA

A casa de Aparecida e Paulo Mendes de Almeida, situada no bairro do Paraíso, acolhedora e alegre, estava sempre de portas abertas para os amigos. Alguns vinham de longe, de outros estados, passando por lá esporadicamente, a fim de um bate-papo ou, se coincidisse ser sábado ou domingo, participar das habituais tertúlias com divertidos jogos de salão, comandados com graça e entusiasmo por Paulo Mendes. Não faltavam também acaloradas discussões literárias e políticas.

As visitas aos Mendes de Almeida significavam muito para mim, moça simples, de família modesta; penetrava no mundo da cultura, num ambiente de intelectuais renomados. Encontrava, naquela casa do Paraíso, paz e calor humano. Lá conheci Mário de Andrade, Tarsila do Amaral, Lasar Segall, Oswald de Andrade, os mestres do modernismo, tornei-me amiga de escritores e artistas, que eu admirava a distância, como se fossem seres de outros planetas. Ao contrário, eram gente simples, de carne e osso, com suas virtudes, suas manhas e suas fraquezas. Entre os mais assíduos encontravam-se Rubem Braga, cujas crônicas me encantavam, um rapaz quase tímido, enrustido, tranquilo, e Zora Seljan, naquela época sua mulher, jovem bonita, campeã nos jogos comandados por Paulo Mendes, os dois muito meus amigos. Vindo do Rio ou do estrangeiro, Vinicius de Moraes aparecia vez ou outra com sua poesia e seu charme. Tornamo-nos amigos fraternos para toda a vida.

De pequena estatura, tímido, Aldo Bonadei emocionava-me com suas pinturas. A seu convite, fui certa ocasião visitá-lo em casa. Entre os óleos que me mostrava, destacou uma natureza-morta. Com a tela na mão, encaminhou-se para o piano onde a colocou no lugar da partitura. De olhos fixos no quadro, como que magnetizado, improvisou bela melodia. Depois, meio encabulado, explicou quase se desculpando: "Algumas telas me inspiram...". Nesse dia ganhei, de Bonadei, lindo e curioso presente: dois bolsos pretos, ricamente bordados. "Bordados por mim", disse timidamente, "vão bem num vestido liso." Naquele tempo, quando os pintores ainda ganhavam muito pouco com sua arte, Bonadei costurava e bordava para viver.

Um dia chegou Carlos Lacerda com a família: Letícia (Ziloca), sua mulher, e Sérgio, o filhinho que começava a andar. Vinham de muda para São Paulo, onde Carlos arranjara um emprego. A família Lacerda instalou-se a princípio em casa dos Mendes de Almeida. Com a presença do casal carioca, os fins de semana no Paraíso tornaram-se ainda mais animados. Cresceram as discussões políticas.

A maioria dos frequentadores era constituída por personalidades de renome, mas havia também jovens que se tornaram conhecidos mais tarde, como por exemplo o pintor Carlos Scliar, quase um menino, recém-chegado do Rio Grande do Sul e logo adotado por todos. "Menino prodígio", assim o apelidou Paulo, ao admirar as múltiplas e enormes telas que o adolescente pintava com pressa e entusiasmo.

Entre as presenças mais assíduas naquela casa acolhedora, figuravam o pintor Arnaldo Barbosa e sua mulher Ilse, o arquiteto Luiz Saia, Isabel e Rivadávia Mendonça, Augusto Rodrigues, Suzana de Agosto, Moema Seljan.

O nome de Jorge Amado, amigo de longa data do casal, era sempre citado nas conversas. Admiradora do romancista, leitora de seus livros, eu esperava ter a oportunidade de conhecê-lo pessoalmente.

UM VULTO APENAS

Um dia, no ano de 1941, ao chegar ao portão da casa de Aparecida, encontrei-a despedindo-se de um rapaz. Ouvi-a desejar-lhe boa viagem mas, discreta, não me detive para falar-lhes; dei apenas um alô, acenando com a mão, e entrei.

O jovem já devia andar longe quando Aparecida contou-me que "aquele" era Jorge Amado. "Jorge Amado?", exclamei, num misto de surpresa e frustração. Não acontecera encontrar-me com ele em outras ocasiões, quando estivera na casa de meus amigos. Punha-lhe os olhos em cima pela primeira vez e perdera a oportunidade de, ao menos, apertar-lhe a mão.

Em trânsito por São Paulo, a caminho da Argentina, Jorge Amado fora despedir-se dos amigos. Embarcaria naquela mesma noite, em busca de material para uma biografia de Luiz Carlos Prestes, que se encontrava na prisão desde 1936. Para escrever esse livro que iria desempenhar importante papel na luta contra a ditadura e pela anistia, via-se obrigado a sair do país.

O ANARQUISTA RISTORI ME EMPRESTA UM LIVRO

Esse meu desejo de encontrar-me com Jorge Amado vinha de muitos anos, desde que lera pela primeira vez um livro seu, *Cacau*, por volta de 1933. O exemplar fora-me emprestado pelo velho amigo de meus pais, Oreste Ristori, o legendário líder anarquista, cuja figura heroica até hoje é recordada em São Paulo. Entusiasmado com o livro e com seu autor, a quem conhecia pessoalmente, o velho Ristori, ao emprestar-me o exemplar, não poupara elogios ao jovem escritor, prevendo-lhe uma bela carreira literária. O velho não era dado a elogios fáceis. Dizia o que pensava. Eu sabia disso, conhecia-o bem e o admirava. Sua opinião sobre Jorge Amado contribuiu, pois, para despertar meu interesse pelo romancista.

UM LIVRO PROIBIDO

Em casa do pintor Clóvis Graciano, chamado por seus amigos simplesmente Mestre, e de sua mulher Aparecida, apelidada Aparecida do Sul ou apenas Sul, como eu a chamo até hoje, para diferenciá-la de Aparecida Mendes de Almeida, vi em 1942, durante a ditadura, quando tudo era proibido, um exemplar da *Vida de Luiz Carlos Prestes, el caballero de la esperanza*, recém-saído na Argentina, em língua espanhola. Exemplar conseguido a duras penas pelo Mestre, pois o livro, proibidíssimo, entrava clandestinamente no Brasil, era vendido no câmbio negro e sua posse dava cadeia. Nem me atrevi a pedi-lo emprestado, a fila de candidatos à leitura ia longe. O assunto daquela noite foi o livro e seu autor. A opinião era unânime: Jorge Amado não poderia voltar ao Brasil tão cedo. Se voltasse seria, certamente, preso. Ao escrever a biografia de Prestes, o escritor desafiara o Estado Novo, denunciara a ditadura, lançara a campanha pela anistia.

OBTENHO UM EXEMPLAR

Adolfo Jagle fora meu médico. Conheci então sua mulher, Dora, fizemos amizade, passei a frequentá-los. Brasileiro, de sangue judeu, de origem alemã, homem de ideias progressistas, Adolfo Jagle era, como não podia deixar de ser, antinazista ferrenho.

Assim como na casa dos Mendes de Almeida, na dos Jagle conheci artistas e intelectuais. Ali aprendi a amar Beethoven, Chopin, Mozart, Wagner. Além de curtir música popular e de ser emérita conhecedora de tangos argentinos, eu era entendida em óperas italianas, ouvira suas árias durante toda a minha infância através da tromba de um velho gramofone no qual meu pai colocava grossos e pesados discos de Enrico Caruso, para os filhos ouvirem. Na casa dos Jagle ampliei meu conhecimento e minha paixão pela música.

O casal Jagle possuía possante eletrola e magnífica coleção de discos, em gravações de grandes orquestras. No terraço coberto do apartamento, amplo, de teto baixo, com poltronas, sofás e muitas almofadas, reuniam-se regularmente, às sextas-feiras, amigos e apreciadores das noitadas musicais. Nem sei quanto tempo levei antes de compreender e amar aquele gênero de música. A princípio, não conseguia concentrar-me, não entendia nada; sinfonias e concertos baralhavam-se em minha cabeça, confusão danada! No entanto, sonatas melodiosas e românticas, como, por exemplo, *Sonata ao luar* e *Pour Elise*, não me deram trabalho, logo as adotei. Afundada numa poltrona macia, ou recostada em almofadas, na penumbra repousante daquele ambiente propositalmente pouco iluminado, preparado para facilitar a concentração, eu, em vez de me concentrar, frequentemente me sentia dominada, perseguida por um sono incontrolável. Por mais que me esforçasse, tentando permanecer acordada e atenta — não apenas pelo interesse na música como também pela vergonha de ser pilhada dormindo —, muitas vezes não o conseguia. Certa noite, ao despertar assustada de um cochilo, dei de cara com o escultor Bruno Giorgi, frequentador da casa, rindo a bom rir de meu sono. Apanhada em flagrante, num encabulamento medonho, não voltei a dormir naquela noite; ouvi o resto dos concertos, até o fim, de olhos abertos, sem pestanejar, mais de uma hora a fio.

O pintor Rebolo González aparecia esporadicamente. Ele também de vez em quando dava umas "pescadas" e frequentemente controlava a pilha dos discos separados para serem ouvidos; não disfarçava seu ar de desânimo ao verificar que ainda faltavam muitos. Eu não estava só.

Entre os mais assíduos a essas noitadas, havia um certo Maciel, pessoa extremamente simpática e prestativa. Maciel, ou Macielzinho para os íntimos devido à sua pequena estatura, era funcionário da Editora Nacional.

Certa sexta-feira a música foi prejudicada, o ambiente conturbado com a chegada de Macielzinho. Vinha de sobretudo negro — maior que seu dono — e chapéu enterrado na cabeça quase até os olhos. Foi assim que entrou na sala. Com ar conspirativo, sem dizer palavra, deu uma verificada em torno para certificar-se de que não havia estranhos. Abriu a aba do sobretudo e de dentro retirou um misterioso pacote que depositou sobre a mesa. Começou a desembrulhá-lo cuidadosamente, sem pressa, sempre calado, fazendo suspense; à sua volta, nós todos, à espera de que o mistério fosse desvendado. Finalmente Maciel retirou do papel que o envolvia um exemplar do proibido *El caballero de la esperanza*. Conseguira-o naquela mesma tarde, exibia a grande novidade, um brilho no olhar refletia sua satisfação, seu entusiasmo.

O volume passou de mão em mão, folheado com ávida curiosidade. Repetiam-se os comentários que eu escutara dias antes em casa de Clóvis Graciano, quando vira o livro pela primeira vez: "É um louco!", comentavam uns; "...isso é que é ter coragem!", diziam outros; "nunca mais vai poder entrar no Brasil...".

Macielzinho viajava pelo interior de São Paulo, colocando livros da editora, controlando as vendas. Fora ele quem conseguira para mim alguns romances de Jorge Amado, escritor "amaldiçoado" pelo DIP. Impossível encontrar exemplares de seus livros para comprar, naqueles tempos de Estado Novo. Queimados em São Paulo e na Bahia, apreendidos em todo o país em novembro de 1937, sua venda estava proibida. Sabendo das possibilidades de Maciel, "rato de sebos", encomendara-lhe os volumes que eu não possuía. Macielzinho tomara nota do meu pedido e os fora trazendo, um a um, em suas repetidas viagens. Assim consegui colocar em minha estante, ao lado de O *país do Carnaval*, *Suor*, *Cacau*, *Jubiabá*, exemplares de *Mar morto*, *ABC de Castro Alves* e *Capitães da Areia*, "o mais perigoso de todos".

Ainda uma vez, Macielzinho veio em meu socorro. Foi ele quem me conseguiu, dias depois, um exemplar do livro sobre a vida de Luiz Carlos Prestes.

A LEITURA DO LIVRO

Li o volume em voz alta, traduzindo-o do espanhol, para mamãe. Muitas vezes ela duvidou do meu conhecimento da língua que jamais estudara, jamais falara, a não ser cantando tangos. Achando que eu inventava, olhava-me desconfiada, mas depois de refletir chegava à conclusão de que seria mais difícil inventar tanta coisa do que conhecer a língua estrangeira. A filha era simplesmente uma "atrevida", não havia outra explicação.

Dona Angelina passou a me visitar cada vez com maior frequência, no interesse da leitura. Juntas nos emocionamos com a figura do Cavaleiro da Esperança, cuja legenda já conhecíamos desde os tempos da Coluna e cujo longo cativeiro nos comovia profundamente. Choramos juntas, acompanhando os passos de dona Leocádia Prestes a atravessar fronteiras, a enfrentar os nazistas em busca da netinha, Anita Leocádia, nascida numa prisão da Alemanha, sofrendo com Olga Benário, mulher de Prestes, aprisionada ao mesmo tempo que o marido pela polícia de Filinto Müller, expulsa do Brasil em adiantado estado de gravidez, para morrer numa câmara de gás, na Alemanha de Hitler.

A figura de Prestes comovia e empolgava milhares e milhares de brasileiros que viam nele o símbolo da resistência ao nazismo e à ditadura. Ao nascer meu filho, em agosto de

1942, seu nome já estava escolhido: Luiz Carlos. Não encontrei outro melhor para lhe dar. Centenas de crianças foram registradas com o nome de Luiz Carlos naqueles anos de guerra, de medo, de lutas e de esperança, em homenagem ao prisioneiro da ditadura, isolado do mundo, incomunicável num cárcere.

DONA ANGELINA PAGA O PATO

Dona Angelina viera passar uns dias comigo, ajudava a filha no resguardo do parto. Costumava acordar cedo. Gostava de ouvir pelo rádio o primeiro noticiário, atenta e entusiasmada com as mudanças na política externa do governo brasileiro que, após a entrada dos Estados Unidos na guerra, se afastava do Eixo nazifascista e aproximava-se das forças aliadas.

Despertei certa manhã com pancadas tímidas na porta:
— Escuta só esta! — Era mamãe; falava a meia-voz, pois todos dormiam ainda, mas não escondia sua indignação: — Ouvi agora mesmo no rádio que um submarino alemão afundou um navio brasileiro. Parece que o navio estava cheio de soldados...

A rádio repetiu, logo depois, em edição extraordinária, a notícia: o *Baependi*, levando a bordo o Sétimo Grupo de Artilharia de Dorso, fora afundado por um submarino alemão em águas brasileiras. Calculava-se em 250 o número de mortos.

Revoltada, mamãe não se continha:
— *Ma guarda, questi tedeschi farabutti!* Eles querem agora se meter também no Brasil? Onde é que a gente vai parar? *Madonna mia!* — Preocupava-se com as vítimas: — Tanta mortandade, tanta juventude assassinada desse jeito... e as

mães, coitadas dessas pobres mães... a essas horas... já pensou, o desespero?

Um ou dois dias depois fui despertada da mesma maneira: pancadinhas leves na porta; mamãe aflita pedia ajuda:

— Me veja, por favor, se você entende direito essa notícia que eles estão dando. Na certa vão repetir. Eles disseram, pelo que eu entendi, que os súditos do Eixo vão ter que pagar pelo navio afundado...

Mamãe ouvira direito. O governo brasileiro tomava urgente medida de represália contra alemães e italianos radicados no Brasil: como primeira sanção, decretava o congelamento de suas contas bancárias.

Ao ficar viúva, dona Angelina vendera dois automóveis velhos e um pequeno terreno em São Caetano — comprado por seu Ernesto havia muitos anos, para fazer favor a um amigo — e juntara o dinheiro dessas vendas ao depósito de uns poucos mil-réis deixados pelo marido, na Caixa Econômica. Ao todo, uns cinco contos de réis, que lhe rendiam pequeno juro mensal, suficiente para seus modestos gastos pessoais.

Ao tomar conhecimento, após o torpedeamento do segundo navio, o *Araraquara*, de que o governo retiraria uma certa porcentagem dos depósitos bancários dos súditos, a cada navio brasileiro afundado, dona Angelina revoltou-se:

— Quer dizer então que vão me tirar o mísero dinheiro que tenho? Ora, essa é boa! Os nazistas afundam os navios e eu, que sou contra *tutti questi schifosi*, tenho que pagar o pato? Tem cabimento uma coisa dessas? Me diga! — dirigia-se a mim em busca de solidariedade.

— Bem, cabimento não tem, mãe. Mas... — pensara dizer a mamãe, talvez isso a consolasse, que muitas vezes medidas necessárias, devido às circunstâncias, faziam "o inocente pagar pelo pecador". Que só o fato do governo brasileiro, que até havia pouco não escondera seus pendores pela Alemanha de Hitler, ter agora tomado medidas de represália contra o Eixo, era motivo de regozijo.

Dona Angelina compreendeu que eu ia desculpar ou, antes, justificar a medida, e exaltada interrompeu-me, não deixou que eu completasse meu pensamento:

— Não tem *mas* nem meio *mas*! Essa gente está é exagerando! O que é que eles estão pensando? Que todos os italianos e alemães são fascistas e nazistas? Estão ficando malucos?

No auge da indignação, mamãe procurava explicar-me o óbvio, o que eu sabia até de sobra:

— Fascista, eu? Eu sempre fui contra *tutta questa canaglia*! Nazista eu? — protestava inconformada. — Justo eu? Faça-me o favor! Não me faltava mais nada. Vou ficar sem um tostão furado. Você vai ver, escuta o que te digo.

Nervosa, ofendida em seu amor-próprio, mamãe desabafava. Depois de breve pausa conjecturou, num monólogo, derrotada:

— E eu posso reclamar? Reclamar com quem? *Con il vescovo?*

A cada navio torpedeado — nada menos do que seis em quatro dias: depois do *Baependi* e do *Araraquara*, foram o *Aníbal Benévolo*, o *Itagiba*, o *Arará*, o *Jacyra* —, naufragavam com ele as modestas parcelas do reduzido capital de dona Angelina. Antes do sexto navio soçobrar já não lhe restava um só níquel na Caixa.

As sanções contra os súditos do Eixo continuavam; foi proibido falar alemão e italiano nas ruas, em logradouros públicos. Mamãe, que jamais conseguira manter uma conversação inteiramente em português, baralhando-o sempre com o italiano — predominante quando ela estava nervosa —, andava acabrunhada, humilhada, considerava-se injustiçada;

confidenciou-me sentir-se como um cão acuado, sem meios de se defender.

Um dia alguém aventurou-se a fazer uma pilhéria com ela: "Já imaginaram dona Angelina presa como quinta-coluna?". Enquanto todos riam do disparate, mamãe não achou graça. Amarrou a cara, não estava para brincadeiras de mau gosto.

Revoltado contra os torpedeamentos de nossos navios pelos submarinos nazis, o povo veio às ruas protestar, exigindo que o governo tomasse posição junto aos Aliados. O medo desaparecia. Os liberais e os esquerdistas já começavam a falar sem serem molestados. Reconhecidos quinta-colunas, até então impunes, andavam agora arredios, de rabo entre as pernas, de asas cortadas. A revolta do povo contra o Eixo, levada às ruas, gerava abusos: firmas alemãs e italianas, indiscriminadamente, sofriam assaltos acompanhados de saques e de incêndios, a maioria das vezes provocados por marginais e ladrões que se aproveitavam da situação.

REGRESSO DO EXÍLIO

A notícia correu de boca em boca: Jorge Amado voltara do exílio e fora preso. Soube de detalhes na casa de Paulo e Aparecida: com a declaração de guerra do Brasil ao Eixo nazifascista, os exilados que se encontravam vivendo no Uruguai e na Argentina resolveram regressar à pátria, colocando-se à disposição do governo.

Trazendo em sua bagagem os originais de mais um livro escrito no estrangeiro, *Terras do sem-fim*, desembarcara em Porto Alegre, hospedando-se em casa de Henrique Scliar, pai do pintor Carlos Scliar. Sua estada na capital gaúcha foi curta. Preso pela polícia local, enviaram-no de trem para o Rio de Janeiro, acompanhado por um delegado.

Não era essa a primeira prisão do escritor: em 1936 fora detido no Rio de Janeiro, ao mesmo tempo que o pintor Santa Rosa, e em 1937, preso em Manaus, sob a suspeita de estar planejando, em companhia do antropólogo Nunes Pereira, uma revolta de índios, fora mandado, escoltado, para o Rio, num navio. Agora permanecia encarcerado na Casa de Detenção do Rio de Janeiro, juntamente com os outros exilados que haviam retornado. Alguns meses depois nova notícia, desta vez a alegrar seus leitores, seus amigos: Jorge Amado fora posto em liberdade. Mas a polícia lhe designara a cidade de Salvador como residência obrigatória.

Surpreendi-me ao ver, em 1943, na vitrine de uma livraria, exemplares de *Terras do sem-fim*, com sugestiva capa de Clóvis Graciano. Segundo o livreiro, o romance acabara de ser posto à venda. Folheando o volume, encontrei logo no início, numa página de rosto, carinhosa dedicatória a Aparecida e a Paulo Mendes de Almeida. Contei meus trocados, comprei dois exemplares. Faria ao casal boa surpresa naquele dia. Toquei-me para o Paraíso, antegozando a satisfação de meus amigos. Cheguei atrasada: o livro ali estava sobre a mesa, mandado da Bahia pelo correio, autografado pelo autor.

JORGE VEM A SÃO PAULO

Um ano depois os jornais anunciavam que Jorge Amado era esperado em São Paulo. Saíra seu romance *São Jorge dos Ilhéus*, e a Livraria Brasiliense, na rua Dom José de Barros, ofereceria um coquetel em sua homenagem.

Convidei Wanda, minha irmã, e juntas nos dirigimos à Brasiliense na hora marcada. Com grande dificuldade conseguimos entrar na livraria abarrotada de gente. Muitos escritores e artistas, entre eles Monteiro Lobato, meu ídolo dos tempos em que Narizinho Arrebitado, Pedrinho e a boneca Emília eram meus heróis. Juntamo-nos a Sul e Clóvis. Quem sabe, nesse dia, eu seria apresentada a Jorge Amado? Tudo que consegui foi vê-lo a distância, nem cheguei a me aproximar do homenageado, tantas eram as pessoas que o cercavam. A impressão que me restara dele, da primeira vez que o vira, havia três anos, era totalmente diferente da de agora. O Jorge Amado que via na Brasiliense não era tão magro nem tão agitado como o vulto que me ficara na lembrança. Achei-o um homem bonito e comentei com Wanda, cuja opinião não coincidia com a minha, achava-o apenas "mais ou menos"...

Jorge Amado saía pela primeira vez da Bahia depois de seu confinamento. Os tempos mudavam. Viajara sem pedir permissão, não fora incomodado, embora a restrição — de residência obrigatória em Salvador — ainda perdurasse. *São Jorge dos Ilhéus* estava sendo vendido livremente, assim como *Terras do sem-fim* e novas edições dos livros anteriores.

Ainda um novo romance de Jorge Amado vinha enriquecer minha coleção. Livros de um mundo cheio de interesse, o das plantações de cacau, seus dois últimos romances proporcionavam-me novos conhecimentos, novas emoções.

O CONGRESSO

Fui apresentada, finalmente, a Jorge Amado durante o I Congresso Brasileiro de Escritores, realizado em São Paulo, em janeiro de 1945.

O Congresso de Escritores foi o primeiro golpe na estrutura do Estado Novo, que, desde 1937, proibira reuniões desse tipo, mantendo rígida censura sobre a imprensa, os espetáculos, os livros, impedindo o debate de ideias, a livre expressão de pensamento. Convocado pela Associação Brasileira de Escritores (ABDE), organização recém-fundada, o congresso reuniu em São Paulo intelectuais do país inteiro: Oswald de Andrade, Sérgio Milliet, Caio Prado Júnior, Paulo Mendes de Almeida, Mário de Andrade, Aníbal Machado, Sérgio Buarque de Holanda, Vinicius de Moraes, José Lins do Rego, Aparício Torelly — o popularíssimo Barão de Itararé, fundador do jornal humorístico A *Manha*, cuja epígrafe era: "Quem não chora não mama" —, Moacir Werneck de Castro, Dyonelio Machado, Carlos Lacerda; Dalcídio Jurandir, este representando o estado do Pará; além de jovens que começavam a aparecer: Paulo Mendes Campos, James Amado, Rossini Camargo Guarnieri, Alina Paim, entre outros. Jorge Amado presidia a delegação da Bahia.

O congresso transcorreu em clima de grande entusiasmo e de muita alegria — entusiasmo e alegria que caracterizavam o ano de 1945, ano do fim da guerra e da ditadura do Estado Novo.

Durante o congresso, centenas de artistas, intelectuais, homens políticos e populares lotaram as dependências do Teatro Municipal, acompanhando com muito interesse e certa euforia os debates. As festas sucediam-se: a intelectualidade e a sociedade paulistanas homenageavam os ilustres participantes desse Primeiro Congresso, convidando-os às suas casas, oferecendo-lhes lautos jantares e animados coquetéis. As discussões sobre os problemas tratados em plenário durante o dia estendiam-se noite adentro, nas alegres reuniões em residências particulares, nos restaurantes, em jantares de grandes mesas, nas boates.

Após uma semana de reuniões, debates e festas, o congresso terminou com explosiva declaração de princípios que condenava a ditadura e reclamava o restabelecimento das liberdades democráticas, a anistia aos presos políticos, inclusive a realização de eleições. Na sessão de encerramento, Oswald de Andrade lançou o nome do brigadeiro Eduardo Gomes como candidato à presidência da República.

Eu não tinha nada a ver com o peixe e no entanto não faltava aos debates diários no Teatro Municipal, circulando em meio a pessoas tão conhecidas e badaladas. Não era escritora nem artista, não era intelectual. Política, quem sabe? Talvez o fosse à minha moda: repudiava com veemência o Estado Novo, o nazifascismo, a guerra. Tinha razões de sobra para isto. Recolhida em minha insignificância, naquele teatro lotado, assistira, de minha obscuridade, aos discursos inflamados, cheia de entusiasmo e de esperança; esperança de que daí por diante se acelerasse o fim dos sombrios e sufocantes dias de ditadura.

O DANÇARINO

Fui apresentada a Jorge no último dia do congresso. Não tivera oportunidade ainda de lhe falar. No congresso eu o via de longe, cercado de gente — de belas mulheres, principalmente —, falando, aplaudindo, sendo aplaudido.

Ao chegar naquela noite à boate Bambu, em companhia de Clóvis Graciano e de Sul, para o jantar oferecido aos congressistas, já era grande a animação. Sentamo-nos junto com Isabel Mendonça e o Barão de Itararé.

Naquele ambiente de penumbra, em minúscula pista de dança, os casais se comprimiam. Eu buscava identificar os dançarinos quando, de repente, dei de olho em quem? "Vejam só", exclamei, "que pé de valsa é o Jorge Amado!" Clóvis e os outros riram da minha observação. Bem à nossa frente ele dançava, debruçado sobre os ombros de uma jovem, o rosto encoberto pelos louros e bastos cabelos da moça, arrastando-se em passos lentos.

As músicas sucediam-se sem interrupção; o Barão convidou-me a dançar. Dei um jeito de passar junto ao compenetrado par. O cavalheiro continuava de rosto mergulhado no cangote de sua dama. O Barão fez uma pilhéria, bateu-lhe no ombro: "Acorda, rapaz!". Erguendo a cabeça, Jorge sorriu. Mais tarde foi à nossa mesa: "Me apresente à moça, Barão!", os olhos fixos em mim. Eu que pensara dizer-lhe, na primeira oportunidade que tivesse, que o admirava muito, que era sua velha leitora, não lhe disse nada disto. Nosso diálogo foi rápido:

— Eu já não te conheço? — perguntou-me. — Eu já não te vi no congresso? Você esteve lá, não esteve?

— Se me viu foi de longe... — respondi-lhe; e foi tudo.

Admirei-me: por que desejara me conhecer? Teria mesmo notado minha presença no congresso, ou estava apenas puxando conversa?

1945 — ANO DE GRANDES EMOÇÕES

Terminado o Primeiro Congresso de Escritores, Jorge não voltou para a Bahia. Fixou residência em São Paulo. Com Lila, sua filha de nove anos, e uma empregada baiana, passou a morar num apartamento mobiliado que alugara na avenida São João.

A aplaudida declaração de princípios do congresso precisava, com urgência, ser passada do papel para a ação.

Instalado em São Paulo, Jorge, ao lado de outros intelectuais, buscava arregimentar o povo na luta pela democracia, organizando um grande movimento de massas de apoio às forças aliadas. Com esse objetivo os diversos grupos de esquerda realizavam passeatas e comícios a cada derrota do nazismo, a cada vitória dos Aliados. Cresceu a luta pela anistia dos presos políticos, pela libertação de Prestes.

Sabendo que seriam formadas comissões de trabalho, apressei-me a ir ao Comitê pela Anistia, que acabava de ser instalado numa ampla loja vazia em prédio recém-construído, na praça da República, cedida gratuitamente pelo proprietário.

Eu trabalhava, desde a entrada do Brasil na guerra, com uma comissão de senhoras, angariando fundos para o apoio às forças aliadas. Visitávamos artistas que nos davam trabalhos seus para serem vendidos ou leiloados. Não media esforços em minha atuação no movimento antinazifascista; trabalhava convicta da justeza de minha posição, da necessidade de colaborar, seguia os ensinamentos de meu pai, buscava honrar sua memória.

Depois de muita luta para conciliar as obrigações caseiras, sobretudo as de mãe de filho pequeno, com o trabalho político, um acontecimento familiar veio facilitar a minha colaboração com o movimento antifascista, naquele momento crucial do fim da guerra, quando todos deviam se empenhar ao máximo. Vera, minha irmã, viera morar comigo, trazendo com ela seu filho Fábio, ainda garoto. O marido, Paulo Lima, deixara o emprego em Santos, cidade onde tinham vivido alguns anos, para ir trabalhar no interior de Minas; tão cedo não teria condições de instalar a família junto a ele. Com a presença de minha irmã em casa, senti-me aliviada. Vera sempre fora a mais despachada das irmãs, "um colosso", na opinião de dona Angelina. Eu podia sair despreocupada, tudo ficaria em paz sob sua guarda, inclusive Luiz Carlos, meu filho.

MÃOS À OBRA!

O enorme recinto onde funcionava o Comitê pela Anistia, na praça da República, fervilhava de gente quando me apresentei, naquela tarde, a fim de oferecer meus préstimos. Companheiras do Comitê de Senhoras, entre as quais Jovina Pessoa, Fanny Blay, Iracema Rosenberg e outras, me haviam precedido, integravam um grupo de trabalho já organizado, completo. Eu buscava um dirigente com quem conversar, que me ligasse a um dos vários grupos que estavam sendo formados. O físico Mário Schenberg, que eu conhecia da casa dos Jagle, responsável pelas finanças do movimento, reconheceu-me de longe e acenou-me com gestos:

— Venha trabalhar no meu setor...

Antes de falar com Mário, quis dar uma palavra a Isabel, que se encontrava mais adiante. Passei por outro grupo, comandado por Jorge Amado.

— Você, aí... — segurou-me pelo braço: — você vai trabalhar comigo no setor de divulgação...

Mário Schenberg se aproximava:

— A Zélia vai trabalhar no grupo de finanças, ela já tem tarimba...

Fiquei sem saber o que dizer. Eu já andava farta de tanto pedir dinheiro, pra cima, pra baixo, passando rifas, angariando quadros de artistas e donativos em casas comerciais. Forçava a natureza ao fazer esse trabalho, desgastava-me em dobro. Jorge resolveu a questão:

— A Zélia é quem escolhe o que prefere fazer!

Sem esperar que eu me decidisse, puxou-me pelo braço:

— Já tenho um trabalho para você, urgente. Venha comigo.

Teria ele se recordado de mim? Não me atrevi a perguntar nada. Sentia-me intimidada em sua presença. Acompanhei-o ao fundo da loja, onde uma máquina de escrever estava desocupada sobre uma velha escrivaninha.

— Ponha uma folha de papel na máquina que eu vou ditar uma nota para ser distribuída aos jornais — ordenou o patrão.

O sangue subiu-me ao rosto:

— Eu não sei escrever à máquina... — confessei a custo.

— Não sabe? Mas que moça mais inútil!

Desabituada àquele tipo de brincadeira, encabulei, humilhadíssima. Percebendo meu desapontamento, Jorge tratou de me desanuviar:

— Não vá pensando que não tem mais o que fazer. Temos muito trabalho pela frente! Fique aqui enquanto eu mesmo bato a nota; você vai entregá-la depois ao setor de imprensa.

Com apenas dois dedos — como faz até hoje ao escrever à máquina —, toc, toc, toc, em três tempos ele redigiu a nota. Depois recomendou-me:

— Se o Schenberg te chamar novamente, diga que já está trabalhando.

COMÍCIOS

Naquela mesma noite integrei uma caravana que faria um comício pela anistia, no bairro da Casa Verde, de intensa vida popular. No percurso Jorge resolveu continuar a divertir-se à minha custa:

— Não vá me dizer que também não sabe falar em praça pública!

Claro que eu não sabia, nem nunca havia pensado em tal possibilidade. Felizmente, percebi a tempo a graça do chefe:

— Você errou na escolha da ajudante. Também em discursos sou uma inútil.

Ele riu da resposta, fez uma pausa, falou sério:

— Você vai é conversar com o povo, no meio da massa; vai distribuir folhetos, vai explicar aos que não entendem o que é anistia e por que pedimos anistia. Certo?

Comícios eram realizados todas as noites, em geral em bairros populosos. Enquanto os oradores falavam, misturava-me ao povo, conversava com as pessoas usando uma linguagem simples, sem ter de fazer nenhum esforço para isso, completamente à vontade, integrada e satisfeita com o novo encargo.

A PALAVRA DA MODA

Encontrei o comitê em festa, todo o mundo eufórico. Fora quebrada a incomunicabilidade de Prestes, o decreto da anistia estava para ser assinado de um momento para outro.

Nessa noite faríamos um comício na Lapa. Jorge veio ao meu encontro:

— Tenho hoje uma tarefa especial para você.

Entregou-me um papel datilografado, um poema dedicado a Anita Leocádia Prestes, da poetisa Jacinta Passos. Começava assim:

Pequenina, doce menina
teu pai é nosso, nosso irmão e guia
nós te queremos, voltarás um dia!...

Li o poema sem adivinhar o que Jorge pretendia que eu fizesse com ele, mas fui logo esclarecida:

— Você vai ler esse poema, hoje, no comício.
Apanhada de surpresa, levei um susto:
— Eu? Você está maluco?
— Você mesma, é tarefa.
Rindo de minha expressão de desgosto, partiu, deixando-me ali com cara de besta, a folha de papel na mão.
Por princípio, eu não discutia tarefas; "caxias" de primeira batalha, tratava de executar as ordens a tempo e hora.
Por isso, à noite, fazendo das tripas coração, subi ao palanque: de poema decorado, soltei a voz, botei a alma. Terminei minha declaração debaixo de aplausos, mas não tive coragem de olhar Jorge, a meu lado, a me dizer: "Muito bem!". Chegando-se mais, sussurrou-me ao ouvido.
— Você vai me dizer a palavra com que devo encerrar meu discurso.
Ainda perturbada, não pensei duas vezes:
— Democracia!
Arrependi-me em seguida. Palavra mais fácil! Palavra mais repetida, mais em moda nos últimos tempos... Devia tê-lo posto à prova, escolhendo algo mais difícil, como, por exemplo, paralelepípedo...
— Do que você está rindo? — quis saber, curioso.
— De nada... nada...

VITÓRIAS E MAIS VITÓRIAS

Todos os dias surgiam novidades. O comitê da praça da República vivia em festa. Os acontecimentos políticos evoluíam rapidamente, o decreto da anistia havia sido assinado, colocando em liberdade os presos políticos, alguns encarcerados desde novembro de 1935. Por toda parte o povo saudava a libertação de Luiz Carlos Prestes.

No Rio de Janeiro os cariocas encontraram-se com Prestes, num comício-monstro no Estádio de São Januário — foi um acontecimento nunca visto antes na vida política do país. Agora, estávamos organizando nova reunião de massas a ser realizada no Estádio do Pacaembu, na qual Prestes falaria ao povo de São Paulo. Queríamos superar o do Rio; todo o comitê trabalhava em ritmo acelerado. Prestes seria saudado pelo general Miguel Costa, comandante em chefe da Coluna Prestes, e pelo escritor Monteiro Lobato. Lobato adoeceu, não pôde comparecer, mandou uma saudação gravada. Mas a grande sensação do comício seria a presença, junto a Prestes, do grande poeta Pablo Neruda, recentemente eleito senador pelo Partido Comunista do Chile, que leria um poema em louvor do líder brasileiro. A chegada de Neruda estava prevista para daí a poucos dias.

Havíamos festejado antes a queda de Berlim com uma passeata imensa e discursos nas escadarias da catedral, na praça da Sé.

O grande salão do comitê, à noite, passara a ser ponto de reunião, local de atração. Lá podiam ser encontrados jornalistas, escritores, pintores, artistas de teatro, poetas, médicos, advogados, políticos de várias tendências. Faziam-se leilões, sorteavam-se objetos, vendiam-se bandeirinhas e escudos, elaboravam-se planos de trabalho, ensaiavam-se hinos compostos especialmente para o grande dia, namorava-se e conversava-se muito.

CONVERSA PARTICULAR

Vez ou outra o poeta Paulo Mendes de Almeida e Aparecida davam uma circulada pelo comitê, levando seu filho Ângelo.

Certa noite, ao voltar de um comício, dei de cara com Paulo. Sorriu-me com ar maroto:
— Célia, Célia, qué haces?
"Célia, Célia", era a maneira que Paulo arranjara para me designar desde que me conhecera, acrescido a partir daquela noite de "*Qué haces?*", com interrogação e tudo. Movimentando as sobrancelhas como quem pergunta "O que é que há?", Paulo fazia suspense.
— Desembucha, rapaz! — disse-lhe curiosa.
Contou-me então que Jorge almoçara com ele naquele dia. E daí? Daí, que perguntara por mim. Mas ele não me via diariamente? Queria saber coisas a meu respeito, esclareceu Paulo Mendes; fizera-lhe mil perguntas, mostrara-se deveras interessado. Eu ouvia meu amigo, calada. Já me dera conta do interesse de Jorge por mim, telefonando-me sem motivo justificado, arranjando-me tarefas onde eu ficasse a seu lado. Paulo riu:
— Jorge é uma pessoa muito envolvente...
— Disso sei eu — retruquei, apontando o herói mais adiante, rodeado de senhoras e senhoritas, cada qual mais charmosa, mais insinuante e oferecida.
Paulo não estava a fim de me dar conselhos, mas, como amigo, recomendava que me acautelasse.
Eu assistia diariamente ao cerco das mulheres à volta de Jorge, inclusive assédio por tabela: paparicavam Lila a mais não poder todas as vezes que a menina aparecia no comitê; levavam-na a passear, ofereciam-lhe bonecas, revistas, bombons e caramelos. A fama de Jorge, nesse particular, era de amedrontar; boatos às pampas sobre seus casos e aventuras..., chamavam-no, pelas costas, de Rasputin, Barba Azul etc. Por essas e outras, mesmo antes da advertência de Paulo, eu já me acautelava, reservada, de pé atrás. Uma coisa, no

entanto, depunha a favor de Jorge, dando-me certa confiança, fazendo-me rechaçar os comentários maldosos a seu respeito: nos inúmeros percursos que fazíamos de automóvel, nas idas e vindas dos comícios, sentados sempre um ao lado do outro, Jorge jamais esboçara um gesto, um movimento atrevido. Não encostava "sem querer" a perna, nem sequer tentava um "casual" toque de cotovelo em meus seios. Tratava-me com o maior respeito.

Antes de partir, Paulo Mendes perguntou por Pancetti, precisava falar com ele. O pintor passara por mim havia pouco, busquei-o ainda com os olhos na direção por onde sumira, mas já não o divisei. Paulo saiu a procurá-lo.

Ao ver-me só, Jorge largou o grupo de senhoras, veio ao meu encontro, queria saber o que era que Paulo estava me contando:

— Nada demais...

Não lhe dei chance de fazer outras perguntas. Tive vontade de dizer, mas não disse, que eu desejava saber o que "aquelas" que o rodeavam lhe contavam de tão divertido, fazendo-o rir daquele jeito. Acabava de descobrir que estava com ciúmes.

NAMORO

Jorge escrevia diariamente uma crônica para a *Folha da Manhã*: "Conversa Matutina". Um dia perguntou-me se eu costumava ler suas crônicas na *Folha;* respondi-lhe que sim.

— Pois não deixe de ler a de amanhã.

A crônica — crônica ou declaração de amor? —, que meus olhos devoraram logo cedo, na manhã seguinte, era romântica e apaixonada. Não citava nome, nem era preciso; num certo trecho dizia assim: "Eu te darei um pente pra te pentear, colar para teus ombros enfeitar, rede pra te embalar, o céu e o mar eu vou te dar...".

À noite, antes de partirmos para o comício, perguntou-me se eu havia lido o que escrevera pensando em mim. Perturbada, disse-lhe que não lera ainda, que o faria antes de dormir.

Mas ao solicitar-me novamente uma palavra com a qual terminar seu discurso, disse-lhe: "Amor!". E o povo da Freguesia do Ó aplaudiu quando, ao encerrar o comício, Jorge falou "num mundo de paz, de justiça e de amor!".

CAYMMI EM SÃO PAULO

Velho amigo de Jorge, seu afilhado de casamento, Dorival Caymmi chegara a São Paulo e hospedara-se na casa do padrinho, no apartamento da avenida São João. Ao aparecer aquela noite no comitê, foi uma sensação! Todo o mundo a rodear o compositor, e pedir-lhe que cantasse. Caymmi não levara o violão, limitou-se a distribuir autógrafos e charme.

Na companhia de Isabel e Rivadávia Mendonça, dias depois, fui a uma recepção num elegante palacete, festa oferecida aos intelectuais e artistas empenhados na organização do comício do Pacaembu pelo proprietário da casa, Maurício Goulart. Ficamos no jardim iluminado, onde, entre mesinhas e canteiros de flores, grupos se espalhavam. Logo depois Clóvis e Sul, Paulo e Aparecida, juntaram-se ao nosso grupo. Fazíamos comentários, rindo alegres, quando apareceu Jorge. Vinha me buscar:

— Caymmi está cantando lá dentro, venha ouvir.

Levou-me pela mão até a sala repleta de gente. A custo conseguimos chegar junto do cantor dos mares da Bahia

que, de violão em punho, brilhava com sua voz, sua graça e picardia. Ao primeiro intervalo, Jorge abaixou-se, cochichou algo ao ouvido do compadre. Dedilhando o violão, Caymmi voltou-se para meu lado, lançou-me um olhar conivente, significativo, soltou a voz. Ao meu ouvido Jorge confidenciava:
— Eu não sei cantar, pedi a Caymmi que cante por mim. E a música começou:

Acontece que eu sou baiano
acontece que ela não é. Mas tem um requebrado pro lado
Minha Nossa Senhora, meu Senhor São José...

Agora a canção dizia:

Tem tanta mulher no mundo
só não casa quem não quer
por que é que eu vim de longe
pra gostar dessa mulher?...

Jorge apertou meu braço, olhamos um para o outro; seu rosto estava sério, visivelmente emocionado. E eu? O coração descompassado... Senti que estava irremediavelmente fisgada.

"A NECESSIDADE FAZ VIRTUDES"

Pablo Neruda chegara às vésperas do comício. Ocupado com o poeta, Jorge não poderia participar dos comícios-relâmpago programados para aquele sábado, véspera da grande concentração no Estádio do Pacaembu.

Escalada para realizar comícios em companhia de dois líderes universitários, paranaenses, que falariam em lugares movimentados, eu ficara encarregada de distribuir volantes impressos, fazer convites verbais, minha tarefa habitual. O local do encontro era em frente ao Cinema Brás Politeama, no Brás, entre o final da sessão das oito horas e o início da sessão das dez; apanharíamos os espectadores que saíam do cinema e os que entravam.

Cheguei um pouco adiantada. A fila para a compra de ingressos era imensa. A avenida Rangel Pestana regurgitava de jovens fazendo o habitual *footing* dos sábados e domingos: o bar ao lado do cinema, com mesas na calçada, tinha um movimento considerável. Sozinha, eu olhava de um lado para o outro, agoniada à procura de meus oradores, que não apareciam... Talvez estivessem perdidos; haviam chegado do Paraná na véspera e tinham sido convocados em seguida para essa tarefa... certamente não conheciam bem a cidade... A fila se movimentava, ouviu-se o ruído das cortinas se abrindo; não havia dúvida, a sessão estava terminando. Cadê meus paranaenses? Aflita, sem esperança de vê-los chegar a tempo de aproveitar aquele mundo de gente ali aglomerada — ocasião única! —, afobei-me, tomei uma resolução: pedi ao jovem garçom que cuidava das mesas da calçada que me emprestasse uma que acabava de vagar, e ao abrirem-se as portas do cinema eu já me instalara em cima da mesinha, a bater palmas, a chamar a atenção sobre mim. No peito e na raça — nem sei até hoje onde fui buscar tanta coragem — convidei o povo trabalhador do Brás a ir comer sua *pastasciútta* domingueira, no dia seguinte, no Estádio do Pacaembu. Que levassem a *lasagna* e a *braciuola* na marmita, que fizessem seu piquenique nas arquibancadas da festa de Prestes.

Terminava de dar o meu recado quando divisei, entre a massa que me cercava e aplaudia, ainda alguém que ria e me estendia a mão para que eu saltasse da mesa. Ai, que vergo-

49

nha, meu Deus! Era Jorge, que, sabendo onde eu estava, dera um jeito de ir me ver...
— Assim é que se deve fazer, moça... Meus parabéns. Merece um beijo.

Um beijo ainda tímido, no rosto. Doida de alegria, explicava-lhe que os oradores designados para falar não haviam aparecido, quando eles surgiram, desculpando-se pela confusão. Aliás, haviam chegado na hora combinada, eu é que me apressara.

O COMÍCIO

Naquele domingo, logo de manhãzinha, segui para o Pacaembu com o grupo que cuidaria da ornamentação do gramado do estádio. Ainda não eram oito horas e já nos encontrávamos em plena atividade. Os pintores Di Cavalcanti e Clóvis Graciano comandavam os trabalhos.

Olhávamos aquele imenso estádio vazio, impressionados com sua amplitude — aumentada ainda mais pela ausência do povo —, temerosos: conseguiríamos enchê-lo? Mas nossa dúvida dissipou-se com a chegada das primeiras delegações dos estados, logo seguidas de outras, mais outras e ainda outras, que em pouco tempo lotaram tudo, não sobrando um único lugar vago. As roupas coloridas, iluminadas por um sol aberto, enfeitavam, alegravam o estádio. Milhares de pessoas, que não haviam conseguido entrar por falta de lugares, permaneceram do lado de fora, ouvindo os oradores pelos alto-falantes.

Do gramado, onde fiquei até o fim do comício, podia ver Jorge na tribuna, ao lado de Prestes e de Neruda. Delirantemente aplaudidos, Neruda declamou, Prestes falou ao povo.

Desistimos de cantar o hino ensaiado para saudar a chegada de Prestes ao estádio ("Luiz Carlos Prestes, Luiz Carlos Prestes, Cavaleiro da Esperança!/ Luiz Carlos Prestes, Luiz Carlos Prestes, democracia sempre avança!" — a música imitava um toque de clarim), pois ninguém o ouviria, tal a gritaria e os aplausos ensurdecedores da imensa massa presente.

Estava programada para aquela noite uma grande recepção em honra de Neruda e de sua mulher Delia. Eu combinara ir com Jorge.

Ao chegar em casa, de volta do estádio, mais morta do que viva, caí na cama e só despertei no dia seguinte. Soube por Vera que Jorge telefonara mas não quisera que me acordasse; chamaria novamente pela manhã.

COMEÇO DE CONVERSA

Tomava o café da manhã quando o telefone tocou. Era Jorge, pedia que eu fosse à praça da República antes do almoço; estaria lá a partir das dez, à minha espera, que não me demorasse, o assunto era urgente.

Saí afobada, já eram quase dez. Encontrei o comitê deserto, apenas umas pessoas varriam, faziam a limpeza. Jorge veio ao meu encontro. Precisava combinar algumas coisas comigo. Haveria à noite inauguração da exposição de José Pancetti no Instituto dos Arquitetos. Eu deveria estar lá, sem falta, com a lista de adesões ao banquete que estava sendo organizado para Pablo e Delia. Tudo isso já fora anteriormente acertado e discutido. Aquele não podia ser, evidentemente, o assunto urgente que me arrancara de casa às pressas. Algo não fora dito.

A conversa enveredou para outro rumo, comentamos o sucesso do comício na véspera, soube que, após o telefonema que me dera, também desistira da festa, fora dormir. Finalmente, Jorge convidou-me a ir com ele ao escritório da editora que então lhe publicava os livros, para ver o primeiro exemplar de sua nova obra, escrita na Bahia, durante o confinamento. A gráfica acabara de enviar os primeiros exemplares. "Vou lamber a cria", sorriu Jorge. "Venha comigo."

No táxi, dei-me conta de que aquela era a primeira vez que saíamos a sós, vivíamos sempre com gente à volta.

Falou-me no livro novo: *Bahia de Todos-os-Santos: Guia de ruas e mistérios*, disse da satisfação que lhe causara escrever sobre sua cidade. Contei-lhe então do primeiro romance seu que lera, emprestado por Ristori. Falei-lhe do meu interesse e do desejo de conhecê-lo pessoalmente desde aquela época.

— Você conheceu Ristori? — admirou-se.

Lembrava-se perfeitamente da visita que fizera ao velho anarquista, em 1933; tinham ficado amigos; bebera seu famoso vinho de abacaxi. Segurou-me a mão:

— Eu queria ter te conhecido naquela ocasião. Certamente me casaria com você. Seria bom, seria mais fácil...

A edição do novo livro, ilustrada por Manuel Martins, estava bonita; Jorge folheou o volume, leu-me alguns trechos. Depois dedicou-me aquele primeiro exemplar: "Vá à Bahia, moça!".

ASSUNTO URGENTE

Os programas daquele dia haviam apenas começado.

— Agora vamos até o Esplanada — disse-me Jorge, ao mesmo tempo que dava o endereço ao chofer do táxi.

— Vamos aonde, Jorge?

— Ao Hotel Esplanada. Combinei com Pablo e Delia que almoçaríamos lá com eles. Eles querem muito te conhecer.

Entrei em pânico. No Esplanada hospedavam-se príncipes, lordes e astros de Hollywood. Era o mais elegante e caro hotel de São Paulo e sempre fora tabu para mim. Olhava-o de longe, inacessível! Não podia, de jeito nenhum, almoçar num hotel luxuoso daqueles — ainda por cima com Pablo Neruda e Delia del Carril, mulher elegante — malvestida como estava, de saia e blusa, sandálias baixas, cara lavada... Saíra apressada de casa, não me preocupara com maquilagem nem com toaletes...

— Me desculpe, Jorge, não posso ir desse jeito ao Esplanada. — Com um gesto rápido apontei minha modesta indumentária. — Por favor, me deixe em casa!

Jorge riu de meus temores:

— Você está linda... É assim mesmo que eu gosto de você, simples, sem artifícios. Vamos almoçar — determinou, sem abrir perspectivas de nova recusa —, e depois, os quatro, iremos dar uma espiada nos quadros de Pancetti, antes da inauguração. Ele nos espera, quer que Pablo escolha um quadro.

Chegamos cedo ao hotel, bem antes da hora combinada. Nos dirigimos ao bar, escolhemos um lugar discreto, Jorge pediu vinho do Porto. Sem fazer rodeios, entrou, enfim, no assunto urgente: dizendo que me amava, propôs-me casamento. Casamento sem juiz nem certidão, pois vivíamos num país sem divórcio: as leis brasileiras não permitiam aos desquitados a legalização de uma segunda união. Viajaria daí a dois dias com o casal Neruda, primeiro para o Rio, depois para a Bahia; ficaria ausente uns oito ou dez dias. Levei um choque: tanto tempo assim sem vê-lo? Ao voltar, desejava que eu me mudasse para seu apartamento, iniciaríamos, um e outro, vida nova. Queria resolver de uma vez o problema de nosso relacionamento, que não passara até então de um namoro platônico. Jorge repetiu que me amava e estava certo de que seríamos felizes. Encontrara em mim a mulher que sempre procurara. Iríamos enfrentar muitas dificuldades e incompreensões, não seria fácil, mas acreditava que acima de tudo estava o nosso amor. Tínhamos direito a buscar a felicidade e devíamos fazê-lo.

Até então ouvira-o calada; tanta coisa linda ele havia dito... tanta coisa que eu desejava ouvir... Sentia uma espécie de tontura, não tanto pelo vinho — estávamos no segundo cálice — como pela emoção. Sóbria, teria lhe confessado que também o amava, mas o vinho do Porto ajudou-me a ir além: disse-lhe, com veemência, sem nenhum constrangimento nem censura, que meu amor por ele era enorme, fora de todas as medidas. Eu o acompanharia para onde quisesse conduzir-me, paraíso ou inferno, enquanto sentisse que ele me amava.

JORGE DÁ O BOLO

Di Cavalcanti, convidado por Neruda para almoçar, entrou no bar acompanhado de uma morena espetacular, a Índia, modelo do artista. Sentaram-se à nossa mesa.

Levantei-me para telefonar, precisava prevenir Vera de que não almoçaria em casa, queria saber de meu filho. Jorge surgiu a meu lado, desejava também telefonar.

— Vou dar o bolo no Pablo — disse-me —; ele já tem companhia suficiente. Vamos almoçar sozinhos onde ninguém nos perturbe.

Neruda atendeu de seu apartamento. Depois de dizer-lhe que Di já se encontrava embaixo, Jorge desculpou-se, não podia almoçar com eles: "Surgiu um problema urgente a resolver. Inadiável!". Encontrar-se-iam à noite, na exposição de Pancetti.

Deu-me o braço:

— Vamos, meu amor? — perguntou-me.

— Vamos, meu amor — respondi.

PRESENTE DE NÚPCIAS

Na exposição de Pancetti, entre os quadros expostos, havia uma natureza-morta representando a capa da primeira edição de *Capitães da Areia*, o livro colocado sobre uma mesa e, fincada no centro da capa, de pé, uma rosa vermelha. Esse quadro era uma surpresa que Pancetti preparara para o amigo. Dirigindo-se à jovem encarregada das vendas, Jorge adquiriu-o. Nome do comprador? Zélia Gattai. Voltou-se para mim:

— Presente de casamento, moça. Você gostou, é teu!

Neruda acabara de chegar, Delia veio ao nosso encontro:

— *Es tu novia?* — perguntou a Jorge.

— Não — disse ele, pousando o braço em meus ombros —, é minha mulher.

CRAVOS VERMELHOS

O movimento dos floristas, que armavam seu mercado diário em frente ao Teatro Municipal, já havia começado quando por ali passamos de táxi, no começo da madrugada, voltando com os Neruda de um jantar após a exposição de Pancetti.

Das camionetes ali paradas descarregavam flores de todas as cores e de todos os perfumes; grandes quantidades de molhos eram manipulados por mulheres que os colocavam

em latas enormes cheias d'água fresca, para serem vendidos pela manhã.
— Quer parar um momento, por favor? — pediu Jorge ao chofer.

Desceu do carro, dirigiu-se a uma vendedora que acabava de completar um latão com cravos vermelhos:
— Quero esses cravos.

A vendedora, solícita, retirou um buquê da lata, sacudiu-o, estendeu-o ao freguês:
— Duas dúzias, estão lindos!
— A senhora não entendeu — disse-lhe Jorge. — Quero todos.

Pela porta aberta do táxi, uma rajada de cravos vermelhos, orvalhados, cobriu-me da cabeça aos pés. Jamais Pablo esqueceu-se dessa cena. Na última vez que o vimos, pouco antes de sua morte, ele ainda recordava: *"la lluvia de claveles rojos en la madrugada..."*. Quanto a mim, a lembrança dessa noite acompanhou-me sempre; ajudou-me em momentos difíceis de minha vida.

DONA ANGELINA DESPEDE-SE DA FILHA

Havia poucos dias, despedira-me de minha mãe na casa de Wanda, com quem ela vivia, desde que enviuvara. Foi pois com surpresa que a vi chegar naquela antevéspera de viagem.

Rosto abatido, ar dramático, depois de beijar-me, suspirou e disse:
— Vim te ver mais uma vez. Nem sei como vou aguentar de saudades... Perdi teu pai, agora perco você...

Mamãe estava acabrunhada, profundamente triste, era preciso desanuviar-lhe a cabeça.

— Mas o que é isso, mãe? — disse-lhe com carinho. — Conversa mais sem cabimento! Quem foi que lhe disse que vai me perder? O Rio de Janeiro fica a um pulinho daqui... duas horas de avião, um instantinho... Quando a senhora menos esperar... lá vem ela!... sua filha chegando de surpresa.

— Vamos ver... — suspirou dona Angelina. — Tenho tido tanta palpitação, não consigo dormir direito, pensando, pensando...

— Pensando em quê, pelo amor de Deus? — Fazia-me forte, fazia-me de desentendida. — Por acaso a senhora não gosta do Jorge? Imagine só como a gente se engana! E eu que até pensei que a senhora ia ficar orgulhosa de me ver casada com Jorge Amado!

Notei que a palavra *casada* mexera com ela, mas não disse nada.

— Não é nada disso — respondeu mamãe, temerosa de melindrar-me. — Eu sempre admirei o Jorge, continuo gostando muito dele... Não acredito nem faço caso, quando as pessoas vêm me contar coisas, falar mal dele... não ligo pra essa gente ruim, gente invejosa... Eu acho ele um rapaz de valor... de muito valor! Mas sabe o que é? Eu fico pensando, imaginando que você vai viver longe da família, no meio de gente importante, de artistas, sei lá... Num mundo diferente do nosso, entendeu? Pode até se esquecer de nós...

Não querendo me ofender, nem a Jorge, mamãe falava com meias palavras e eu buscava compreendê-la. Estaria ela temendo que a filha viesse a sentir vergonha de suas modestas origens? Mamãe costumava contar histórias sobre a ingratidão de certos filhos. Histórias de velhas famílias suas conhecidas que haviam feito enormes sacrifícios para educar os filhos, que, depois de formados, lhes haviam virado as costas, envergonhados dos pais, dando-lhes — segundo dona

Angelina, revoltada — "uma bela banana". Seria isso que mamãe pensava de mim? Não, não podia ser este o problema que a trouxera a meu apartamento. Ocorreu-me outra hipótese: quem sabe, assustava-se ao imaginar-me despreparada e sem gabarito para acompanhar um homem tão importante, tão famoso, sem com ele ser legalmente casada, um dia largada ao deus-dará. Tratei de tirar-lhe esse pensamento da cabeça:

— Vou fazer tudo que puder para viver com Jorge até o fim de minha vida — disse-lhe honestamente. — E fica acertado: no dia em que houver divórcio no Brasil, vou dar de presente para a senhora a certidão de nosso casamento.

Ao ouvir falar em divórcio no Brasil, dona Angelina esboçou um sorriso incrédulo, balançou a cabeça, fez um gesto com a mão:

— Divórcio no Brasil? Vá atrás disso!...

Após uma breve pausa, mamãe recomeçou, não havia dito tudo sobre os problemas que a atormentavam:

— Essa língua do povo! Inventam cada uma! ... Você nem imagina... Sabe quem apareceu lá em casa noutro dia? Diga! — Não esperou que eu adivinhasse: — Dona Eponina! Você se lembra dela, aquela da alameda Santos?

Claro que me lembrava de dona Eponina, a que passava tardes inteiras debruçada na janela, voz mansa e sibilada, a bisbilhotar a vida dos vizinhos. Mamãe prosseguia:

— Eu não via a cara dessa mulher desde aqueles tempos, e não é que a peste apareceu noutro dia na nossa porta? Não sei como conseguiu descobrir o endereço da gente, foi se bater lá em Pinheiros. A princípio nem reconheci ela. Está muito mudada, envelhecida, apesar de continuar se empetecando do mesmo jeito. Nisso ela não mudou. Entrou e foi logo perguntando por você, te elogiando que só vendo! Que você era a menina mais linda e esperta da rua, que mais isso, que mais aquilo... e que, agora, a menina tão meiga e comportada virara a cabeça, dava um desgosto daqueles à mãe viúva... — Mamãe fez um parêntesis: — Se ela soubesse como tenho raiva que me chamem de viúva! — Continuou: — Aí eu fiquei curiosa de saber qual era esse desgosto tão grande que minha filha estava me dando. Ela então disse, com a cara mais lavada do mundo, que era aquele que todo o mundo estava sabendo: "Então a Zélia não fugiu com o Monteiro Lobato, velho daquele jeito?". Disse que sentia muita pena de mim, que imaginava como eu devia estar sofrendo, que estava ali por amizade, que os amigos são para essas horas... O sangue me subiu na cabeça, tive vontade de mandar a cretina pro inferno com a amizade dela, mas achei melhor não discutir. Eu só disse que se tratava de uma mentira muito grande e que ela estava repetindo uma infâmia. A gente conhecia Monteiro Lobato, e quem é que não conhecia? Disse que tinha grande admiração pelo escritor e também pelo homem de coragem que ele era (mamãe se referia à prisão e à condenação de Monteiro Lobato, durante a ditadura do Estado Novo, devido à sua luta pelo petróleo). Quanto ao resto, de minha filha fugir — a palavra *fugir* feria dona Angelina no fundo d'alma — com Monteiro Lobato, era pura invenção de quem não tem o que fazer... Amarrei a cara pra ver se ela ia logo embora. Imagine só! Minha filha fugir! Mulher atrevida!

Ao recordar a visita da antiga vizinha, dona Angelina voltara a inflamar-se.

— Ainda bem que a Wanda só chegou na sala depois que a conversa já tinha mudado. Ainda bem. Se ela soubesse que a mulher estava ali só para bisbilhotar e falar mal de você... *Dio ce ne scampi e liberi!* Punha ela pra fora das portas.

Ao ouvir aquela história mais doida tive vontade de rir, mas me contive. Ofendida do jeito que estava, mamãe não iria jamais compreender que eu pudesse achar graça em "coisas tão sérias"; segundo ela, estava em jogo a honra da família.

Perguntei:

— E a senhora ainda se incomoda com a língua do povo? Faça como eu, mãe, não ligue.

Aquele não era o primeiro boato a surgir a meu respeito — a respeito de Jorge também havia falatórios em profusão — e certamente não seria o último. O bom senso e a vivência me haviam ensinado que, se eu realmente desejasse continuar meu caminho ao lado de Jorge, não devia dar ouvidos a ninguém. Assim fazia, assim faço.

Mais um assunto incomodava mamãe; de tão delicado, ela hesitava mencioná-lo. Por fim criou coragem:

— E o menino?

Ela tocara num ponto nevrálgico, ferida aberta. Referia-se a Luiz Carlos, meu filho de três anos.

Quando tudo parecia estar resolvido, quando me preparava para levar a criança comigo, apresentaram-me uma lei que proibia a permanência de meu filho a meu lado.

— Luiz Carlos vai ficar por enquanto com a Vera, a senhora sabe disso. Não posso fazer nada agora, mãe, estou de pés e mãos atados...

Mais uma pausa, outro suspiro fundo:

— E o que é que os pais de Jorge vão pensar? Você vivendo com o filho deles sem ser casada de verdade... Vão pensar o quê? Que você não tem família, que é uma qualquer?

Essa agora era boa! O detalhe da legalidade do casamento preocupava aquela mulher liberal, aquela velha anarquista, que eu sempre vira repetindo aulas sobre as maravilhas do amor livre... Dona Angelina a se afligir com a filha solta no mundo sem ser casada legalmente, sem garantias, a enfrentar preconceitos.

Sem saber o que dizer-lhe, exclamei com ênfase:
— Viva o amor livre, dona Angelina!

Mamãe não gostou do atrevimento da filha, improvisou um discurso, mais do que um discurso, uma aula sobre aquele tema que era de sua especialidade.

— Você sabe muito bem que neste mundo capitalista em que a gente vive, mundo velhaco para as mulheres, não se pode nem pensar em amor livre. O amor livre é só para os homens... pra eles nada fica mal... mas a mulher que se atreve a imitar os homens... pobre dela! Cai na boca do povo... — Mamãe suspirou: — Amor livre, só num *regímen* anarquista... mas ainda vai demorar... não vai ser para os nossos dias, que esperança! Numa sociedade como a nossa, essa liberdade significa pouca-vergonha. É ou não é?

Ouvi a lição em silêncio, tratei de mudar de assunto, perguntei por Wanda. Mamãe lembrou-se de me fazer um pedido:

— Não vá contar pra ela que eu estive aqui hoje, por favor! Vim escondida. Disse lá em casa que ia visitar tia Margarida; vou quando sair daqui. Noutro dia, lá em Pinheiros, não pude conversar direito com você, me desabafar na frente de tua irmã. Ela está toda do teu lado, não se pode dizer nada... Me proibiu de vir aqui, disse que eu ia te aborrecer. Mas você me compreende, não? Se eu não viesse, acho que ia estourar. Agora são os filhos que dão ordens... Sabem tudo, sabem mais do que os pais... É... — suspirou com aparente resignação — ... vai ver que sabem mesmo. Tomara!

O AMOR

Mamãe não era a única a temer pelo meu futuro. Alguns amigos mais próximos insinuaram que eu estava para dar um salto no escuro; ia penetrar num mundo diferente do meu... mudança radical de vida... mulheres a cercar e a cortejar o escritor famoso... eu iria suportar? Teria estrutura para assumir?

Eu compreendia perfeitamente a preocupação de meus amigos, porque antes de me decidir a embarcar na aventura (não encontrava outra palavra que definisse o que eu ia fazer), sentira-me temerosa, assustada, confusa, insegura... De repente, deixara de raciocinar; um sentimento que jamais conhecera apoderara-se de mim: o amor. Estava amando, estava apaixonada. Impossibilitada de pensar, de temer... Invadida de alegria, repleta de otimismo e de esperança, decidida a enfrentar o mundo, a derrubar obstáculos, a ser feliz.

Não acertara no primeiro casamento, encerrara essa etapa de minha vida, livro fechado para sempre.

Agora, partia para outra tentativa, disposta a não naufragar desta vez. Prometera a mim mesma não poupar esforços; seria cega, surda e muda a tudo que viesse contra o nosso amor.

ADEUS, SÃO PAULO!

As malas fechadas, enfileiradas junto à porta, davam-me a certeza de que chegara a hora de dizer adeus a São Paulo. Prometera a mim mesma não chorar. Não ia estragar o entusiasmo de Jorge. As lágrimas rolariam, certamente, quando estivesse só, como acontecera após a dolorosa despedida de mamãe.

PRIMEIRO VOO

A única pessoa a nos acompanhar ao aeroporto foi Fanny. Gentil, levou-me uma caixa de bombons e um presentinho para que eu entregasse a Lila, que viajara havia dias para o Rio de Janeiro, onde passaria a viver com a mãe.

Dia feio, teto baixo impedindo a decolagem, atraso de quase uma hora no embarque. Jorge preocupava-se, pensando na família a nos aguardar no Santos Dumont. Impaciente, o coronel João Amado não era homem de esperar por ninguém e tinha por hábito chegar sempre adiantado aos encontros marcados.

— Você vai reconhecê-los em seguida — disse-me Jorge.

— Com minha mãe você não vai se enganar: magra, cabelos lisos de índia; meu pai, baixo, atarracado; Joelson você já conhece.

Apenas desembarcamos, procurei, entre as pessoas que esperavam o avião, a índia de cabelos estirados. O homem baixo lá estava e a seu lado Joelson, magro e alto; cadê Lalu? perguntei-me. Aquela senhora franzina, de cabelos crespos, ao lado deles não podia ser ela, não correspondia à descrição.

— Está vendo eles? — Jorge acenava com a mão para o grupo.

— Parece que tua mãe não veio... — não conseguia disfarçar meu desapontamento.

Mas ela estava lá, sim; era a mulher de cabelos crespos.

— Que foi isso com seu cabelo, minha mãe? — Jorge apontava-lhe os caracóis na cabeça.

— Fiz uma permanente para a formatura de Joelson... — respondeu, encabulada. — Ficou uma pinoia!

Enquanto esperávamos o táxi, dona Eulália deu uma examinada completa na nora que o filho lhe trazia; mediu-me ostensivamente, dos pés à cabeça. Terminada a verificação, rompeu o silêncio, dirigindo-me a palavra, apontando minha cabeça:

— E ela gosta de chapéu, hem! Deus me livre de usar chapéu. Ave Maria! Dá uma quentura na cabeça!

PRIMEIROS CONTATOS NO RIO

Partimos direto do Aeroporto Santos Dumont para o auditório do Instituto de Música, onde se realizava, naquela manhã, um ato público durante o qual escritores e artistas receberiam as credenciais de membros do Partido Comunista. Entramos no salão superlotado, muita gente de pé pelos corredores; a sessão já fora aberta, um orador ocupava a tribuna. Chamado para a mesa, Jorge nos deixou e eu fiquei, meio perdida, na companhia dos velhos. Sentia-me como um peixe fora d'água, cercada por tanta gente estranha. Dona Eulália, a meu lado, apontava-me pessoas que lhe eram familiares:

— Olhe aquele ali, é o Graciliano Ramos... aquela é dona Heloísa, mulher dele. O baixinho é um pintor famoso...

Olhei e reconheci Candido Portinari. Presidindo a sessão, esse eu conhecia bem, Luiz Carlos Prestes.

Ao terminar o ato, Jorge veio ao nosso encontro. Com ele, Graciliano Ramos e Heloísa, que me foram apresentados. Não consegui disfarçar a emoção ao conhecer pessoalmente aquele grande escritor. Acotovelando-se entre o povo que nos rodeava, aproximou-se uma jovenzinha morena, pedindo a Jorge que lhe autografasse a bolsa de couro cru.

— Essa é Luiza, minha filha, Jorge! Você não a está reconhecendo?

Jorge admirou-se de ver a menina de Graciliano tão crescida.

— Você está uma moça, Luiza! — disse-lhe enquanto autografava sua bolsinha.

No saguão, nesse mesmo dia, fui apresentada a Astrojildo Pereira, escritor e um dos fundadores do Partido Comunista, a quem conhecia de nome, desde a minha infância. Fora ele quem escrevera elogiosíssimo necrológio a meu avô anarquista, Francisco Arnaldo Gattai, integrante da

Colônia Cecília. Entre os recortes de dona Angelina, guardados debaixo do colchão, encontrava-se a página do jornal anarquista no qual Astrojildo Pereira dedicara, em sua coluna, palavras sentidas pela morte do velho lutador, seu amigo. Mamãe nem iria acreditar quando eu lhe contasse que conhecera pessoalmente Astrojildo Pereira, a quem ela dedicava grande admiração. Conheci também naquele dia Joracy Camargo, Oscar Niemeyer, a psicanalista Rosita Pontes de Miranda, Paulo Werneck, Quirino Campofiorito, o médico e deputado Alcedo Coutinho, Roberto Sisson, ex-oficial da Marinha, companheiro de exílio de Jorge no Uruguai, e vários outros.

PRIMEIRO DIÁLOGO COM LALU

Saímos com um grupo grande, para almoçar. O coronel João Amado já estava impaciente; passara, havia muito, de sua hora de comer. Fomos ao Albamar, restaurante de peixes e mariscos, localizado na parte superior do mercado situado na praça Quinze. Sentada ao meu lado, dona Eulália não desgrudava os olhos de mim, olhos de raios X. Precisava descobrir quem era aquela mulher que virara a cabeça do filho. Louca para puxar conversa e continuar suas sondagens:

— Você não me viu em São Paulo? Pois eu estive lá, tem uns cinco pra seis meses, não me lembro bem. Andei aquilo tudo... Conheci um bocado de gente. Eu fui ver Jorge fazer um discurso dentro da igreja, lá de cima do altar, na praça da Sé. Tinha gente de fazer medo, aplaudindo ele. Como é que tu não estava lá?

Dona Eulália falava-me como se estivéssemos a sós. Seu problema de surdez desligava-a da barulheira do restaurante.

Longe das frases e exclamações que se cruzavam de uma à outra ponta da mesa, das risadas altas, continuava sua conversa mansa. Concentrava-me para entender o que ela dizia. Eu estivera na passeata-monstro que se estendera da avenida São João até a praça da Sé, claro que estivera! Depois assistira ao comício naquele 8 de maio, dia da queda de Berlim. O povo, eufórico, festejava nas ruas e nas praças o fim da guerra. Do alto das escadarias da catedral inacabada, Jorge falara, dedo em riste, na maior emoção: "Bérlim não foi conquistada, Bérlim foi libertada!". Eu o ouvira e aplaudira. Estava fascinada com seu sotaque baiano, a pronunciar "Bérlim", com *e* aberto. Gostei, pois, quando sua mãe fez-me recordar aquela tarde de ilimitado entusiasmo, com gosto de vitória e de amor.

Soubera da passagem da mãe de Jorge por São Paulo, não tivera ocasião de vê-la. Certamente a pobre — pensei —, espremida em meio àquele mundo de gente, confundira as escadarias da catedral com o altar da igreja inacabada, o teto metade feito, metade por fazer...

Expliquei-lhe como pude, com gestos e gritos em seu ouvido, que havia estado no comício mas não a vira; que era um daqueles entusiastas a quem ela se referia, aplaudindo o discurso que Jorge pronunciara no alto das escadarias, na praça — com o intuito de esclarecê-la, frisei bem "escadarias" e "praça". Dona Eulália percebeu a minha intenção de corrigi-la, não gostou:

— Então tu não foi na vez que eu fui — retrucou, categórica. — No dia que eu fui, meu filho discursou lá de cima do altar daquela igreja acabada...

Como podia eu saber que na Bahia diz-se "acabada" a uma coisa quebrada? O diálogo tornava-se cada vez mais difícil, não somente pelo desencontro de linguagem como devido à barulheira que aumentava à proporção que os copos iam se esvaziando. Jorge, com um ouvido lá e outro cá, divertia-se com a minha confusão. Ainda assim, arrisquei explicar a dona Eulália que a catedral não estava acabada, continuava em construção, a obra marchando lentamente, não terminava nunca!

Dona Eulália fez uma cara de satisfação, riu de mim:

— Tu não entende português, menina? *Acabada* quer dizer destruída, lascada...

Lascada? Admirei-me. Lá estava dona Eulália a empregar, incorretamente, outro adjetivo. Estaria se divertindo à minha custa ou era assim mesmo que se dizia na Bahia? Não seria eu quem iria corrigi-la novamente.

— Aquela igreja, onde meu filho falou no altar, está acabada pela guerra — repetiu o adjetivo *acabada* numa visível provocação.

Arregalei os olhos:

— Que guerra, dona Eulália?

— Essa daí, ora! Da que todo o mundo fala... que levou um tempão para terminar.

Sentindo-se vitoriosa — dissera a última palavra —, Lalu resolveu ser gentil comigo:

— Que beleza de cidade é São Paulo, hem? Cidade grande, importante mesmo!

LALU OU EULÁLIA?

Era difícil fazer-se um diagnóstico da mãe de Jorge à primeira vista; nem à primeira vista nem a longo prazo. Porém, de uma coisa fiquei certa naquele primeiro encontro: tinha diante de mim uma personalidade forte. Em sua aparente simplicidade, ela não baixava a crista, dizia o que pensava e bem entendia, não sendo de sua natureza dar o braço a torcer.

Mãe de três varões, acostumada a lidar com homens durante toda a vida, com os irmãos e o marido, coronéis das plantações de cacau, dona Eulália aprendera a linguagem deles, usando, por vezes, termos que certamente destoariam na boca de qualquer senhora, mas não na sua, ditos com espontaneidade e graça.

Prevenida por Jorge, que me advertira sobre o caráter da mãe, via agora que ele não exagerara, como supusera. Muito pelo contrário.

Ao conhecê-la, tratei-a de dona Lalu e ela estrilou, dizendo que por Lalu só atendia a João, seu marido. Ele inventara o apelido, durante o noivado. Desapontada com a inesperada reação, educadamente recuei:

— Me desculpe, dona Eulália.

Somente vinte anos mais tarde, já morando na Bahia, foi que passei a chamá-la de Lalu, quando, ao ficar viúva, declarou-me solenemente:

— Até agora fui sua mãe, daqui por diante sou sua filha.

— Minha filhinha Lalu — disse-lhe.

Desde então chamei-a pelo apelido carinhoso pelo qual o marido a tratava desde os tempos de namoro. Aliás, na Bahia, todo o mundo passou a tratá-la por Lalu.

Seu João e Lalu haviam tido pouca instrução, conseguindo alcançar, à custa de muito trabalho e sacrifício, uma posição financeira que lhes dava independência: eram fazendeiros de cacau. Filho de família grande e modesta, o Coronel tivera que trabalhar desde cedo; aos nove anos de idade já era empregado de armazém, na cidade de Estância, em Sergipe, onde nascera.

Alheios a protocolos e etiquetas, seu João e dona Eulália repetiam sempre que pouco ligavam para "farofadas" e "besteiradas" de gente importante. Comiam de mão quando lhes apetecia: "Coisa boa, comer de mão: fazer um bolo de feijão com farinha, amassar com as pontas dos dedos e... vapt! atirar ele na boca! Oxente! Pode ter coisa melhor? Quem não gostar de ver que não olhe! Homessa! Não tenho que dar satisfações a ninguém", ria o Coronel.

Ao ouvir essas conversas, eu só pensava em dona Angelina, coitada, a preocupar-se, temerosa de que os "sogros" fossem preconceituosos... Nem iria acreditar quando lhe contasse que os pais de Jorge eram pessoas simples, iguais a ela.

SISSON NOS HOSPEDA

Sabedor de que não tínhamos ainda pouso certo, Roberto Sisson nos convidou a ocupar seu apartamento, na praia de Botafogo, até a nossa viagem ao Sul: "Apartamento de homem só, grande mas sem empregada", foi avisando.

Mudamo-nos no dia seguinte à nossa chegada ao Rio. O aspecto do apartamento, carente de mão feminina, não era dos mais alentadores! Desarrumação geral, móveis cobertos de poeira, panelas encardidas numa cozinha em abandono.

Pessoa gentil, Roberto Sisson indicou-me, ao receber-nos, os lugares onde encontrar os utensílios da casa, explicando-me que, enquanto lá estivéssemos, eu seria a dona de tudo, podia dispor das coisas, pois ele não tinha tempo para cuidar de nada. Acrescentou ainda que contratara uma faxineira que "aparece quando lhe dá na telha". Pelo visto, havia umas boas semanas não dava na telha da empregada.

Aos poucos fui pondo as coisas em ordem. Além das arrumações, meti-me também na cozinha; Jorge preferia comer em casa e eu tratei de preparar pratos de seu agrado. Andava cansada, não tanto pelo trabalho doméstico como pelas inúteis caminhadas à procura de um sítio ou chácara que nos conviesse para morar. Decidíramos viver fora da cidade, em lugar retirado, tranquilo, onde Jorge pudesse trabalhar em paz. Ele andava com uma história madura na cabeça, faltava-lhe tranquilidade e tempo para escrevê-la. Nada do que havíamos visto, naqueles dias de procura, prestava, nada atendia às nossas necessidades. Quando viajássemos para Porto Alegre, o Coronel ficaria encarregado de continuar a busca.

Dentro de uma semana, pouco mais, haveria a cerimônia da formatura de Joelson, à qual queríamos estar presentes. Viajaríamos em seguida.

LALU SE ENFEITA

Logo cedo toquei-me para o Hotel Ópera; combinara apanhar Lalu e acompanhá-la ao cabeleireiro. Haveria à noite a colação de grau de Joelson, que assim transformava em realidade o grande sonho de sua mãe: ter um filho médico. "Preciso estar decente", dissera ela, "à altura de uma cerimônia tão importante!" Joelson ficaria satisfeito ao vê-la nos trinques. Não queria fazer feio diante das outras mães, que estariam na maior elegância ao lado de seus filhos, ostentando vestidos de luxo, certamente de chapéu, mas até aí Lalu não ia: chapéu era demais. Se dispusera a fazer um lindo penteado; "Melhor do que chapéu!", garantia.

Lalu não dava confiança à moda. Com 62 anos de idade, parecia, no entanto, bem mais velha do que realmente era. O rosto, sulcado de rugas fundas, jamais vira a sombra de cremes ou de loções de beleza. Mulher sofrida, nunca fora vaidosa; não tivera filha que a orientasse, jamais folheara um figurino para escolher modelo de vestido. Naquele mês de dezembro, no entanto, resolvera enfeitar-se. Começara pela desastrosa ondulação permanente que lhe estropiara os cabelos, antes lisos e sedosos; mandara confeccionar um belo vestido de seda pura, preto, bordado a miçangas doiradas e prateadas, por sua sobrinha Dinah Amado, costureira de mão cheia, que se encarregara da compra do tecido e da escolha do modelo. Dinah era filha de Álvaro Amado, irmão mais novo de seu João. "Me enfiou a faca! Eta vestido mais caro", queixou-se Lalu horrorizada, alheia aos preços de um vestido de alta-costura: "Dinah disse que não cobrou o feitio, mas, ave Maria, eu nunca tive um vestido tão caro!".

Nessa manhã eu recomendaria ao cabeleireiro que lhe fizesse uma massagem de óleo, antes da *mise-en-plis*, para amaciar os cabelos ressecados pela permanente. Lalu pedira-me que chegasse cedo, queria estar de volta ao Ópera antes do meio-dia, hora do almoço.

O Coronel era sempre o primeiro a entrar no restaurante do hotel para ter prioridade na escolha dos melhores bocados da comida que circulava em travessa de mesa em mesa. A sopeira de metal era sempre destampada por seu João, que pescava os raros tocos de macarrão, inchados, quase desfeitos pelo excesso de cozimento, e que boiavam no caldo ralo e insosso. Fazia-lhe face, sério concorrente, um major do Exército, reformado, antigo morador do Ópera. O major também vivia atento à hora da abertura das portas do restaurante. Se o Coronel bobeasse, encontraria na sopeira de metal apenas o caldo ralo e, na mesa ao lado, um significativo sorriso do militar. Mas isso acontecia raramente e, quando acontecia, o velho ficava de mau humor, fulo da vida.

Segundo as más línguas, que chamavam o major, pelas costas, de major Cornélio, a bela morena, jovem e fogosa, que vivia em companhia do oficial, costumava, vez ou outra, esquentar o leito de certos hóspedes. O Coronel divertia-se com os disse que disse sobre a fogosa morena, segundo ele "muito dadivosa!".

HOTEL ÓPERA

Hotel Ópera fora o nome que lhe dera sua proprietária, dona Gina Bartoglio, italiana radicada no Brasil, ar de prima--dona aposentada, certamente amante do bel canto. Com mais propriedade, esse hotel residencial, com refeições incluídas na diária, poderia ser chamado Pensão Opereta. Nome que lhe assentaria como uma luva.

O hotel funcionava, como já foi dito, na rua Santo Amaro, num sobrado de dois andares, do começo do século. Num jardinzinho lateral, acanhado, espessas trepadeiras subiam por colunas de sustentação e estendiam-se em cobertura florida, protegendo do sol as poltronas de vime alinhadas ao longo da entrada, à disposição dos hóspedes que quisessem descansar, "tomar a fresca". A proprietária era quem mais se aproveitava daquela sombrinha perfumada. Ali sentada, matava dois coelhos com um tiro só: distraía-se fiscalizando o movimento de entradas e saídas e aproveitava para tirar boas sonecas reparadoras.

O melhor aposento do hotel, amplo e arejado, era ocupado pelo Coronel e Lalu; uma porta de comunicação ligava-o a um quarto menor, habitado por Joelson. Situado no segundo andar, de frente para a rua Santo Amaro, só tinha um inconveniente: as escadas a subir, degraus altos, para os velhos, infindáveis. Uma parada no primeiro andar fazia-se obrigatória, para se tomar fôlego.

Os hóspedes e os visitantes do hotel tinham sempre uma palavra amável para dona Gina Bartoglio, pessoa educada, gentil com todo o mundo. O coronel João Amado divertia-se a lhe fazer mesuras e reverências: "... A senhora, dona Gina, tem porte de marquesa... é uma baronesa!...". A italiana balançava as gorduras ao rir envaidecida, uma risada satisfeita, despida de malícia, inocente.

Ao saber que eu era filha de italianos e que falava sua língua, tomou-se de amores por mim. Não podia passar por ela sem que tivesse de parar para uma prosinha. Conversando comigo, dona Gina tentava treinar seu italiano, sem, no entanto, conseguir melhorá-lo. Depois de tantos anos no Brasil, esquecera a língua natal e pouco aprendera do português. Misturava tudo, resultando um novo e divertido idioma.

Ao assistir a nossos papos em italiano, o Coronel, envaidecido, comentava: "Zélia é boa em língua, igual a James... Aquele menino é um danado!". Em seu rosto, uma expressão de orgulho ao falar no filho.

AS ARARAS DE DONA GINA

Dona Gina era vaidosa: a gordura excessiva e a opulência do busto não a deprimiam. Sempre bem-vestida, caprichosa no trajar, mantinha as ondas acentuadas e os cachinhos dos cabelos azul-anil impecavelmente penteados, nenhum fio fora do lugar. Para mantê-los assim, usava uma rendinha invisível, que lhe cobria a cabeça e parte da testa. Enfeitava-se com cordões de ouro, pulseiras e anéis, sendo que em alguns dedos os anéis não desciam até a base das falanges, como seria normal; impedidos pela gordura, ficavam na falanginha ou na falangeta.

Empoleiradas em argolões de ferro, suspensos no jardim, duas enormes araras, uma azul, outra vermelha, alegravam o bucólico recanto de dona Gina. Não apenas o alegravam como também lhe davam um toque pitoresco, colorido e sonoro: as araras falavam. Seu vocabulário, diga-se de passagem, não era lá essas coisas. Pronunciavam apenas uma palavra, um nome próprio no diminutivo, porém o faziam com tal perfeição que encantavam a quem as ouvisse; tive ocasião de presenciar coincidentes comentários de admiradores das araras, de que essa única palavra, articulada com tal maestria, valia dez ou mais palavras mal pronunciadas. Mas eram caprichosas as duas vedetes: nem sempre se dispunham a abrir o bico. Só o faziam quando lhes apetecia; não adiantava insistir. Porém, tudo em derredor estremecia quando, sem que ninguém esperasse, elas entravam em ação, em estridente dueto: "Paulinho?... Pau-li-nho!...", dez, vinte vezes elas repetiam sem tomar fôlego. Passantes se detinham em frente ao portão de ferro para apreciá-las; obtinham sucesso também entre alguns hóspedes (outros as odiavam) e, sobretudo, junto à sua proprietária, que, muitas vezes arrancada de sua modorra pelo original despertador, entreabria os olhos ainda sonolentos, sorria "beata" e satisfeita: *"Parlate, figli, parlate..."*.

O PEQUENO MUNDO DO CORONEL E DE LALU

Ainda um hóspede dividia com os velhos o espaço da habitação; o gato Professor, mistura de maltês e pé-duro que resultara num belo bichano cinzento. Mimado como ele só, Professor dormia em almofadas de cetim e veludo: "Meu gato é um lorde!", informava Lalu envaidecida.

Além da larga janela por onde entravam luz farta e ventilação, havia, nos aposentos dos velhos, uma porta que dava para um alpendre com grades de ferro, onde Lalu colocava um caixote cheio de areia: "a privadinha de Professor".

Os móveis que guarneciam os dois quartos eram próprios, trazidos de um palacete que o velho construíra em Ilhéus havia anos. Mobiliário de madeira de lei, finíssimo, dava categoria àquela ala do modesto hotel. A cama larga, colchão de lã de barriguda, era a peça principal do conjunto. Nela as visitas se sentavam; nela os velhos passavam suas largas horas de lazer, jogando baralho, lendo. O Coronel lia os jornais do dia, Lalu lia e relia, lentamente, velhos romances, que adorava: *A dama das camélias*, *A escrava Isaura*, *A moreninha*, *O tronco do ipê*, *A pata da gazela*.

Retratos antigos e novos cobriam as paredes. Em lugar de destaque, o retrato de formatura de Jorge, jovenzinho, de toga e capelo, e o de formatura de James. Logo, muito em breve, seria entronizado o de Joelson. Em moldura oval, o retrato de Ana, mãe de seu João, que ele mal conhecera, junto ao do pai, o velho José Amado. Ao lado, também em moldura oval, o de Jofre, o filho falecido aos três anos de idade, ricamente vestido. "Esse ia ser a cabeça do mundo!", repetia a mãe ao referir-se a ele. Sobre a cabeceira da cama, uma fotografia de toda a família: Jorge de calças curtas, ligas de elástico presas abaixo dos joelhos a sustentar-lhe as meias, ao lado da mãe, moça ainda; James ao centro, sentadinho sobre pequena mesa; Joelson de pé, vestido numa estranha roupa, espécie de túnica, à maneira dos cossacos russos, a barra das calças aparecendo nas canelas: "Uma roupeta, como os meninos usavam na época", explicava Lalu, acrescentando que aquela que o menino usara para tirar o retrato era excepcionalmente bonita por ser de cor verde-alface, coisa que infelizmente a foto não mostrava; por fim, o chefe da família, rapaz bonito, magro, cabelos negros, bastos bigodes, o oposto do

João Amado de cabeça alva de agora, rosto gordo, ausência de bigodes, pele sulcada de rugas. Em pequena moldura quadrada, o retrato de uma mulher magra, morena, cabelos estirados: "Essa é mãe..."; era dona Emília, mãe de Lalu, a que trouxera sangue índio para a família. "Parecida com a senhora, dona Eulália!", disse-lhe ao ver a fotografia pela primeira vez. "É o que todo o mundo diz..." Ainda um quadro: de pé sobre uma cadeira, um menino de vestido singelo, saiote nas canelas, cabelos repartidos ao meio, caídos sobre os ombros. Preso ao peito, um medalhão. A foto antiga, descorada, não possibilitava ver-se de quem era a figura quase apagada do medalhão. A explicação era sempre dada por seu João: "É o retrato de Rui Barbosa, fui eu quem botou o broche nele... para dar inteligência ao menino... Jorge estava com dois anos quando tirou esse retrato...". O velho ria ao contar, convencido de que sua astúcia resultara.

As instalações sanitárias do hotel funcionavam ao fundo de um longo corredor, distante dos quartos da frente. Os hóspedes não costumavam fazer fila, pela manhã. Das portas entreabertas de seus quartos espreitavam, ouvidos atentos, o movimento das casinhas. O barulho da descarga punha os interessados de sobreaviso; o ruído do trinco a abrir a porta era o sinal para que saíssem rápido da "tocaia", de penhoar e pijama, a fim de ocupar o lugar ainda quente, antes que outro necessitado o tomasse. Os moradores do Ópera sabiam do comportamento intestinal dos demais, de sua competência ou incompetência. Podiam adivinhar de antemão o tempo exato que o freguês levaria antes de desobrigar-se, desocupando a sentina.

Os hóspedes do hotel andavam felizes, brindados, havia dias, com extensão telefônica nos três andares. Acabaria de vez com aquele subir e descer de escadas para receber chamadas, para pedir chamadas... Os beneficiados agradeciam à gentil dona Gina por lhes proporcionar essa mordomia e, sobretudo, por lhes dar a oportunidade de, dali por diante, se distraírem a ouvir conversas pelas extensões.

O ANELÃO

Ao chegar naquela manhã à rua Santo Amaro a fim de levar Lalu ao cabeleireiro, passei por dona Gina, espremidinha em sua poltrona de vime, cochilando, as mãos pousadas sobre o ventre, os anéis a refulgirem. Chamou-me a atenção um anel com enorme brilhante, reluzindo ao sol, quase solto na falangeta do anular de sua dona; tão na ponta que chegava a cobrir parte da unha esmaltada de vermelho. Bastaria um movimento com a mão, simples gesto para espantar uma mosca, para que o anel rolasse e se perdesse.

Subi direto ao quarto dos velhos, contei o que vira: "Se dona Gina continuar facilitando, acabará sendo roubada; a coisa mais fácil que existe é alguém tirar-lhe a joia do dedo e sair correndo. Quando ela despertar, o ladrão já estará longe, e adeus viola!". O Coronel não disse nada, desapareceu porta afora. Lalu balançou a cabeça, revoltada — o anel era do marido, que costumava emprestá-lo de vez em quando à senhoria: "João é um besta! Eu vivo dizendo que ele ainda vai perder esse anel, mas João é teimoso, não dá o braço a torcer; é eu dizer *sim*, pra ele dizer *não*...", suspirou fundo: "Brilhante tão caro!".

Desistindo de esperar pela volta do marido, Lalu apanhou a bolsa de dentro do armário, preparando-se para sair. Já estávamos na porta quando o Coronel apareceu, arfando pela rapidez com que subira as escadas, o anelão em seu dedo mínimo.

— No seu dedo está mais garantido, não é, seu João? — disse-lhe, rindo, os olhos fixos no anel.

— Está garantido no meu dedo e está garantido no de dona Gina — respondeu-me o Coronel, irritado, voz alterada.
Surpresa com a reação do velho, nem soube o que lhe responder. Ele continuou a desabafar:
— A senhora não pense que fui buscar o anel com medo de perdê-lo. — O tom de voz aumentava: — Fui buscar porque preciso dele hoje à noite, não foi por ouvir conselhos da senhora. Amanhã empresto a dona Gina de novo. Não tenho medo de perder brilhantes e nem tenho medo de perder coisa nenhuma! Já perdi coisa melhor e nunca me importei!
Ali, em sua frente, estatelada diante daquela explosão mais sem cabimento, eu continuava muda. Continha as lágrimas à força, vontade enorme de chorar. Não tivera a intenção de ofender nem de provocar o Coronel, de jeito nenhum.
Lalu veio em meu socorro, dando-me pressa: "Vamos embora, menina, que está ficando tarde".
Na rua, deu-me o braço, tratou de me consolar: "Não ligue pras gritarias de João! Ele é assim mesmo, só sabe falar berrando... Sempre foi assim, nunca vai deixar de ser... Faz aquele espanacéu, parece que o mundo vai se acabar, depois tudo passa, fica manso de novo. Eu já estou tão acostumada, fia, que nem ligo mais. Deixo ele gritar à vontade: ele gritando e eu pensando em outra coisa. Não ligue, não, boba! Você tem que se acostumar, João não é ruim, não. Só berra da boca pra fora".
Lembrei-me de Jorge a descrever-me os pais, em São Paulo: "O Coronel só fala aos berros...". E eu achara graça.

SALÃO ELITE

Bastante chinfrim, o Salão de Beleza Elite oferecia, pelo menos, uma vantagem para Lalu e para mim: situado na própria rua Santo Amaro, quase esquina do Catete, ficava a dois minutos do hotel, a pé.

Apesar da hora matinal, o movimento no salão já começara. Várias clientes estavam sendo atendidas. Lalu não seria a primeira, como havia desejado; deveria esperar um pouco, duas pessoas aguardavam em sua frente.

A cabeça cheia de rolos, saiu de baixo do secador, parecendo um marciano, uma jovem morena, que veio falar com Lalu:

— Pensei que viesse mais cedo. Não lhe chamei... — interrompeu a frase para me cumprimentar: — É Zélia? Dona Eulália me disse que vinha com você, por isso não fui buscá-la. — Apalpou os rolos na cabeça. — Deixa voltar para o secador, que meus cabelos ainda estão molhados. — Riu para dona Eulália: — Estou me enfeitando para a festa de Joelson.

Perguntei a Lalu, por perguntar — na verdade eu nem estava para conversas naquela manhã —, se a moça e Joelson andavam de namoro. Para fazer-me compreendida, pousei a mão sobre o coração.

Positivamente, começara mal o dia, não estava acertando no relacionamento com os velhos. Dei-me conta ao sentir que minha pergunta não havia caído bem; desagradara dona Eulália, ela não gostara da hipótese, mudara a expressão do rosto até então descontraído, respondeu-me ríspida:

— Você quer dizer que ela está namorando meu filho? Ave Maria! Namorando, nada!

Acalmando-se, Lalu contou-me tratar-se da namorada de um colega de Joelson, moça excelente. Viera de fora com a família, hospedaram-se a princípio no Ópera, mudando-se depois para um apartamento próximo ao hotel.

— Uma gente muito educada, muito prestativa, me tratam muito bem. Até demais! — Reafirmou: — Joelson não tem namorada, não! Nem pensa nisso! Até agora Joca só fez estudar, não teve tempo pra mais nada, muito menos para namorar. Eu dou muito conselho a ele pra não se amarrar. Eu acho que homem não deve casar. Casar pra quê? Se Joelson quisesse, tem moça assim atrás dele! — fez um movimento juntando as pontas dos dedos.

FEITIÇO NO BOLO

Lalu exaltava-se quando falava em namoro e casamento dos filhos. Quem sabe se a estima que me demonstrava não se devia ao fato de Jorge e eu não sermos casados legalmente? Achava talvez que o filho não estava "amarrado". Seus olhos brilhavam, sinal de que ia contar alguma história dos filhos. Acertei.

— Em Vila Isabel, tinha uma sujeita que morava bem em frente de nossa casa. Vivia de olho em Joelson, não saía da janela, só espiando pra ver o menino entrar e sair. Ela fazia tudo pra se meter lá em casa, mas eu nunca dei ousadia. Um dia ela mandou pelo irmão, um molecote, um bolo. "O que é isso, menino?", perguntei. Aí ele disse que a irmã dele tinha mandado aquele bolo para mim, que ela mesma tinha feito. Amarrei a cara e disse pra ele: "Pois vá dizer à sua irmã que muito obrigada, mas eu não gosto de bolo. Leve isso de volta!".

— A senhora teve coragem? — perguntei admirada.

— Coragem? Ora, essa é boa! E você acha que eu ia aceitar um bolo cheio de feitiço? Tu não sabe dessas coisas... O que tem mais no Rio é esse negócio de feitiçaria pra prender os homens... Não sou doida, não!

Lalu esperava que eu comentasse, mas, prudentemente, preferi apenas ouvir.

— Escute agora esta — voltou Lalu: — Joelson tinha automóvel, que nós compramos para ele, e não é que a sujeita deu pra esperar o menino na esquina pra pedir carona? Já viu que descarada? O pobrezinho, educado do jeito que é, não podia negar um favor, ficava sem jeito e levava a burra pra todo o canto. Uma vez eu fui com João passear na Quinta da Boa Vista, visitar um macaco sem rabo que nós demos para o zoológico...

— Sem rabo? — admirei-me.

— Foi um macaco que trouxemos da fazenda. Um dia ele subiu numa prateleira junto da porta, de repente deu um vento forte, a porta bateu e cortou o rabo do bichinho. Aí nós demos ele para o zoológico.

— E o que foi que aconteceu na Quinta? — perguntei, desculpando-me de tê-la interrompido.

— Nesse dia, sabe quem encontramos lá? Joelson mais a sujeita sentados debaixo de uma árvore. Veja até onde a corna arrastou meu filho! Mas, graças a Deus, ele nunca foi namorado dela. Eu perguntei e ele me garantiu que não tinha nada com ela. Tirei um peso de cima de mim. Meus filhos não mentem, nunca mentiram, Joelson falou a verdade. Por meu gosto, nenhum de meus três filhos se casava. Vou ver se seguro Joca. Os outros dois são uns bestas...

O NOIVO PRECOCE

— Jorge se casou muito cedo mas, não fosse a astúcia do pai, tinha feito a burrada mais cedo ainda — prosseguiu Lalu.

— Quando ele tinha quinze para dezesseis anos, resolveu se casar. A gente morava em Ilhéus e ele estudava e trabalhava em jornal, na capital. Quando chegou a carta de Jorge, participando que ia se casar e que ia deixar os estudos, pra ser só jornalista, João ficou doidinho! Só fazia dizer: "Esse moleque está me torcendo as orelhas!". Aí eu me danei: "Não chame meu filho de moleque!".

Lalu explicou:

— Eu não altero a voz, nunca. Mas quando me aborreço, até João tem medo de mim. Eu nunca consenti que ele gritasse com meus filhos. Ele que fosse berrar com os jagunços, não com meus filhos. Com Jorge ele não grita, nunca gritou, fala manso. Esse filho é tudo na vida do pai! — Corrigiu logo: — Os outros também.

Aventurei ainda uma pergunta:

— E a senhora conhecia a noiva de Jorge?

— Qual noiva, qual nada! Era uma rapariga, lá do Pelourinho, mais velha que o menino... e o bobo todo enfeitiçado! Aí João mandou um cabo submarino pedindo que ele fosse a Ilhéus no primeiro navio. E ele foi. Quando já estava no dia dele chegar, eu preveni João: "Veja lá como é que vai falar com o menino...". Mas nem era preciso recomendar. João é muito sabido, muito mais do que parece; ele tinha feito seus planos. Conversou com o filho na calma, disse que queria mandar ele para o Rio de Janeiro, se ele quisesse, nada forçado... Podia ficar até um ano sem estudar, e depois de um ano conversavam novamente. Influído com a viagem, Jorge esqueceu noiva e casamento. Foi aí que ele partiu para o Rio.

Admirei-me, intrigada, pois sabia, por Jorge mesmo, que ele fora morar no Rio aos dezoito, dezenove anos, na época em que escrevera *O país do Carnaval*. Insisti:

— Mas ele só tinha quinze anos, dona Eulália? Tem certeza?

Lalu não se perturbou:

— É, mais ou menos isso. Uns dezesseis para dezenove, por aí...

Lalu não perdera o fio da meada com a interrupção, continuou:

— Uns dois ou três anos depois que estava no Rio, Jorge escreveu dizendo que ia se casar com uma moça carioca, estava acabando de se formar em advogado. Já não pudemos impedir esse casamento. Com James foi pior ainda: quando recebemos o telegrama dele, já estava casado. Ele está agora em Porto Alegre com a mulher, fazendo conferências por lá. Por isso não vai assistir hoje à formatura do irmão.

Cabelos arrumados, a jovem amiga de Joelson (seu nome seria Irma? guardo dela apenas leve lembrança) veio fazer-me companhia, sentando-se na cadeira que Lalu deixara vaga. Senti que Irma desejava contar-me algo. Sorria-me com simpatia:

— Dona Eulália está muito contente com a nora que ganhou. Não tira seu nome da boca: é Zélia pra cá, Zélia pra lá... Ela não se cansa de dizer que você é muito trabalhadeira, que vai cuidar muito bem do filho dela... que você tem sangue estrangeiro, sangue bom, sangue forte...

À primeira vista, Irma causara-me boa impressão, pareceu-me simpática. Agora, passava a achá-la encantadora.

A RECADEIRA

Outra cliente do Elite, uma velha pimpona, dona Agda, também ela hóspede do Ópera, acabava de entrar. Eu a vira algumas vezes mas nunca nos faláramos. Corriam histórias picarescas, repetidas pelo Coronel, a respeito da velhota a quem ele apelidara de Alemã, inspirado talvez em seus cabelos oxigenados ou, quem sabe, em seus olhos azuis. Sendo a mais antiga moradora do hotel, dona Agda sabia, mais do que qualquer um, tudo o que se passava por lá. Andava sempre de antenas ligadas e, conhecida pela língua perigosa, era temida. Dona Agda entrou no salão como que à procura de alguém. Esse alguém era eu, pois, ao localizar-me com os olhos, veio em minha direção, estendeu-me a mão antes mesmo de falar com Irma, sua conhecida; foi direto ao assunto que a levava ali:

— Seu Jorge Amado telefonou — seus olhos brilhavam —, deixou uma mensagem para a senhora. — Sem fazer nenhuma pausa, ela ia dando o recado: — Ele disse que vai passar no hotel por volta de meio-dia, que os dois vão almoçar num restaurante do Centro. Ele não gosta da comida do Ópera e tem razão — comentou —; a comida é mesmo péssima, intragável! Estou com ele... Seu Jorge Amado disse que tem uma surpresa para a senhora.

— Foi consigo que ele falou e deixou o recado? — perguntei, admirada.

Dona Agda não era de perder o rebolado. Confessou que fora com seu João que Jorge Amado falara. Ela simplesmente ouvira a conversa por acaso, pela extensão telefônica; prestativa, vinha me dar o recado. Agradeci, ficara curiosa: qual seria a surpresa?

A SURPRESA

Jorge estava, havia muito, à minha espera no hotel, quando chegamos, Lalu com cabelos de *mise-en-plis*. A surpresa era Scliar, nosso amigo Carlito Scliar, que eu não via desde que ele partira para a guerra, onde servira como pracinha, na Itália. De volta, Scliar ficara em Porto Alegre; preparava-se agora para nova e longa temporada na Europa.

Saímos os três, satisfeitos com o reencontro, fomos comer num restaurante na Cinelândia. Almoçaríamos novamente juntos no domingo seguinte; Scliar nos trouxera um convite de Arpad Szenes e Maria Helena Vieira da Silva para passarmos o dia com eles no Silvestre, em Santa Teresa, onde habitavam.

PENSÃO INTERNACIONAL

Assistíramos, havia tempos, um filme de Carlos Scliar com fotografia de Ruy Santos, *Escadas*. Ruy Santos era amigo de Jorge, de longa data; juntos fizeram em 1939 o documentário *Itapoã*, onde Jorge aparecia como ator, no personagem de um pescador.

A ação do filme de Scliar decorria na Pensão Internacional, no Silvestre, onde moravam vários intelectuais: a pintora Maria Helena Vieira da Silva, hoje famosíssima, seu marido Arpad Szenes, o cientista Leite Lopes, Carlos Scliar e outros. Scliar propunha-se a mostrar nesse filme, datado de 1944, como esses artistas viviam e trabalhavam.

Filme belo e estranho, com ar de mistério, tortuosas escadas de pedras a subir para o infinito, grades de ferro com sinais do tempo, enferrujadas, paredões imensos manchados de velhice, embolorados, causavam o mesmo suspense das películas de Hitchcock.

Senti-me feliz com o convite para o almoço, ia conhecer de perto Arpad e Maria Helena, percorrer o estranho cenário do filme de Scliar que me fascinara.

A Pensão Internacional constava de um conjunto de vários chalés espalhados em meio a enorme terreno arborizado, anexos ao antigo Hotel Internacional, imenso, em sua época majestoso, agora reduzido a ruínas, em completo abandono.

SANTA TERESA

Domingo de manhã, na hora combinada, tomamos com Scliar, que descera para nos buscar no largo da Carioca, o bondinho de Santa Teresa. Era a minha estreia na passagem sobre os arcos da Lapa; impressionada, segurei forte a mão de Jorge ao sentir-me solta no espaço, embora as rodas do frágil bondinho deslizassem mansamente sobre os trilhos de bitola estreita. "Está com medo?", riu Jorge.

Maria Helena veio ao nosso encontro, nos recebeu com a simplicidade e a modéstia dos que são realmente grandes. Eu a via pela primeira vez e no entanto sentia-me à vontade, sem nenhum constrangimento. Levando-me em seguida ao toalete, ela me ofereceu uma barrinha de sabão de coco e aconselhou-me:

— Passe-o nos braços e nas pernas e deixe a espuma secar; assim evitará que pernilongos, borrachudos e melgas a devorem. Os daqui são terríveis!

Enquanto me ensaboava, chegaram outros convidados para o almoço: a violinista Mariuccia Iacovino e o pianista Arnaldo Estrela. Conduzida pela anfitriã, Mariuccia também veio ao toalete; o sabão de coco foi-lhe oferecido, as instruções se repetiram: "Levem-no também aos maridos", aconselhou-nos Maria Helena. Tanto Jorge quanto Arnaldo recusaram-se a utilizá-lo e, não demorou muito, ficaram ambos com braços e pernas empolados, devorados pelos mosquitos.

A casa dos pintores era simples como seus donos. Quadros e objetos de arte, curiosas cadeiras de vime de altos e redondos espaldares no ateliê dos artistas. Um belo retrato de Maria Helena, sentada numa dessas cadeiras, chamou-me a atenção: "É de Arpad...", explicou-me o modelo, antes que eu chegasse a ler a assinatura do quadro. Arpad mostrava, com entusiasmo e admiração, os últimos trabalhos da mulher.

Almoço delicioso, decorrido em ambiente cordial e alegre, entre artistas de tão grande importância e de tanta simplicidade, a começar pelos donos da casa, mestres da pintura, despojados de qualquer egoísmo e vaidade. Maria Helena e Arpad preparavam-se para retornar à Europa; possuíam um apartamento em Paris. Ela viajaria no mesmo navio que Scliar, ele iria logo depois.

Naquele dia, além de tudo, conhecera e fizera amizade com outro casal encantador: Mariuccia e Arnaldo. Ela e eu nos entrosamos desde o primeiro encontro, tínhamos vidas parecidas; eles também eram casados sem certidão, unidos apenas pelo amor.

CONVERSAS NA COZINHA

Propus-me a preparar um almoço a fim de comemorar a formatura de Joelson, o jovem médico da família; ele traria dois ou três colegas mais íntimos e nós convidaríamos alguns dirigentes do partido, Prestes entre eles. Valeria também como despedida, pois viajaríamos no dia seguinte para Porto Alegre.

Sisson, nosso anfitrião, retirou dos armários o serviço de porcelana de Limoges, os talheres de *vermeil*, os cristais tchecos, "dos meus tempos de rico", dissera. Colocou tudo à minha disposição.

Lalu e o Coronel chegaram cedo; eu ainda estava na cozinha às voltas com as panelas e o forno. Organizara um cardápio caprichado: peixe assado — um belo robalo, comprado de manhãzinha na feira livre em frente à nossa porta —, frango à caçadora, regado a vinho Marsala, receita de meu pai; lombo de porco assado no forno, *flambé* em chama de conhaque, embebido no caldo de laranja; salada de legumes e verduras;

farofa; arroz. Esmerava-me: vaidosa, mostraria minha competência culinária aos sogros, ambos amigos da boa mesa, pelo que Jorge me contara.

Sentada a meu lado, junto ao fogão, Lalu apreciava o movimento e comentava:

— Bem fiz eu de nunca querer filha mulher... Veja se eu ia consentir que filha minha ficasse na cozinha trabalhando como uma escrava deste jeito, nunca!

Sem interromper meu trabalho, apenas olhei-a. Ela continuou:

— Eu trabalhei muito na vida. Trabalhei tanto que cansei, não trabalho mais. Acabei com minha casa em Vila Isabel, casa grande, sempre cheia de hóspedes... Os meninos são muito amigueiros, não sabe? Traziam pra casa os amigos pra comer, pra dormir... davam almoços enormes... Eu aguentei o quanto pude, enquanto negro Valentim foi vivo, que ele me ajudava. Maria, aquela moleca que eu trouxe de Ilhéus, quando se pegou na cidade, virou a cabeça. Todo o mundo desencaminhando ela, prometendo emprego melhor... A mal-agradecida largou a gente, sem essa nem mais aquela, deu o fora.

O negro Valentim, ao qual Lalu se referia, fora homem de confiança do Coronel, cão de fila que o acompanhara em momentos difíceis. Ao mudar-se para o Rio de Janeiro, o coronel João Amado trouxera Valentim com ele. Pau para toda obra, arrumava, limpava e, inclusive, cozinhava para a família. Filha de retirantes, largada nas mãos dos fazendeiros, cria da casa, Maria crescera com os dois filhos mais novos do casal.

De corda solta Lalu ia contando suas peripécias. Sem descuidar-me das panelas, prestava atenção à narrativa, interessada:

— Depois eu fui operada, quase morro!
— De quê? — quis saber.

Com a maior tranquilidade, como se falasse de uma unha encravada, disse:

— De câncer... Abriram minha barriga de cima a baixo, tiraram tudo! Nem sei como ainda estou viva...

Assombrada com tal revelação, perguntei-lhe:

— E era câncer mesmo? Jorge nunca me disse... Há quanto tempo?

— Está duvidando? O médico até me mostrou: era grande e duro. Parecia uma pedra... Faz uns quatro ou cinco anos, já nem me lembro. Depois da operação — continuou Lalu — eu disse a João que não queria mais saber de lidar com casa, e em pouco tempo liquidamos com tudo: vendemos, demos, jogamos fora as coisas todas... um verdadeiro desperdício! Só ficamos com os móveis do quarto, mobília fina, comprada na Casa Alemã, em São Paulo; tu conhece a Casa Alemã, não conhece? Tu é de São Paulo...

— É uma casa de grande categoria! — disse-lhe.

Lalu se envaideceu ao ouvir meu elogio ao estabelecimento que mobiliara sua casa.

— João pagou um dinheirão por essa mobília!

O PALACETE E A FAZENDA

Jorge me falara no palacete que o Coronel construíra no tempo das vacas gordas, quando cacau valia dinheiro e a fazenda produzia grandes safras: uma das melhores residências de Ilhéus na época, mobiliada com todos os requintes.

Depois que os velhos mudaram-se de Ilhéus essa casa abrigou durante anos a Faculdade de Direito. Nas comemorações do centenário da cidade, em 1981, foi colocada, pela Prefeitura Municipal, uma placa na fachada, recordando que Jorge passara ali parte de sua adolescência.

— Pois, menina — continuou Lalu —, sofri o diabo naquele palacete! O decorador que veio de São Paulo botou cortinas e tapetes de não acabar... Para conservar aquilo tudo limpo, nem queira saber... Caprichosa do jeito que eu sou, querendo tudo a tempo e hora, tudo brilhando, me consumi. Jorge estudava e trabalhava num jornal da Bahia — referia-se a Salvador —, só vinha passar as férias, isso quando vinha; às vezes ficava por lá mesmo. Eu vivia morrendo de saudades de meu filho; saudades e preocupação; filho longe da gente é uma desgraça! Depois Jorge foi para o Rio, a preocupação aumentou ainda mais. Deus me livre! Nem quero me lembrar quanto sofri! Aí eu resolvi mudar para o Rio de vez. Tanto fiz, tanto falei, que João decidiu vender o palacete e nós mudamos. Os meninos vieram estudar aqui, e assim a família ficou toda reunida. Nossa primeira casa foi em São Cristóvão e a segunda em Vila Isabel. Estamos morando no hotel já tem um bocado de tempo; se acabaram as consumições, os trabalhos de casa... Que alívio! Agora estamos de lorde! Temos tudo à mão, no maior conforto.

— E a senhora não tem saudades, não gostaria de morar na fazenda? Deve ser bom viver numa fazenda de cacau...

Arrependi-me em seguida do palpite que dera. Exaltada, Lalu mostrou-se horrorizada:

— Menina, nem repita mais uma bobagem dessas! Tu acha que eu sou doida? Morar na fazenda? Nunca mais! Ave Maria! Chega o que já sofri naqueles matos. Tu nem sabe quanto eu penei... Se tu soubesse, não ia me perguntar uma coisa dessas. Foi pouco o que eu trabalhei naqueles tempos na roça? Eu cozinhava para um mundo de gente, trabalhador de não acabar... Eta gente pra comer!... Um apetite danado! Comiam que Deus me livre! Cada panelão de comida que eu fazia... Meu fogão dava dez deste aí — apontava com desprezo o fogão a gás. — Aquilo, sim, é que era fogão! Não era como essas pinoias de

hoje em dia... Enchia ele de lenha logo de manhã cedo e ele ficava quente o dia todo... Na chapa, em cima, tinha sempre um bule de água fervendo para qualquer precisão, cada caldeirão de feijoada, cada panela de escaldado, que só tu vendo! Quatro, cinco pratos no almoço, outros tantos no jantar. Eu dava conta daquilo tudo com Jorge novinho pendurado no colo; não tinha confiança de deixar meu filho com ninguém. Escanchava o menino aqui na cintura, as perninhas abertas, uma pra frente, outra pra trás, e com a mão direita eu mexia a comida. Perdi até a conta das vezes que Jorge batizou a comida com uma mijadinha que ia direto dentro do caldeirão de feijão. — O rosto de Lalu iluminava-se ao recordar a proeza do filho ainda bebê e ao ver-me escandalizada: — Eu só faltava morrer de tanto rir!
— Perdia a comida e ainda achava graça? — admirei-me.
— Perdia a comida? Perdia coisa nenhuma! E mijo de criança é sujo? Mijo de criança é mesmo que água de cheiro... Aquela mijadinha de meu filho até que dava gosto, temperava o feijão... Ora se... Eu nunca joguei comida fora. Nem mesmo quando Jorge, já taludinho, traquinas como ele só, muitas vezes jogava sabão, paus e pedras dentro do caldeirão. Eu ia provar o sal, achava o gosto diferente, já olhava pra ele... "Fui eu que botei tempero, minha mãe!", ele dizia, rindo, uma graça!
Lalu divertia-se à minha custa:
— Mijo e cocô de crianças não é sujo, não! Pelo menos os de meus filhos não eram, sempre foram limpos. Só tomavam leite de peito, mais nada... Oxente!

O FAMOSO JABÁ

Dona Eulália descrevia-me não apenas seu fogão como também, e sobretudo, suas comidas:

— Eu sempre tinha, pendurado junto do fogão, um jabazinho.

Jabazinho? Na minha ignorância, pensei: deve ser filhote de jabá, animal que eu não conhecia mas que me sugeria caça, algo assim como cutia, paca, capivara. Fazendo um rápido gesto, imitando um caçador a acionar o gatilho da espingarda, perguntei-lhe se era seu João quem caçava os jabás.

Tomada por um acesso de riso, Lalu não conseguia mais falar, as lágrimas rolavam-lhe pela face. Desconfiei que havia dito um absurdo. A gargalhada não parava; contagiada, sem saber o porquê da gaitada de Lalu, acompanhei-a no riso. O Coronel espiou para ver o que estava acontecendo na cozinha, resmungou: "Eulália não ajuda e ainda empata a outra!". Voltou para a sala na mesma, sem nenhum esclarecimento.

Refeita da crise, Lalu preparou-se para dar-me uma aula sobre jabá:

— Jabá, minha filha, não é bicho do mato, não! — voltava a rir. — Jabá é carne do sertão.

Notando que eu ficara na mesma, não sabia nem o que era carne do sertão, pacientemente tratou de esclarecer-me:

— Carne do sertão, menina, é o mesmo que charque, carne-seca. Esse tipo de carne tem muitos nomes: eu mesma botei um, chamo ela de "boa amiga" — sorriu com ternura ao lembrar-se do seu bocado preferido. — Tu não conhece, não? Em São Paulo não tem dessas coisas...

— O que mais tem em São Paulo é carne-seca, dona Eulália. Carne da melhor, vem do Rio Grande do Sul. Eu não conhecia os outros nomes que a senhora disse... Ninguém faz feijoada em São Paulo sem botar um bom pedaço de carne-seca dentro, para dar gosto. Mas nunca provei de outra forma.

— Então tu não sabe o que é bom! Nem sabe o que está perdendo. Não tem coisa melhor no mundo do que um pedaço de jabá assado na brasa. Depois de bem assadinho, a gente vai desfiando ele, vai passando na farinha de mesa e... venha! Chega a me dar água na boca!

O Coronel apareceu novamente na cozinha, consultando seu relógio de ouro, um patacão preso a grossa corrente igualmente de ouro:

— Já passa de doze e esse pessoal nada de chegar! Certamente o cheiro da comida despertava-lhe o apetite.

— Quer comer alguma coisinha, distrair o estômago enquanto eles não chegam, seu João? Eu acho que ainda vão demorar...

— Se tem pronto... já passou de minha hora...

Preparei-lhe um prato com lombo de porco, frango e farofa, suficiente para entretê-lo enquanto o almoço não era servido.

Lalu riu com ar de malícia:

— Ela sabe adular, hem?

— Quer um pratinho também? — ofereci. — Não está com fome?

— Fome, eu? — Lalu se ofendia: — Eu nunca tive fome em minha vida. Estou com um pouco de fraqueza... hoje cedo só tomei uma xícara de café com leite puro, sem pão nem nada... Mas também eu não como dessas coisas que tu está fazendo: porco me faz mal; de frango tomei abuso desde a minha operação. No hospital era só galinha todos os dias... xiii!... — fez cara de nojo —; de peixe eu gosto mas só muito fresco, pescado na hora... Sou muito abusada pra comer. Se tu tem aí um copo de leite, uma bananinha, eu aceito. Estou com uma gastura...

OS PRISIONEIROS

O almoço já estava pronto, ia tomar um banho rápido e me preparar para receber os convidados.

Rosita Pontes de Miranda, que eu conhecera no dia da chegada, trouxe flores; com a ajuda de Sisson, arrumou as jarras e a mesa.

Enquanto me aprontava, no quarto, Lalu apareceu; tinha uma pergunta a fazer:

— Jorge vem com os presos?

— Que presos, dona Eulália? — arregalei os olhos.

— João me disse que hoje a gente ia almoçar com um pessoal que saiu da cadeia...

Não tardou muito, chegou Jorge acompanhado de Prestes, Carlos Marighella, Maurício Grabois, Pedro Pomar, José Maria Crispim, Diógenes Arruda Câmara, João Amazonas — todos eles na época dirigentes do PCB —, os presos aos quais Lalu se referira. Alguns deles tinham sido de fato postos em liberdade pelo decreto de anistia.

— Esta é Zélia, minha mulher, uma anarquista perigosa! — apresentou-me Jorge, divertido, a Prestes e aos outros companheiros.

— Eu sou apenas uma livre-pensadora... — corrigi, parodiando meu pai.

Prestes sorriu, amável:

— Conheço alguns desses anarquistas; idealistas românticos, sonhadores, gente boa...

Arruda quis saber se eu tinha algum parentesco com Ernesto Gattai; Prestes também se interessou. Eu lhe disse que era sua filha. Arruda então explicou que em São Paulo havia uma célula do partido, num bairro operário, com o nome de Ernesto Gattai.

Surpresa e emocionada com essa revelação, não consegui dizer nada, creio que sorri. Fomos todos para a mesa, onde a comida fumegava.

NOME DA FAMÍLIA

Sentada em frente a dona Eulália, na mesa, pude acompanhar, surpresa e assombrada, seu bom apetite; serviu-se de todos os pratos, até mesmo do porco, que, segundo afirmara pouco antes, lhe fazia muito mal... só faltava mesmo lamber os dedos. Melhor assim, gostara do meu tempero.

A seu lado, Carlos Marighella perguntou-lhe se estava contente de ter um filho médico.

— Estou muito contente — respondeu Lalu, satisfeita da pergunta. — Joelson foi o único filho que ouviu os meus conselhos, que me fez a vontade, me obedeceu. Por meu gosto, não sabe?, meus três filhos seriam médicos. Porque o médico, todo o mundo sabe disso, levanta o nome da família — afirmou, séria.

As observações inesperadas de Lalu faziam os convidados sorrir. A mãe de Jorge era surpreendente.

— E Jorge? — aventurou-se Grabois.

Lalu não o deixou continuar:

— Jorge, coitadinho, me explicou, quando eu pedi a ele que estudasse medicina, que não podia ser médico porque não gostava de ver sangue. Tem horror a sangue! — Lalu procurava desculpar o filho desobediente. — Médico tem que ver muito sangue, não é mesmo? Eu não podia contrariar a natureza dele. Jorge estudou advocacia só para dar gosto ao pai. Ave Maria! Se João não visse o filho formado em doutor, acho que morria de desgosto. E o que adiantou? Ele é advogado mas nunca advogou, nem foi buscar, até hoje, o diploma na faculdade. Prefere escrever, tem gosto nisso e eu nunca me meti. Deixo meu filho fazer o que ele quer.

Tenente — referia-se a James, seu caçula, pelo apelido que lhe dera desde menino —, esse também não quis saber de ser médico. Preferiu estudar letras. — Lalu falava para atenta e risonha audiência, que a ouvia com atenção e silêncio; auditório bem a seu gosto, para o assunto de sua predileção: os filhos.

— Deixei que Tenente seguisse sua vocação. Se Deus quiser, Joelson vai ser um grande médico! Menino estudioso está aí... — apontava o filho que ria encabulado. — O único que morou sempre com a gente; os outros dois vivem viajando, aparecem de vez em quando. Mas são bons, muito bons. Não tenho queixa deles, nunca me deram desgostos.

Não resisti e, quando ela se despediu, perguntei-lhe se gostara do almoço.

— Comi uma coisinha... Que jeito, minha filha! Não podia passar o dia todo de estômago vazio.

A sós, Jorge abraçou-me e beijou-me com ternura:
— Teu almoço, minha querida, estava ótimo!

PORTO ALEGRE

Saíamos para o aeroporto quando o telefone tocou. Era Scliar com recado do pai, que lhe telegrafara querendo saber o número do voo e a hora da chegada de nosso avião a Porto Alegre. Ia nos esperar, seríamos seus hóspedes. James passava uma temporada na casa do velho Scliar; escrevera entusiasmado ao irmão: "A chácara de seu Henrique é uma delícia! Ótimo lugar para descansar, bom para você, que anda precisado...".

Eu ia pela primeira vez ao Rio Grande do Sul, conheceria Porto Alegre, os amigos gaúchos sobre os quais Jorge sempre falava, seria apresentada a Erico Verissimo e a Mafalda, sua mulher. Só de pensar que ia me encontrar com Erico Verissimo, ficava emocionada, pois era leitora entusiasta de seus livros.

A casa de Henrique Scliar, localizada num sobrado, sobre uma fábrica de colchões, encheu-se de gente no dia de nossa chegada e nos seguintes. Amigos e admiradores de Jorge vieram vê-lo, abraçá-lo. Erico Verissimo também não faltou. Simples e simpático, como eu esperava que fosse. Batemos grande papo e ele ficou de nos procurar novamente, com Mafalda, à nossa volta da chácara onde iríamos repousar. Partiríamos o quanto antes, pois a casa da cidade mostrara-se por demais movimentada, não oferecia condições de descanso: as visitas se sucediam; conhecidos e desconhecidos de Jorge, amigos e parentes de Henrique Scliar, jovens intelectuais na ânsia de discutir literatura e política. Entre as crianças da família que corriam porta adentro, porta afora, havia um garoto loirinho, simpático, sobrinho do dono da casa. Chegava discretamente, rodeava Jorge, prestava atenção às conversas. Esse menino viria a ser, anos mais tarde, o escritor Moacyr Scliar.

James, que se empenhara tanto para que o irmão fosse a Porto Alegre, tivera que partir repentinamente para a Bahia. Viajou dois dias após nossa chegada.

FLASHBACK COM DESFILE

Pela segunda vez eu me encontrava com James Amado. Conhecera-o em São Paulo, no mês de julho, durante o desfile dos pracinhas recém-chegados da Itália. A avenida São João em festa resplandecia com bandeiras e flores, com faixas e dísticos, saudando os heróis de Monte Castelo. O povo, aglomerado nas calçadas, cantava, eufórico. Cheias de entusiasmo, mulheres beijavam efusivamente os soldados, num ambiente de euforia.

Das janelas do apartamento de Jorge, na avenida São João, assistíamos ao desfile, Lila, James, o pintor Pancetti e outras pessoas que apareceram por lá.

Nesse dia de festa patriótica, Jorge não se encontrava em São Paulo, acompanhava o casal Neruda, na já mencionada viagem ao Rio e à Bahia.

Eu procurava, inutilmente, divisar entre os soldados meu primo Mário, integrante do corpo expedicionário, filho de tia Margarida, irmã mais velha de mamãe. A convocação do rapaz para a luta na Itália fora um drama para tia Margarida, que não se conformava, coitada, com a ida de seu filho para a guerra. Eu soubera que Mário havia regressado e buscava vê-lo em meio à multidão. Dois outros amigos queridos também estavam de volta: o pracinha Carlos Scliar, que mandara belíssimos desenhos das trincheiras; Rubem Braga, correspondente de guerra, cronista admirável. Sentia-me alegre, nesse dia de cantos e de fanfarras, assistindo ao desfile.

James, que observava o movimento da avenida por uma das janelas, chamou-me rindo. Apontou para a multidão:

— Veja aquele cara lá, o de boina. Repare só no gaiato. Ele se faz de pracinha, entra na fila e passa na frente do grupo das moças, ali adiante... Veja! Aquelas que agarram e beijam os soldados... Ele já passou por elas três vezes e vai voltar novamente... preste atenção!... O malandro gostou dos beijos...

Fiquei observando. Desta vez, no entanto, o malandro fora pilhado; uma das beijoqueiras o reconheceu, e em lugar dos beijos esperados ele recebeu tapas e bolsas na cara.

Ríamos ainda do sucedido quando, de repente, Lila gritou:

— Olhem ali o papai!

Surpresa, a princípio nem pude acreditar. Jorge partira havia dois dias, devia regressar daí a uma semana... Mas Lila não se enganara. Lá estava ele, do outro lado da avenida, bem em frente a nós, a acenar com a mão, esforçando-se por furar a massa compacta, chegar em casa.

Estava cansado, fizera uma péssima viagem de avião, tivera dificuldades para atravessar o desfile. Acompanhara os Neruda no Rio; depois... "...estava louco para voltar!", disse-me ao mesmo tempo que colocava em meu dedo um anel mexicano, de prata, com dois corações, comprado no Rio para mim. Não lhe fora difícil encontrar quem o substituísse na viagem: quem não queria acompanhar o poeta à Bahia? Ainda uma vez Jorge dera o bolo em Neruda: "Assunto urgente me chama a São Paulo". E ali estava a meu lado.

O mais novo dos três irmãos, James, é dez anos mais jovem do que Jorge. Os dois pareciam-se tanto, fisicamente, a ponto de causar confusões divertidas. Certa vez, James esperava condução na avenida Rio Branco, que o levasse a Copacabana, na pior hora, às seis da tarde, em pleno *rush*. Táxis, lotações e ônibus passavam lotados, nem paravam nos pontos. Desanimado, James perdia as últimas esperanças quando um carro parou no meio-fio, a seu lado: um cavalheiro, ao volante, oferecia: "Jorge Amado, quer condução?". Sem pestanejar, o sósia entrou no automóvel: "Vou a Copacabana".

Leitor de Jorge, o amável motorista não vacilou em encompridar caminho, já que seu destino era Botafogo. Confessou-se emocionado ao despedir-se: "Você é o meu escritor preferido, pena não ter aqui um livro seu para pedir um autógrafo... já li todos...". James, claro, não se identificou: "Quando quiser, com o maior prazer!".

De outra feita, beliscado e bolinado (pelo corpo todo, como fazia questão de frisar), num momento de aglomeração, por uma jovem fã do escritor Jorge Amado, que os confundira, James não reagiu, nem se deu a conhecer; contou-me esse episódio, divertindo-se à grande.

Depois daquela tarde, do desfile dos pracinhas, não o vira mais. Casado na época com a poetisa Jacinta Passos — eram dela os versos que eu declamara, no comício da anistia —, viviam entre Ilhéus e Pirangi, onde estava localizada a fazenda de cacau dos pais. Escrevia na ocasião o romance *Chamado do mar*, que publicaria pouco depois.

A CHÁCARA DE SEU HENRIQUE

Foi com grande satisfação que entramos no carro que nos conduziria, enfim, à chácara, onde descansaríamos uma boa temporada antes do reinício da viagem. Esperava encontrar um pomar paradisíaco, imaginava-me rodeada de árvores vergando de frutos maduros: ameixas suculentas, deliciosos pêssegos iguais aos que nos eram servidos na casa dos Scliar.

Fiquei, pois, um pouco surpresa ao ouvir seu Henrique pedir a Marcos, seu filho mais novo, que conduzia o automóvel, que parasse no sítio do Alemão, onde nos proviríamos de frutas e ficaríamos conhecendo um homem curioso, uma pessoa de valor, segundo nosso hospedeiro. Não sei se o Alemão era botânico formado, mas soubemos que fazia experiências com enxertias, obtendo resultados excepcionais, produzindo, no clima do Rio Grande do Sul, maçãs, peras, ameixas e pêssegos da qualidade dos europeus, talvez superiores, coisa até então julgada impossível no Brasil. A visita ao Alemão foi agradável e de lá saímos carregando cestos de frutas, verduras e legumes.

A chácara de seu Henrique não tinha fruta de espécie alguma mas era encantadora. A casa rústica, construída numa pequena elevação, dava sobre um bosque; ao lado, antes de entrar na mata cerrada, havia uma piscina natural, toda de pedras, transbordante de água cristalina provinda de uma nascente.

Era começo de semana e passamos, os dois sozinhos, dias inesquecíveis, deitados em redes sob os arvoredos, banhando-nos na piscina, fugindo ao sufocante calor do tórrido verão gaúcho. Uma empregada nos servia, e, ao meio-dia em ponto, chegava um carro trazendo-nos almoço e jantar e os jornais. Tão próximos da cidade e, no entanto, estávamos em plena selva, longe da civilização.

UM CHURRASCO DE VERDADE

Um dia, despertamos muito cedo com o ronco do motor de um caminhão. Havíamos perdido a noção do tempo, nem nos lembrávamos de que era sábado e que para esse dia estava programado um grande churrasco, na chácara.

O caminhão trazia alguns adultos, muitas crianças e, sobretudo, material para a comilança. Começaram por desembarcar melancias gigantescas, de tamanho descomunal, como eu nunca vira antes:

— Maravilha de doçura — gabou o rapaz que mal conseguia transportá-las, de tão pesadas. Depois desceram os engradados de cerveja, os refrigerantes, as imensas postas de carne. Que quantidade enorme! Seria um boi inteiro? "Barbaridade! Bá!..." Eu começava a me familiarizar com as expressões gaúchas, no contato com a empregada.

Não dera ainda meio-dia quando chegaram vários automóveis lotados: parentes de Henrique Scliar, amigos de Jorge; recordo, entre outros convidados, Pinheiro Machado Neto, Beatriz Bandeira e Raul Riff, o escritor Dyonelio Machado, o escultor Vasco Prado, a poetisa Lila Ripol. Muitos dos que chegavam se instalavam na disposição de emendar o sábado com o domingo, de passar o fim de semana.

Numa clareira no bosque, foi acesa a fogueira. Em pouco tempo começou-se a sentir um característico cheiro de linguiça assada na brasa. A gordura da linguiça, ao cair no fogo, provocava labaredas e fumaça, fumaça que se espalhava à mercê do vento, entrando em nossas narinas. Agora era a carne que cheirava... Grande quantidade de redes coloridas tinham sido armadas sob as copas das árvores. Penduradas de forma estranha e nova para mim: resistentes tocos de galhos, metidos entre os punhos das redes, bastavam para sustentá-las nas forquilhas das árvores. "Cada terra com seu uso, cada roca com seu fuso", já dizia minha avó.

A piscina, grande atração daquele dia quente e ensolarado, regurgitava de crianças. Marcos Scliar trouxera a mulher e a filha recém-nascida; ele comandava o churrasco, passando salmoura na carne sobre as brasas, servindo a uns e a outros. Eu nunca provara um verdadeiro churrasco, churrasco em que até a costela do boi era macia e saborosa. Desse, guardo o sabor até hoje. Do chimarrão, cuja cuia passava de boca em boca, também nunca vou esquecer, porém por motivo diferente: sem nenhum treino, principiante na arte do mate, queimei minha boca no primeiro sorvo.

Outro filho de Henrique Scliar, Salomão, magnífico fotógrafo, ia de um lado para outro, com sua inseparável máquina, em busca dos melhores ângulos.

O festim durou dois dias, dois dias de conversas, de cantos e de brincadeiras. Descobri que Henrique Scliar era anarquista da velha guarda, sonhador e romântico, à maneira de meus pais, e, juntos, recordamos e cantamos canções revolucionárias, que eu guardara na memória desde a infância e que ele aprendera na juventude.

UM MINUTO DE SILÊNCIO

Depois daqueles primeiros dias de isolamento na mais absoluta paz, ressentimo-nos com o movimento do fim da semana. Quando nos preparávamos para novo e necessário descanso, apareceu inesperada visita: uma comissão da colônia judaica com o objetivo de convidar Jorge para proferir uma conferência no Centro Israelita de Porto Alegre. O convite era dirigido, como explicava o porta-voz do grupo, não somente ao escritor Jorge Amado, que tanto defendera a causa dos judeus perseguidos e massacrados pelo nazismo, que, no momento cruciante dos campos de concentração, escrevera o comovente poema "Negra da Bessarábia"; mas também ao deputado Jorge Amado, que merecera votos da colônia israelita de São Paulo.

Avesso a conferências: "Conferências, não faço nem assisto" — Jorge repete essa frase todas as vezes que recebe este tipo de convite —, Jorge coçou a cabeça. Na última que fizera, num comitê popular de São Paulo, levara um susto danado! Terminara de falar e dispunha-se a sair, pois viajaria no dia seguinte cedo, quando um homem simples, pedindo a palavra, propôs que todos ficassem de pé e dedicassem um minuto de silêncio à memória de Jorge Amado e de García Lorca. Esse minuto pareceu a Jorge uma eternidade, já que tem horror a avião, e a viagem a Mato Grosso, no dia seguinte, seria longa.

Tendo realmente recebido muitos votos da colônia israelita de São Paulo, Jorge não teve outro jeito senão aceitar o convite, e daí a três dias encontrou-se no palco de um salão inteiramente lotado. Ainda me lembro do início de seu discurso:

— Entre judeus eu não me sinto um gói! — palmas e sorrisos de não acabar.

Não retornamos mais à chácara. Tratamos de viajar o mais depressa possível, já que fora aberto o precedente e novos convites, para conferências e palestras, reuniões com jovens intelectuais etc., começavam a chover, de todos os lados.

As passagens para o Uruguai foram marcadas em seguida. Eu sentia o entusiasmo de Jorge, desejoso de me abrir horizontes, mostrar-me novas paisagens, apresentar-me a amigos espalhados no sul do continente. De Montevidéu iríamos a Buenos Aires.

— Quem sabe não faremos uma surpresa a Pablo, no Chile? — insinuou Jorge.

MONTEVIDÉU DE RELANCE

Prevenida por telegrama, Mary Mércio Martins nos esperava no aeroporto e nos hospedou em seu elegante apartamento, no centro da cidade.

Mary fazia parte do grupo de amigos de Jorge, do tempo do exílio. Era gaúcha radicada em Montevidéu. Comunicara a chegada de Jorge aos amigos, que em seguida apareceram e nos cercaram de carinho.

Nossa estada em Montevidéu, de grata lembrança, foi curta demais, mal chegou para vermos algumas pessoas, visitar um pouco da cidade, atendermos alguns convites para almoços e jantares. Nessa ocasião conheci, entre outros, o escultor Armando González, o escritor e educador Jesualdo e sua mulher, a escultora Maria Cármen Portela, o cartunista Julio Suárez, o popular "Pelo Duro", os romancistas Enrique Amorim e Alfredo Gravina, pessoas que voltaria a encontrar em várias partes do mundo. Homenageado em ato público, coube a Jorge falar ainda uma vez para uma plateia que superlotava o Centro Cultural de Montevidéu.

Um inesperado telegrama do partido, chamando Jorge ao Rio, antecipou nosso regresso. Para conhecer Argentina e Chile eu esperaria uma ocasião mais propícia.

AS FÉRIAS DO CORONEL JOÃO AMADO

O Coronel ficara encarregado de procurar casa para nós, mas, ao regressarmos ao Rio, já não o encontramos. Deixara um envelope cheio de recortes de anúncios de casas que vira e das quais gostara.

Os velhos haviam partido, nas costumeiras férias de fim de ano, para a fazenda de cacau em Pirangi — a cidade mudara o nome para Itajuípe, mas eles só se referiam a Pirangi. Costumavam permanecer dois meses, às vezes mais, fora do Rio.

Lalu não acompanhava o marido à roça, diziam "roça" em lugar de fazenda: "Mil vezes ficar na casa de minhas sobrinhas, na cidade, com atenções e conforto, do que me meter naquela casa velha, naqueles matos...".

O pessoal da fazenda se movimentava logo que recebia o recado anunciando a presença do Coronel em Itajuípe. Traziam em seguida a mula que o conduziria, por estreitos atalhos entre as plantações de cacau, para a Fazenda Santa Eulália, de sua propriedade. Era só Virgílio chegar — Virgílio era o administrador da fazenda — para que ele se tocasse, contente da vida. O Coronel montava com leveza e desembaraço; a cabeça levantada, postura correta, a própria elegância. No lombo da mula partia para seu reino, a algumas léguas de distância.

Pelo caminho ia encontrando trabalhadores da fazenda, que tiravam o chapéu à sua passagem: "Bem-vindo, Coronel!". O velho resplandecia. Ali, em meio às roças que plantara e vira crescer, ficava inteiramente feliz.

PORCOS E COBRAS

Passei, em certa ocasião, curta temporada com o Coronel em sua fazenda.

Seu João me pedira, reservadamente, que entusiasmasse Jorge para que ele o acompanhasse numa de suas idas à roça. Havia anos que o filho não botava os pés lá. O pai sentia-se pouco à vontade para fazer o convite, não gostaria de receber uma possível recusa. Talvez eu conseguisse convencê-lo... Mas, apesar da vontade de dar esse gosto ao pai, Jorge não pôde ir. Não querendo decepcionar ainda mais o velho, decidi-me a acompanhá-lo.

Viajamos num avião misto, de carga e de passageiros, cujos bilhetes custavam mais barato e que o Coronel, pilheriando, apelidara de "místico".

— É uma viagem ótima! — elogiava o Coronel. — Chega num instante e ainda oferecem merenda de primeira.

Bons ou maus, os "místicos" eram os únicos aviões que faziam escala em Ilhéus naquela época. A viagem foi realmente boa; de Ilhéus seguimos de automóvel para Itajuípe. De lá o Coronel e eu iríamos à fazenda.

Obstinada, Lalu permaneceu em Itajuípe, onde, em casa das sobrinhas, filhas de uma irmã falecida, era tratada como rainha. Conhecida de todos da cidade, recebia muitas visitas, que a mimoseavam com bolos e sequilhos e ouviam, deliciadas, suas histórias, das quais os filhos eram sempre os protagonistas. A história de Jorge falando em cima do altar de uma igreja em São Paulo, por exemplo, fizera grande furor, era comentada e repetida por aquelas bandas.

Enquanto aguardávamos que chegassem as mulas que nos conduziriam à mata, fui dar umas voltas com as primas, pelas ruas do centro. As pessoas passavam, cumprimentavam com uma única palavra de saudação: *boa!*; a resposta era invariavelmente a mesma: *idem!* Às vezes o *boa!* era substituído apenas por um gesto de mão, mas a resposta mantinha-se a mesma: *idem!* E nessa de *boa!* e de *idem!*, vieram me avisar, às pressas, que estava na hora de partir. Montada em égua mansa, segui o Coronel e Virgílio. Da janela baixa da casa, Lalu, rindo, gritou: "Cuidado com as cobras, Zélia!". Ao ouvi-la, o Coronel não gostou. Voltou-se em direção à mulher, deu-lhe um esbregue: "Para com essas brincadeiras, Eulália!". Depois resmungou para quem quisesse ouvir: "Não quer ir e fica metendo medo na outra...". Num trecho mais largo do atalho, emparelhamos as mulas: "Não vá atrás do que Eulália diz", advertiu-me o Coronel, "ela quer se divertir às suas custas! Dentro de nossa casa não entra cobra, não. De jeito nenhum! Embaixo dela vivem porcos...". Não entendi. Seu João repetiu e explicou: "A casa é alteada, vazada por baixo. Lá embaixo dormem porcos, bodes, cabras, galinhas... e, como a senhora sabe, cobra não passa onde tem porco...". Eu não sabia nada sobre esse mundo de cobras e porcos, mas não quis dar parte de minha ignorância, por orgulho ou sabe lá por quê. Não lhe fiz perguntas. Depois Jorge me explicaria.

Fazia muitos anos que Virgílio e Soledade, sua mulher, cuidavam das terras do Coronel. Ali nasceram seus filhos, um por ano, às vezes a barriga era de gêmeos; somavam oito ou dez e foram crescendo em meio às roças de cacau. A partir de certa idade precisaram de escola, coisa que não havia na fazenda. O coronel João Amado tomou conhecimento do problema dos meninos de Virgílio, alguns deles seus afilhados. Não queria vê-los analfabetos como a maioria dos jovens roceiros. Não titubeou: comprou uma casa para Virgílio, na cidade. O problema estava resolvido.

FRUTOS DE OURO

Morando na cidade com os filhos, Soledade voltava para a Santa Eulália todas as vezes que o Coronel chegava de férias. Servia o compadre, patrão e amigo a tempo e hora. Cuidava de sua roupa, preparava-lhe os pratos de sua preferência: jabá na brasa, porco assado, uma galinhazinha-d'angola, andu, inhame, aipim... As caças iam aparecendo, os trabalhadores traziam pacas, teiús, cutias para o Coronel, que Soledade moqueava.

Vestido com um pijama de tricoline e uma boina preta, que usava de manhã à noite, sentado diante da mesa o Coronel regalava-se. Comia de mão, restos de farinha de mandioca em torno da boca. Os estrondosos arrotos do glutão após as refeições costumavam ser acompanhados de um clássico comentário de Soledade: "O Coronel é *saudio!* Que Deus o conserve!".

Pela manhã bem cedinho, íamos ao curral tomar o leite ainda morno, recém-saído das tetas das vacas. Depois partíamos para uma boa caminhada por entre os cacauais, o Coronel querendo mostrar-me tudo de vez. Ao encontrar, por acaso, bagos de cacau, chupados e atirados ao chão, ele se danava: "Gente inconsciente, não adianta ensinar, proibir... Está bem que chupem o cacau, não é direito mas eu tolero! Jogar os caroços fora é que não está certo. Não está certo!", repetia. "É o mesmo que botar dinheiro fora..." Recolhia quantos bagos encontrasse pelo chão para juntar aos outros já em processo de secagem nas barcaças.

Chamava-me: "Agora venha ver como é que limpam os caroços". Íamos ao cocho, enorme caixa de madeira, o fundo de tábuas estreitas separadas o suficiente para deixar escoar o mel a se desprender dos bagos. Um trabalhador revolvia-os com um bastão, facilitando a tarefa. Jorge me contara que no seu tempo de menino era com os pés, executando uma espécie de dança, que os homens retiravam o creme a envolver os grãos de cacau.

— Daí, desse creme, sai um vinagre especial! — explicava-me o velho, uma risada rouca de satisfação. — Pode-se também fazer geleia... Não há nada mais fino do que a geleia de cacau... E a manteiga de cacau que é retirada dos caroços, além do chocolate? Ouvi até dizer que estão pensando industrializar o coco, a casca de fora... Não é à toa que chamam o cacau de fruto de ouro... é ouro mesmo!

O CORONEL EM SEU PALÁCIO

Naquela semana passada na fazenda, pude observar e sentir a transformação daquele homem e compreendi que no Rio ele vivia desterrado. Seu chão era aquele, seu reduto. Pleno de satisfação e bom humor, alegre e brincalhão, o Coronel deixara para trás a impaciência e as explosões bruscas.

Trabalhadores da roça traziam os filhos para tomar a bênção ao padrinho. Os afilhados do Coronel eram inúmeros. Em geral as crianças chegavam de banho tomado, roupinha limpa, os cabelos penteados, escorridos de vaselina, único luxo daquela gente. Levaram-me uma latinha de presente: "Pros cabelos da senhora...", dizia-me a menina a estender-me a preciosidade. "Tenho outra cheia lá em casa..."

Velhos amigos apareciam, vindos de longe, de outras fazendas, para dar as boas-vindas ao recém-chegado, para visitá-lo. Seu João ia dando notícia dos filhos, um brilho de orgulho no olhar. As conversas se estendiam, mansas. Apresentava-me a todos: "Esta é minha nora, esposa de doutor Jorge. A moça é de São Paulo", comentava, "cidade enorme, importante mesmo!". Eu percebi que, não possuindo eu títulos de espécie alguma, o fato puro e simples de ter nascido em São Paulo valia para o velho como credencial. Seu João complementava: "Ela tem sangue estrangeiro...". Outro título, creio eu.

No Rio de Janeiro eu o conhecera discreto em relação aos filhos, limitando-se a sorrir ao ouvir a mulher elogiá-los. Agora, na fazenda, espalhava-se, botava para fora o enorme orgulho que sentia deles. Não dispensava o título de doutor a preceder o nome dos três filhos, nas conversas com aquela gente simples:

— Doutor Jorge não pôde vir... o homem é ocupado... é... tem muitos compromissos, muita responsabilidade... o preço da glória, da fama... caso sério...

— Doutor James? Foi para São Paulo está com tempos... Doutor James é jornalista... dos bons... Danado pra saber línguas!... Fala na perfeição inglês, francês... Também, sempre teve bons professores, caros! Traduz um livro do dia pra noite... um colosso!

— Doutor Joelson acertou na profissão. É um grande médico! Médico de crianças... ganha o dinheiro que quer, mas não tem tempo pra mais nada...

— É isso, os meninos agora são doutores, não têm mais tempo para vir à fazenda... É por isso que eu não conserto a casa. Consertar pra quê? Eulália embirrou, não quer mais vir! Vou consertar a casa para quem? Pra mim só?

As grades de madeira do alpendre, apodrecidas pelo tempo, caíam; a casa velha de paredes descascadas, pretas da fumaça dos fifós, o reboco desmoronando-se; vestígios de goteiras por toda a parte. Da cama em que dormia, de lençóis alvos e perfumados de alfazema — cuidados de Soledade —, eu podia enxergar as estrelas no céu; se olhasse para baixo, divisaria os animais dormindo... Nada disso, no entanto, importava ao Coronel, feliz ali em seu palácio insubstituível.

OS PROGRAMAS DE SEU JOÃO NO RIO

No Rio o velho tinha vida organizada, metódica. Tomava, diariamente, um bonde na esquina da rua do Catete e descia no largo da Carioca. Atravessava a praça, ligeiro, por entre bondes e carros em movimento, ia direto à Bonbonnière Manon, propriedade de seu primo Pedro Amado. Dava uma prosinha, sabia das novidades com o parente, dirigia-se em seguida para a rua do Ouvidor, 110, Livraria José Olympio, ponto de encontro de escritores: Graciliano Ramos, José Lins do Rego, Adalgisa Nery, Rodrigo Octávio Filho, Dinah Silveira de Queiroz, muitos outros.

Na José Olympio, o Coronel podia sempre encontrar alguém com quem conversar, saber das fofocas políticas e literárias. Mas o que o levava aos balcões da José Olympio eram os livros do filho, lá expostos à venda. Discretamente, com uma simples olhadela, o velho controlava as pilhas dos volumes que o interessavam, sabia de memória a altura delas na véspera e alegrava-se ao vê-las baixar, serem renovadas.

Fez-se amigo de vários escritores que frequentavam a livraria, sobretudo de Graciliano e José Lins; por vezes pilheriava com eles, vaidoso da popularidade do filho. Consta que certa vez, na frente de vários escritores, o Coronel chamou um empregado da livraria e pediu:

— Me traga aí um espanador para tirar a poeira acumulada nesses livros... — Apontava as pilhas das obras de alguns escritores presentes. Ria sem maldade.

Muitas vezes Lalu o acompanhava nessas idas e vindas à cidade. Dar uma voltinha de bonde pelo Centro, era com ela. Acompanhava o marido à distância, pois o Coronel, impaciente, não era homem de esperar por ninguém, nem mesmo por sua mulher. De temperamento irrequieto, não conseguia — nem para tanto se esforçava — andar lentamente, acompanhando os passos de Lalu. Era comum estar a mulher com um pé ainda no estribo do bonde enquanto o marido já atravessava para o outro lado do largo da Carioca. Acenava-lhe com gestos, chamava-a aos gritos: "Eulália! Está com as pernas amarradas?". Ela não se alterava, via-o gesticular, gritar, mas não se apressava. "Sou doida de me arriscar a morrer atropelada?"

No quarto, a grande distração do Coronel era fazer paciência. Usava sempre o mesmo velho, manuseado baralho. Embora possuísse vários outros, de boa qualidade, ganhos de presente, era daquele, muito seu conhecido, que gostava. Com suas velhas cartas podia ganhar todas as paciências que quisesse, não precisava nem virá-las para saber qual o valor de cada uma. Lalu também conhecia o baralho, com todas as suas marcas, algumas feitas por ela mesma, e quando à tarde, como de hábito estirados em sua larga cama, jogavam escova ou rouba-monte, o páreo entre os dois trampolineiros tornava-se duro; o Coronel raramente saía vencedor; com frequência abandonava a partida pelo meio, contrariado: "... Também, roubando desse jeito...".

VENCIDO PELA MAIORIA

Chamado do Uruguai, com urgência, Jorge reuniu-se com a direção do partido, logo ao chegar ao Rio.

Voltou ao hotel bastante decepcionado. Fora derrotado em sua pretensão de não tomar posse, de renunciar ao mandato de deputado. Havia entregado a carta-renúncia antes de viajar. Agora Prestes e os demais companheiros decidiam que ele devia tomar posse. O argumento era válido: Jorge tivera considerável votação em São Paulo, não podia desapontar seus eleitores. Muitos dos que votaram nele não teriam votado noutro candidato comunista e não gostariam de vê-lo substituído na Câmara. Poderiam pensar que seu nome fora utilizado apenas com a finalidade de angariar votos para terceiros, o que prejudicaria a imagem do partido.

Ficara acertado, então, que Jorge assumiria sua cadeira e atuaria na Câmara Federal durante três meses. Depois seria liberado. Acerto tão definitivo que não desistimos de comprar casa fora da cidade.

PEJI DE OXÓSSI

Entre os anúncios de jornais deixados pelo Coronel havia um que nos chamou a atenção: "Lindo sítio na antiga estrada Rio-Petrópolis, estado do Rio, casa finamente mobiliada, terreno plantado de laranjeiras, a poucos minutos da praça Mauá".

Após uma ligação telefônica, os proprietários do sítio (um casal de húngaros que partia de volta a seu país) vieram nos buscar de automóvel. Bom no volante, o húngaro buscava fazer o percurso o mais rapidamente possível, evitando ruas movimentadas, acelerando nas retas; precisava desfazer-se da propriedade com urgência, devia confirmar o que anunciara: seu sítio ficava "a poucos minutos da praça Mauá". O imóvel estava situado entre São João de Meriti e Caxias, mais próximo de Meriti, porém a estrada de Caxias era melhor, valia a pena fazer o percurso mais longo, gastava-se menos tempo. Ainda assim, os poucos minutos alongaram-se numa boa hora de carro.

Ao entrarmos na estrada de terra, depois de Caxias, Jorge e eu nos entreolhamos horrorizados. Caminho péssimo aquele! Difícil encontrar estrada mais esburacada! Crateras espalhadas por todos os lados. O motorista fazia acrobacias e malabarismos a fim de desviar-se dos buracos maiores para cair nos menores, inevitáveis. Levantava nuvens de poeira que se transformariam em lama à primeira pancada de chuva. Num tom de voz de quem procura ser convincente, um tanto quanto encabulado com o nosso significativo silêncio, o húngaro dava informações alentadoras: "Há um projeto da prefeitura para alargar e aplanar essa estrada... parece até que as máquinas já se encontram em Meriti... Vai ficar uma beleza! Lisa como um pano de bilhar...".

Por fim, após os cinco quilômetros de terra esburacada, chegamos ao nosso destino. Pela porteira aberta a visão de um verde compacto veio ao nosso encontro. O terreno arborizado contrastava com a aridez da estrada poeirenta que acabávamos de deixar. Jorge e eu voltamos a nos entreolhar, desta vez encantados. O sítio era realmente bonito, bem cuidado, as laranjeiras alinhadas, os troncos pintados de branco, terreno elevado, casa construída no alto da colina, simples, com terraço ao lado. Um caramanchão de fícus dava sombra a enorme mesa rústica, com bancos, lugar bom para armar redes. Casa espaçosa, móveis de bom gosto, bem conservados. Herdaríamos também um cãozinho fox terrier e os empregados — um casal com filha moça — acostumados a cuidar do terreno e da casa. Esquecemos em seguida as péssimas condições da estrada e a distância, começamos a fazer planos.

Chegando repentinamente da Bahia, o Coronel alarmou-se ao encontrar o negócio já entabulado. "E Jorge sabe fazer negócios?", duvidava.

Um dos quartos da casa seria dos velhos, um outro de Lila; passariam os fins de semana conosco. Até o nome do sítio estava escolhido: PEJI DE OXÓSSI — Casa de São Jorge, em língua nagô.

VISITA DE UM TÉCNICO

Enquanto aguardávamos os últimos detalhes para a assinatura da compra do sítio, passamos alguns dias no Hotel Ópera. Certa manhã, ao chegar do Hospital Jesus, onde era médico, Joelson aproximou-se do ouvido da mãe e gritou:

— Mãe! A senhora agora vai voltar a ouvir! Vamos comprar um aparelho para surdez, aparelho ótimo! Olhe aqui, leia!

Estendeu-lhe um prospecto anunciando um centro auditivo, recém-inaugurado no Rio de Janeiro. Aparelhos para surdez, última palavra, oferecidos pela soma de 250 cruzeiros. Bastava solicitar uma demonstração para ser atendido com rapidez e atenção.

Lalu colocou os óculos, leu vagarosamente o folheto, retirou os óculos:

— Olhe, Joca, não me invente moda! Eu é que não vou gastar um dinheirão desses com uma pinoia de um aparelho que não vale de nada! Isso tudo é roubalheira... estou farta de saber... Os médicos já me disseram que nunca mais vou escutar. Não me venha agora com essas novidades, meu filho...

Joelson ria tranquilo. Já havia decidido que a mãe teria o aparelho. Conhecendo-a bem, não ia discutir com ela, não adiantava. Seu João podia achar caro, mas acabaria desembolsando o dinheiro, entre resmungos mas com satisfação. Joelson pediu-me que estivesse no quarto dos velhos no dia seguinte após o almoço, pois já tomara as devidas providências e ficara acertada a hora em que um técnico apareceria para a demonstração.

Na hora marcada, pontual, um rapaz impecavelmente vestido, enviado pelo Centro Auditivo, apareceu sobraçando uma maleta preta. Apresentou-se:
— Sou o técnico do Centro Auditivo, vim tirar o molde do ouvido. — Exibiu um talão assinado por Joelson.
Ao inteirar-se do que se tratava, Lalu emitiu um "Hum!", expressão muito sua, utilizada para um mundo de coisas: dúvida, desprezo, aborrecimento.
— Quem foi que mandou esse menino aqui, Zélia? — reclamou Lalu. — Eu não encomendei nada; disse a Joelson, e você assistiu, que eu não queria nada disso!
Danada da vida, Lalu castigava o inocente rapaz, chamando-o de menino. Foi preciso a intervenção do marido, recém-despertado de um cochilo, que, com dois berros, a convenceu a submeter-se à operação-molde. Lalu resignou-se, porém resmungou o tempo todo, indignada.
Ao despedir-se, o jovem técnico informou-nos de que assim que o "ouvido" estivesse pronto seríamos avisados para o teste, no Centro.

LALU ENFRENTA DONA CATARINA

Dias depois acompanhei Lalu ao Centro Auditivo, situado na avenida Rio Branco, no 13º andar de um grande edifício. Foi com má vontade e mau humor que Lalu concordou em sujeitar-se ao teste. Não cansava de repetir pelo caminho: "Se não prestar eu não compro. Não há quem me faça comprar... Sei que não vai adiantar de nada... Não estou pra jogar dinheiro fora... Esse Joelson inventa cada uma...".

A diretora da firma, dona Catarina, alemã sacudida e competente, nos recebeu, solícita, um sorriso nos lábios.
— Há muitos anos que ela não ouve? — quis saber a alemã.
Repeti a pergunta a Lalu, que acabava de dar-me uma ligeira cotovelada, desejosa de saber o que estávamos dizendo. Continuava de mau humor. Recusou-se a responder à pergunta de dona Catarina; fez apenas um gesto com a mão, que tanto podia significar "muito tempo" como "não me amole!"... Conduzida a uma cabine, Lalu permanecia muda, em greve, cara amarrada.

— Ela vai ficar contente quando começar a ouvir, a senhora vai ver — dizia-me dona Catarina com seu carregado sotaque germânico, trocando o *dê* pelo *tê*.

Num saco de flanela de uns vinte centímetros de comprimento por uns quinze de largura, foram colocadas várias e enormes pilhas, até lotá-lo completamente. Dos quatro cantos do saco, saíam quatro faixas com fivelas. Dona Catarina pediu a Lalu que tirasse a blusa e começou o trabalho da colocação do saco de pilhas pouco acima da cintura, do lado esquerdo. Faixas passando pelos ombros, faixas passando pela cintura...

Lalu assistia às manobras de rosto sério, desconfiada. Transformara-se, de repente, numa índia. Interrompendo seu mutismo, perguntou-me em voz alta, fingindo ignorar a presença da técnica:

— Zélia, que diabo é esse que essa mulher está pendurando em mim?

Com seu áspero sotaque, dona Catarina foi quem respondeu, também em altos brados:

— São as pilhas para a senhora escutar, minha querida...

— E eu quero lá saber de carregar um trambolho desses? Hum! — protestou Lalu.

A alemã buscava ganhar tempo: aperta a faixa aqui, afrouxa acolá, enfim a ponta da fivela... Não havia jeito de dona Catarina acertar, Lalu cada vez mais zangada. Por fim! Tudo em seus devidos lugares, a primeira etapa fora vencida, a técnica falou:

— Agora vista sua blusa e me acompanhe à outra sala.

Vamos fazer o teste.

Sempre de má vontade, Lalu a acompanhou. O aparelho, o receptor de som, foi-lhe colocado, com um clipe, no decote da blusa, o ouvido de massa encaixado em sua orelha. Tudo o.k. O teste ia começar. Lalu sentada numa extremidade da mesa comprida, dona Catarina na outra, eu no centro, entre as duas. Antes de ligar o interruptor do aparelho, a alemã recomendou-me que reparasse na expressão do rosto de dona Eulália no momento em que ela começasse a ouvir. Interruptor ligado, dona Catarina começou a falar:

— Do-na Eu-lá-lia! A se-nho-ra es-tá me es-cu-tan-do?

Ao primeiro som, Lalu estremeceu, os olhos se abriram, tomou uma atitude de prontidão, para em seguida voltar à impassividade.

Dona Catarina repetiu a pergunta:

— Do-na Eu-lá-lia! A se-nho-ra não es-tá me es-cu-tan-do?

Sem fitá-la, um ar ausente, Lalu monologou:

— Tá uma descarga!... uma zoada danada!... — disse isso para calar-se em seguida, o rosto de pedra.

Intrigada, a alemã não se conformava com o fracasso do teste; havia feito a ligação corretamente, tudo estava nos devidos lugares. Em todo o caso, não custava verificar novamente. Às vezes... Mas não. Tudo estava em ordem, tudo bem apertado, os contatos perfeitos. Repetiu a pergunta pela terceira vez sem obter sucesso. O rosto da índia continuava fechado, ausente.

Certamente boa psicóloga e sabendo que eu era nora da cliente, dona Catarina mudou de tática, formulou nova pergunta:

— Do-na Eu-lá-lia. Es-sa mo-ça bo-ni-ta é sua fi-lha?

Lalu saltou:

— Minha filha coisa nenhuma! Eu só tenho filho homem! Ela é mulher de Jorge, meu filho. Eu nunca tive filho mulher, graças a Deus!

Ao dar-se conta de que havia caído na armadilha e perdido a partida, Lalu pôs-se a rir. Dona Catarina também riu, vitoriosa:

— Quer tirar o aparelho ou prefere ficar com ele? Na rua, ele faz ruído...

Tirar o aparelho? Que conversa era aquela? Feliz de estar ouvindo tudo, Lalu reagiu:

— Paguei, quero ficar com ele. Na rua eu desligo. Pode desligar, não pode?

Claro que podia. E lá nos fomos de volta ao hotel. Lalu sem conseguir esconder seu contentamento. Agora tudo seria mais fácil, para ela e para todos nós. Daí por diante, teria também com que se distrair, ao guardar as pilhas, ao colocá-las no saco de flanela, ao retirar o aparelho à noite ao deitar-se, ao colocá-lo pela manhã. Sem contar a satisfação de ouvir tudo. Ouviria quando desejasse; quando não, desligaria.

— Estou de grande! — reconheceu Lalu.

VIDA NOVA

Poderíamos ter adiado nossa mudança para o sítio; seria mais lógico, pois estávamos às vésperas da abertura do Congresso. Ansiosos, porém, de viver em nossa casa, de arrumar nossas coisas, espalhadas por toda a parte, e, sobretudo, desejosos de ficar juntos, a sós, não tivemos paciência de esperar e instalamo-nos no Peji de Oxóssi.

Jorge queria começar o trabalho num romance, cujo plano vinha amadurecendo desde o ano anterior, no tempo que lhe sobrava da intensa atividade política a que se entregava desde outubro de 1942, quando fora posto em liberdade. Antes, no exílio, nos anos de 1941 e 1942, sobrara-lhe tempo para escrever *O Cavaleiro da Esperança* e *Terras do sem-fim*. Na Bahia, em 1943 e 1944, conseguiu realizar o romance *São Jorge dos Ilhéus*, além de um guia da cidade do Salvador, *Bahia de Todos-os-Santos*, e de uma peça de teatro, *O amor de Castro Alves*, apesar de participar muito ativamente na vida política e de dirigir, em companhia de seu amigo, o escritor Wilson Lins, um jornal diário, *O Imparcial*. A partir, porém, de sua ida a São Paulo, em 1945, fora inteiramente absorvido pelas tarefas partidárias e não pudera continuar sua obra literária.

Jorge havia discutido esse problema com os dirigentes do partido. Garantiram-lhe que uma parte de seu tempo seria reservada para que a consagrasse ao seu trabalho de escritor — essa promessa não foi respeitada: durante dez anos Jorge lutou por um tempo livre de tarefas políticas e imediatas, sem jamais o conseguir.

Para Jorge era muito importante o novo romance, uma história sobre camponeses nordestinos. Importante literária e politicamente, porque significaria a possibilidade de continuar a escrever e a militar ao mesmo tempo. Importante também porque vivíamos exclusivamente — como vivemos, aliás, até hoje — dos direitos autorais de Jorge. Não tínhamos então, e continuamos a não ter, outra fonte de renda.

Mal começamos, no entanto, as arrumações, fomos obrigados a voltar ao Rio: sucessivas e longas reuniões do partido, precedendo à abertura do Parlamento, requeriam a presença de Jorge. Aproveitei esses dias para ir a São Paulo visitar meu filho.

ABERTURA DO CONGRESSO

No dia 4 de fevereiro de 1946, o Palácio Tiradentes regurgitava de gente. Uma festa, a abertura do Parlamento, fechado durante tantos anos, desde 1937! Acontecimento nacional, sobretudo pela composição da Câmara e do Senado, com parlamentares de todas as tendências políticas representando o povo que os elegera pelo voto direto.

Lalu retirou do armário seu vestido de gala (o mesmo que usara na formatura de Joelson) para arejar. O Coronel usaria o terno novo, sem dispensar o colete, embora fizesse calor; não faltaria em seu dedo mínimo o cobiçado anelão de brilhante.

Iriam acompanhados por mim e por Joelson, pois Jorge saíra cedo, tinha ainda de participar de uma reunião com os colegas de bancada, iriam juntos para o Palácio Tiradentes.

Chegamos muito antes da hora indicada no convite especial que nos daria entrada ao recinto. Mesmo assim, foi com dificuldade que atingimos o lugar designado. As cadeiras já estavam todas tomadas e não houve outro jeito senão permanecermos de pé o tempo todo. Lalu, de aparelho ligado, emocionou-se ao ouvir o nome do filho e ao vê-lo assinar a ata da diplomação; pai e mãe aplaudiram-no com entusiasmo e orgulho. Comovidos, assistiram a toda longa cerimônia de pé, sem reclamar.

Dormimos naquela noite no Rio. Pela manhã ia inscrever-me num curso de datilografia e em outro de inglês. Viria à cidade duas vezes por semana, para assistir às aulas. Jorge estava com uma história madura na cabeça: *Seara vermelha*; esperava apenas ter um pouco de tempo e de paz para começar a escrever. Eu desejava ajudá-lo e para isso devia aprender a manejar a máquina de escrever o quanto antes, a fim de datilografar os originais de seus livros, tirar cópias — o que, aliás, faço até hoje.

A escola que eu escolhera ficava situada no primeiro andar de um sobrado antigo na rua Uruguaiana. Combinei os horários que me possibilitavam tomar, nas mesmas tardes, aulas de inglês numa escola instalada em moderno edifício na Cinelândia.

INTRODUÇÃO À CRÔNICA DE UM GALINHEIRO

O pouco dinheiro de que dispúnhamos era suficiente para uma vida regrada, sem extravagância; não faltava nem sobrava.

Ao tomar posse como deputado, Jorge assinara uma procuração — assim como todos os parlamentares eleitos pelo PCB — autorizando o tesoureiro do partido a receber seus subsídios, que importavam na ocasião em 15 mil cruzeiros. De acordo com a situação financeira de cada parlamentar, o partido fornecia-lhe, para a totalidade de suas despesas, uma porcentagem dessa quantia. A Jorge couberam 10%, 1500 cruzeiros, que apenas davam para o táxi que o transportava, diariamente, de Caxias ao sítio e vice-versa, num percurso de cerca de cinco quilômetros, em estrada de terra. Tudo o mais era pago com a modesta parcela mensal de direitos autorais que Jorge recebia de seu editor.

Ao saltar do ônibus de Caxias, Jorge fazia a pé o trajeto entre a praça Mauá e o Palácio Tiradentes.

Nessa caminhada diária, ao passar pela rua da Assembleia, costumava parar numa casa de venda de animais, atraído pelas aves em exposição nas portas do estabelecimento. O que nos sobrava da pequena renda mensal empregávamos na compra, vez ou outra, de um casal de aves, já que não tínhamos despesas extraordinárias. Nossa vida era simples, dormíamos cedo, acordávamos também cedo; vivendo longe do Rio, raramente íamos a um cinema, a um teatro; nada de noitadas dispendiosas. As parcas economias haviam sido empregadas na aquisição do sítio. As extravagâncias reduziam-se, pois, à compra de aves, que passaram a ser nossa distração, nosso divertimento diário. Jorge entretinha-se fazendo experiências: promovia o cruzamento de variadas raças de galinhas e de patos com marrecos; só não conseguiu misturar patos com gansos. Os resultados de tais experiências eram dos mais curiosos, por vezes belíssimos, por vezes estranhos.

OS IRMÃOS KARAMAZOFF

Acordávamos ao raiar do dia e, antes mesmo de tomar café, íamos ao galinheiro, imenso galinheiro, ocupando uma área plana e outra em declive, toda plantada de laranjeiras, pés de toronjas e de tangerinas. As aves vinham ao nosso encontro, num atropelo ruidoso, em busca do milho que levávamos para elas: galinhas, patos, marrecos, gansos.

Várias possuíam nome próprio, em geral de personagens de romances de Jorge e de outros autores. Dois enormes patos, os patuaçu, chamavam-se Antônio Balduíno e Antônio Vítor. Apelidamos os marrecões do Amazonas de Empresa Funerária, pois adoravam assistir a brigas. Postavam-se junto aos beligerantes, emitiam sons estranhos balançando as cabeças, a comentar entre si o acontecimento. Pareciam estar à espera de que um dos adversários ou os dois caíssem mortos para transportar os cadáveres.

Sócios no amor, os Irmãos Karamazoff, lindos mestiços de marreco Rhuen com marreco Kaki, possuíam, cada qual, seu dono: um era de Jorge, o outro meu. O de Jorge, o mais bonito — ele escolhera primeiro —, de plumagem escura com penas verdes e brilhantes nas asas, era também o mais ousado; restara-me o mais claro, todo bege, tímido, discreto, submisso. Os Irmãos Karamazoff tinham uma curiosa particularidade: não gostavam de cruzar marrecas, como seria lógico e natural; pretensiosos, adoravam as patas, em geral maiores do que eles.

Juntos os dois, em perfeita conivência, perseguiam uma pata, de preferência jovem, até conseguir levá-la para longe dos patos.

Ao ver-se sequestrada, a pata ultrajada e ofendida recusava-se a ceder aos impulsos descabidos dos vilões, tentando, por todos os meios, fugir, salvar-se. Nada, porém, intimidava os Irmãos Karamazoff, nada os fazia recuar de seu intento. O meu... ai, meu Deus!... Era sempre o meu a fazer força, a subjugar a vítima, segurando-lhe a cabeça com o bico para que o de Jorge a cobrisse, tranquilamente. Depois as posições se invertiam, o marreco de Jorge mantendo a vítima imóvel para que o meu dela se servisse. Mas sempre depois, jamais o primeiro: comia o sobejo do outro. Esse fato me revoltava; em compensação, Jorge se divertia, rolava de rir, não tanto dos marrecos como da minha indignação.

O BELO *BERSAGLIERE*

Houve o galo de raça paduana, beleza de galo! Pequeno porte, plumagem brilhante, de um verde-azulado, preto e ocre, penacho longo até o chão a cobrir-lhe os olhos. Seu porte altaneiro e sua plumagem colorida lembraram-me os *bersaglieri* de minha infância, músicos italianos, de penacho no chapéu, que tocavam marchas e dobrados patrióticos em frente a casas de compatriotas, em dias de comemorações. Comentei isso com Jorge ao ver o galo, batizado em seguida com o nome de Bersagliere; Jorge não escondia seu entusiasmo pela nova aquisição.

— Esse galinho deve ser um porreta! Um bom reprodutor! Você já imaginou o que vai sair dos cruzamentos dele? Já pensou no que vai dar uma cruza dele com a Rosa Palmeirão?

— Rosa Palmeirão era uma galinha enorme, branco-rosada, plumagem abundante e macia, muito cortejada pelos galos.

Na noite de sua chegada, Bersagliere dormiu na cozinha. Pela manhã muito cedo foi solto no galinheiro. Zé Trevoada, enorme galo carijó, revoltado com a intromissão do concorrente em seu harém, deu-lhe um carreirão, disposto a ir às últimas consequências. Apavorado, à procura de abrigo seguro, Bersagliere voou para cima de uma árvore. Retiramos Zé Trevoada da arena e, a custo, conseguimos trazer o medroso de volta ao chão, livre de ameaças. De cócoras em meio às aves, acompanhávamos os passos do novato. Morto de medo, esquivava-se até das galinhas que se aproximavam dele. Decepcionados, cansados de esperar por uma mudança na atitude do galo, resolvemos abandonar nosso posto de observação. Jorge escrevia *Seara vermelha* e eu, já diplomada em datilografia, passava a limpo e tirava cópias dos originais do romance; tínhamos muito trabalho pela frente. Deixamos seu Antônio, nosso empregado, de olheiro, vigiando o Bersagliere a distância.

TARADO

Pessoa extremamente modesta, homem sofrido pelas adversidades da vida, seu Antônio tinha um ar apalermado, mas em realidade não era nada bobo. Atencioso, trabalhador, habitava a casa junto à garagem — que na falta de automóvel servia de depósito — com a mulher e uma enteada, Nina, moça de vinte anos, que num acidente em criança perdera uma vista. De boa índole, trabalhadeira, asseada, Nina ajudava-me nos afazeres domésticos.

Mal começáramos a trabalhar, quando seu Antônio chamou da porta:

— Seu dotô! O penachudo — ele não conseguia dizer Bersagliere, sua língua não dava — não pode encruzá porque tem o bico quadrado, não dá pra pegá galinha...

Impressionados com tal revelação, pedimos a seu Antônio que nos trouxesse o galo. Como não víramos esse defeito antes? Realmente ele tinha a ponta do bico partida. Aí estava a explicação de sua incompetência. Não pensei duas vezes, o problema não era grave. Entrei em meu quarto, muni-me de uma lixa de unhas. Cuidadosamente lixei de um lado, lixei do outro, e pronto: fiz uma ponta nova; o bico ficou mais curto, porém perfeito.

Cheios de esperanças, voltamos ao galinheiro. Solto novamente, Bersagliere continuou a esquivar-se das galinhas, deixando-nos cada vez mais decepcionados.

Por fim, Jorge teve uma ideia: sem explicar o que pretendia fazer, pediu a seu Antônio que fosse buscar Ceguinha. Ceguinha era, como o próprio nome indica, uma galinha cega. Da mesma raça que Rosa Palmeirão, comprada em confiança, constatamos em casa que seus olhos eram brancos. Jorge trancou Ceguinha e Bersagliere no compartimento dos ninhos, espaço reduzido, onde se tornava fácil a aproximação do casal. Nos caixotes alinhados uns junto aos outros, escarrapachadas, chocando seus ovos, pacientes e sonolentas, Clarissa, Ester e Fabiana. Ceguinha, inocente de sua condição de pivô de romance engendrado, andava a esmo, lentamente, ciscando aqui e acolá na serragem sobre o cimento, catando um e outro grão de milho, localizados pelo tato, ao pisar.

A pobre galinha se aproximou de Bersagliere, que, cada vez mais arisco, voou espavorido, indo cair em cheio sobre Fabiana, que, assustada, ergueu-se dos ovos, eriçou as penas e emitiu violento cacarejo de surpresa e revolta. Ainda uma vez, a voz sábia de seu Antônio fez-se ouvir:

— Dotô, é capais das galinha se assustá e abandoná os ovos...

Mas nem tudo havia sido feito. Uma experiência ainda foi tentada:

— Me dê esse cretino aí — ordenou Jorge a seu Antônio.

— E segure firme a Ceguinha.

Meio atabalhoadamente, Bersagliere foi colocado, pelas mãos de seu dono, sobre a pacata galinha:

— Seja homem, seu frouxo! — intimou Jorge.

A experiência, como era de se esperar, não deu resultado, mas, em compensação, as gargalhadas foram tantas que valeu a pena.

Expulso do galinheiro como incompetente, Bersagliere passou à condição de ave ornamental; foi fazer companhia, no jardim, aos Paisanos, casal de faisões dourados, assim batizados por seu Antônio, que, esforçando-se para dizer faisões, chegara ao máximo que sua língua alcançara: Paisanos.

Lívia e Guma, os gansos africanos, que emitiam um som semelhante ao ruído de rodas de carro de boi, também viviam no jardim. Não estavam lá para enfeitar, o motivo era bem outro: Antônio Balduíno, um dos patuaçu, caíra de amores pela bela Lívia, paixão não correspondida. Guma, o marido ultrajado, não gostara da brincadeira e, ao ver o conquistador atirar-se sobre sua mulher, fora às vias de fato, duelo entre gigantes, um trabalhão para separá-los. Plumas no ar, sangue pelo chão. Agora os gansos africanos passeavam pelo lado externo do galinheiro, em geral rente às grades, como que a fazer figa ao dom-juan, que os acompanhava de dentro de sua prisão, num subir e descer de ladeira, arrastando o imenso corpo, a matar-se de fadiga.

Tranquilo e solitário, Bersagliere vivia feliz entre as flores. Num galho de fícus italiano, fizera seu poleiro. Tempos depois, um dia, seu Antônio chegou correndo, chamando-nos aos gritos:

— Dotô, Dotô! Dona Zélia! Venham ver...

Corremos para a frente da casa e assistimos: Bersagliere, o penacho erguido, tentava cruzar com um velho tamanco abandonado no terreno. Um tarado sexual!

APENAS DOIS DEDOS

Absorvido pelo trabalho em *Seara vermelha*, vivendo os problemas de seus personagens, muitas vezes Jorge despertava durante a noite, indo para a máquina. Com as batidas fortes das teclas eu acordava; talvez ele quisesse um café, quem sabe?

— Não, não quero nada — respondia-me. — Vá dormir, que ainda é muito cedo...

Pela primeira vez eu assistia Jorge trabalhando na elaboração de um romance. Excitada, angustiada, sentia enorme desejo de ser-lhe útil, de poder ajudá-lo.

A princípio, não me conformei ao vê-lo bater à máquina com apenas dois dedos, os dois indicadores. Como era possível uma coisa daquelas, tão fatigante? Escrever centenas de páginas com apenas dois dedos?

Apresentara-se, enfim, uma chance de ser-lhe útil; ofereci-me pressurosa:

— Você não quer que eu te ensine a escrever com os dez dedos? É só treinar um pouco a posição correta dos dedos sobre as teclas... coisa mais fácil!

Sem levantar os olhos do papel, voz seca e categórica, Jorge respondeu:

— Eu sempre escrevi com dois dedos, vou continuar escrevendo com dois dedos, minha querida!

Mesmo o *minha querida* não conseguiu adoçar sua resposta, e eu compreendi em seguida que não devia insistir, o assunto estava encerrado.

Até hoje, centenas e centenas, milhares de páginas de seus romances têm sido escritas com apenas dois dedos, em máquina de teclado duro, ruidoso:

— O som das batidas me ajuda a pensar... — repete Jorge, que jamais tentou usar máquinas silenciosas ou elétricas.

Jorge combinara entregar-me as páginas dos originais para que delas eu tirasse cópia, à medida que, após várias revisões, as considerasse definitivas. Estreei assim nesse meu trabalho de ajudante de escritor. Ao mesmo tempo que fazia as cópias, seguia os passos de Jucundina e Jerônimo, personagens do livro, despejados com toda a família de suas terras, na dramática caminhada pela caatinga, em busca de um lugar qualquer que lhes desse novamente condições de trabalho e vida. Talvez São Paulo, tão falado por todos, designado como terra da promissão...

PALPITES INFELIZES

À medida que a trama da história se desenvolvia, eu ia me sentindo cada vez mais integrada na odisseia da família de retirantes. Tomei-me de profunda amizade por Noca, a garotinha que insistira em levar consigo a gata Marisca na longa e incerta caminhada. Sofri muito, solidária com o esforço que a menina fazia para acompanhar os demais, a gata apertada contra o peito, o pé ferido, infeccionado... De repente, dei-me conta de que Noca ia morrer. Parei o trabalho, fui até Jorge:

— Noca vai morrer? — perguntei-lhe angustiada.

Sem se perturbar, Jorge me disse que sim, que ela ia cumprir seu triste destino. Não me conformei com a decisão do autor:

— Mas por que você quer matá-la? Por quê? Tudo depende de você. Ela só morre se você quiser...

— Não, não depende de mim — respondeu Jorge. — Ela vai morrer porque chegou a hora dela!

— Mas ela é uma criança — insisti. — Pode viver muito, fazer coisas incríveis dentro do romance...

Inflexível, Jorge respondeu:

— Já lhe disse que não posso fazer nada!

Tentei ainda uma vez salvar a vida de Noca:

— Se você sente necessidade de matar alguém, por que não escolhe outra vítima? O Ernestinho, por exemplo, o netinho de Jucundina... ele é tão pequeno, não faria tanta falta...

— Desconfio que a vez dele está próxima — sentenciou Jorge.

Antes que eu voltasse à carga, ele tratou de encerrar o assunto; com voz comportada, pausada, rosto sério, Jorge falou:

— O autor do romance sou eu, mas a vida e a morte são dos personagens, não depende de minha vontade. Se você quer me ajudar, deixe que eu escreva descansado, não tente me pressionar...

Corri para meu quarto, atirei-me na cama, humilhada, desmoralizada, infeliz... Chorei, não tanto pela morte de Noca, mas, sobretudo, pelo carão que acabara de levar.

Desde então não dei mais palpites sobre a ação dos romances de Jorge. Aliás, voltei a dar uma sugestão, muitos anos depois, quando Jorge escrevia *Gabriela, cravo e canela*. O meu espírito casamenteiro fez-me sair do sério, romper um juramento; sugeri a Jorge que um casamento entre Jerusa e Mundinho Falcão seria uma boa coisa. Ainda uma vez não fui atendida:

— Você quer me arranjar cada uma! Já me meti a casar Gabriela com Nacib e estou numa enrascada, sem saber como me sair, e você, agora, a querer me envolver em outro casamento? — riu. — Não casam, não!

Com o tempo compreendi que Jorge fizera bem em não me ouvir. Ele devia mesmo matar Noca, coitadinha; também agira corretamente não casando a neta do poderoso coronel com o seu mais feroz adversário. O relacionamento de Jerusa e Mundinho ficava por conta dos leitores, sobrava do romance.

Mas, passados ainda muitos anos, ao copiar os originais de *Tereza Batista cansada de guerra*, reincidi: logo no início do romance, Tereza se envolve numa briga, leva um soco na boca, perde um dente da frente. Procura um dentista, que lhe substitui o dente perdido por outro, de ouro. A essa altura dos acontecimentos, não resisti. Não podia imaginar essa mulher maravilhosa a atravessar o romance inteiro exibindo aquele dente de ouro, tão antiestético, a enfeá-la.

— Me desculpe, Jorge — fui falando docemente —, não me conformo de ver Tereza com um dentão de ouro bem na frente! Tenha pena da moça... não faça uma coisa dessas com ela!

Desta vez Jorge achou graça da minha observação, fez minha vontade. O dente de ouro foi retirado da frente, colocado de lado.

QUESTÃO DE HORÁRIO

Eu prevenira seu Antônio de que não interrompesse o trabalho de Jorge pela manhã. Podia acontecer fosse o que fosse no galinheiro, ele só devia aparecer ao meio-dia. Expliquei-lhe que a parte da manhã era o único tempo de que Jorge dispunha para escrever seu livro. Também eu estaria ocupada.

Seu Antônio ouviu minha explicação e seguiu à risca as instruções. Jorge estava embalado, o romance chegando ao fim. Se trabalhasse sem interrupção, poderia terminá-lo naquele mesmo mês de junho — e assim aconteceu.

Os velhos apareciam sempre aos sábados, trazendo Lila. Ficavam o domingo conosco e voltavam para o Rio com Jorge, na segunda-feira. Lila deixava o pai trabalhar em paz, passava as manhãs correndo e brincando com Chuli, o fox terrier que herdáramos dos húngaros, sua paixão. Os velhos saíam pela manhã a visitar sítios vizinhos. Voltavam sempre com novidades, de apetite aberto, sedentos.

Num domingo, quase na hora de Jorge largar o trabalho, cerca de meio-dia, divisei, por uma brecha da janela entreaberta, dois olhos a nos espreitar. Outro não era senão seu Antônio, à espera de que desse meio-dia. Não havia força humana que o fizesse desobedecer ao horário estabelecido.

DOUTORA EM GALINHAS

Na convivência diária e constante com as aves, acabei por conhecê-las intimamente. Sabia como apartar uma briga, descobrir rivalidades, evitar pugilatos. Estava a par dos caprichos de Margot, a galinha de raça sussex; da indiferença das *leghorns* pelas galinhas de outras raças (a *leghorn* era boa na postura, um ovo por dia, sem falhar); sabia da vaidade e da coqueteria das *faverolles* (galinhas louras de pernas curtas), a exibirem-se diante dos galos... Curava as aves quando doentes, empregando métodos antigos aprendidos com minha mãe. Obtinha ótimos resultados nos tratamentos que fazia à base de óleo de oliva misturado com algumas gotas de suco de limão e tintura de iodo, santo remédio para o gogó; algumas gotas de óleo de rícino, tiro e queda para má digestão; dedo mindinho besuntado de óleo ajudava a endireitar um ovo atravessado de mau jeito, de difícil — às vezes impossível — *délivrance*, encaminhando-o para os canais competentes. Ainda o óleo de oliva com iodo, puro e simples, curava disenteria.

Vez por outra, apareciam casos estranhos como o de Violeta, galinha rara. Possuíamos um casal dessa raça, cujo nome nunca consegui saber: Negro Fagundes e Violeta. Aves de pequeno porte, plumagem branca e rala deixando à mostra a carne roxa, quase preta.

UM ESTRANHO VOLUME

Seu Antônio carregava, naquele quase meio-dia, um volume estranho: uma bola? Sim, era uma bola *sui generis*: escura, coberta de penas brancas, esparsas...

Perplexo, o empregado estendeu-me o volume:

— Dona Zélia, veja só como dona Violeta está... amanheceu toda inchada desse jeito... — (Nunca conseguimos saber qual a razão de seu Antônio chamar Violeta de *dona* Violeta, dando esse tratamento cerimonioso à galinha, única no galinheiro a merecê-lo. Não respondia à nossa indagação, limitando-se a sorrir e a balançar a cabeça, encabulado.) Também não saberíamos explicar a razão de chamarmos Antônio de *seu* Antônio. Coisas sem explicação.

A galinha parecia um balão de ar. A pele completamente descolada da carne, os olhos quase fechados. Chamei Lalu e Lila, elas certamente gostariam de ver o fenômeno. Lila veio correndo, Chuli atrás dela. Lalu se aproximou, apalpou a galinha e esboçou um "xii!" de admiração, para em seguida esconder sua surpresa diante do fato insólito e declarar tranquilamente: "Lá na Bahia, galinha inchada é o que mais se vê! Cansei de curar galinha desse jeito. Vá buscar uma agulha e espete a pele dela que esvazia na hora". Lila teve pena: "Espetar a galinha, vovó? Que malvadeza!". Mas essa parecia ser a boa solução. Fui buscar a agulha, Lila fugiu para não ver; em seguida constatei que as espetadelas não davam resultado, pois a pele da galinha voltava a fechar-se em seguida à retirada da agulha. Depois de estudar cuidadosamente o assunto, tive outra ideia e tratei de pô-la em prática: munida de agulha mais grossa, enfiada em linha branca, também grossa — linha de fazer crochê —, comecei a costurar a pele resistente de Violeta. A grossura do fio, em largos alinhavos, impedia que os pequenos orifícios da pele se fechassem completamente, facilitando assim a saída do ar acumulado. Apertando o corpo inchado, consegui num instante que ele voltasse ao normal. Se Violeta fora uma ave exótica, passou a ser ainda mais, com aqueles alinhavos brancos em arabescos, que ficaram por muito tempo a enfeitar-lhe — ou enfear-lhe? — a pele.

DONANA BADARÓ

Eu marcara para aquele domingo uma operação em Donana Badaró, a carijó, que deixara de se alimentar havia muito. Seu papo, duro como pedra, resistia a todos os óleos que eu lhe metia pela goela abaixo. Andava triste, cabeça metida debaixo da asa, ia morrer. Como última tentativa para salvar-lhe a vida, resolvi operá-la. Convidei Lalu para ser minha assistente naquela minha primeira cirurgia.

Tudo estava preparado para a operação; Lila se retirou para não ver "a judiação", e eu, de coração apertado, iniciei a façanha. A paciente foi trazida para a mesa previamente forrada de plástico. Embebi um capucho de algodão em éter, coloquei-o dentro de um copo; eficiente, Lalu me ajudou a manter a cabeça de Donana dentro do copo, a aspirar o éter. A galinha deixou de se debater. "Ela já está desmaiada", afirmou Lalu. Rapidamente arranquei algumas penas do enorme papo, passei iodo e com uma gilete fiz uma incisão, abertura suficiente que me permitiu retirar lá de dentro a massa compacta formada de areia, ração, milho e pedrinhas. Depois de tudo esvaziado e limpo, costurei as peles, separadamente, uma por uma, com fio dental, coloquei Donana ainda atordoada num caixote. Não havia passado uma hora da operação, quando ela partiu a ciscar pelo terreiro.

Nesse dia, certamente, começou a admiração de Lalu por mim:

— Tu devia ter nascido homem... tu devia ser médica... sim senhor!

O ESTOPIM

Fazia pouco mais de um mês da abertura do Congresso e já o coronel João Amado relegava o baralho para um segundo plano, dedicando menor tempo à paciência com que enchia habitualmente as muitas horas vagas de sua tranquila existência. Dedicava-se agora a manejar o dial de seu rádio, ávido por notícias. Aparelho grande e possante, de ondas curtas, médias e longas, o rádio do Coronel permitia a seu proprietário estar a par do que acontecia no Rio, em São Paulo e no mundo. Atento aos noticiários, sintonizando as diversas estações, caçando aqui e ali edições extraordinárias, temeroso de que algo de mal sucedesse a Jorge.

A causa da inquietação do Coronel naqueles últimos tempos relacionava-se com um fato ocorrido pouco antes, uma declaração de Luiz Carlos Prestes que causara grande celeuma, assunto que o Brasil inteiro discutia.

A declaração foi feita inicialmente diante de vasto público reunido para ouvir uma conferência, seguida de debates, do secretário-geral do Partido Comunista, para os serventuários da Justiça. Uma das perguntas era mais ou menos a seguinte:

— No caso de os Estados Unidos declararem guerra à União Soviética, estando o Brasil ao lado dos americanos, qual seria a posição de seu partido?

Prestes explicou existirem guerras justas, em defesa da pátria, e guerras injustas. Concluiu afirmando que se o governo do Brasil fosse arrastado numa guerra de agressão ao lado dos Estados Unidos contra países de *regímen* socialista, o seu partido não vacilaria em lutar contra o governo.

Ao fazer essa declaração, Prestes acendera o estopim. Sua resposta à pergunta provocativa explodiu como uma bomba, dando motivo às mais desencontradas interpretações.

A mesma pergunta voltara a ser-lhe feita no Parlamento logo depois, e a resposta de Prestes fora idêntica à primeira, a da sabatina com os serventuários. As discussões em plenário tornaram-se violentas. O assunto passara a ser motivo de controvérsias mesmo entre simpatizantes do partido.

Um pedido de cassação do registro do PCB, baseado na declaração de Prestes, foi apresentado à Justiça por um deputado petebista, Barreto Pinto, figura pitoresca e pouco séria no cenário político.

Seu João, ao ouvir as notícias transmitidas pelo rádio, dizia:

— Jorge escolheu um partido atacado, perseguido...

Mas não ia além disso; não recriminava nem aconselhava o filho.

"MASSA INTUPITIVA"

Querendo variar um pouco o cardápio domingueiro, resolvi preparar para os velhos uma suculenta macarronada à italiana, a massa feita por mim mesma. Em matéria de massas e comidas italianas, ninguém me batia. Aprendera na prática, com meu pai, para quem a arte culinária devia fazer parte da formação de uma jovem que pretendesse se casar. Em matéria de raviólis, *capeletes*, nhoques ou lasanhas, eu tirava de letra!

Imaginei que faria uma agradável surpresa, principalmente a seu João, acostumado a catar os tocos inchados de macarrão na sopeira do Hotel Ópera... Com certeza lamberia os beiços com minha macarronada! Ledo engano!

Ao colocar a travessa na mesa, a *pasta al dente*, apetitosa, fumegante, Lalu se chegou, deu uma espiada de perto, farejou:

— Zélia faz cada comida diferente... Eu não vou comer disso, não! — Serviu-se só da carne. — E não tem arroz, fia? Não sei comer sem arroz.

Quando havia macarronada em casa de meus pais, jamais se cozinhava arroz, hábito italiano que eu cultivava. Nesse dia, obviamente, não fizera arroz.

— Veja então se me arranja um pouco de farinha de mesa... farinha e banana — pediu-me Lalu com ar resignado.

Seu João, em quem depositava minhas esperanças, também não se mostrou satisfeito com o almoço:

— Macarrão para mim não passa de massa intupitiva. Vou comer um pouco porque não tem outra coisa. Saladas eu também não como.

Serviu-se da macarronada e, em lugar de queijo ralado, despejou farinha de mandioca sobre ela; cortou duas bananas-prata em rodelas, à guisa de acompanhamento. Ai!, gemi baixo, se meu pai assistisse a um crime desses, *pastasciútta* com farinha de mandioca... bananas como acompanhamento... morreria novamente.

— Eu pensei que gostasse — desculpei-me. — No próximo domingo vou preparar uma rabada.

Lalu olhou-me horrorizada:

— Tu está maluca, menina? Onde é que já se viu comer cu de boi? Eu e João não comemos dessas coisas...

A inesperada resposta de Lalu nos fez rir a todos, desanuviando assim o ambiente.

RECEITA DE PUBA

Um dia Lalu me interpelou:

— Por que é que tu não faz bolo de puba pra Jorge?

Ele adora tudo quanto é feito de puba: bolo, cuscuz, beiju... Tanto aipim plantado aqui no sítio, se desperdiçando... Tu podia muito bem fazer um bolo de puba pro coitadinho.

Expliquei-lhe que em São Paulo aipim era chamado de mandioca, que comíamos cozida, frita, em purê; nunca ouvira falar em puba, não sabia o que era.

— Pois na Bahia mandioca é a raiz venenosa, dela fazem a farinha; o aipim é a mandioca mansa, a que se come — ensinou-me Lalu. — Já na Bahia todo o mundo sabe diferenciar a raiz boa da venenosa. A puba é feita de aipim podre.

Lalu divertia-se ao ver minha cara de nojo ao ouvir falar em aipim podre; repetia e acentuava a palavra *podre*, a fim de me escandalizar:

— O aipim tem que ficar bem podre para então a gente fazer a massa que depois vira farinha.

Vendo que eu não estava entendendo, Lalu resolveu explicar-me tudo, nos menores detalhes:

— Tu faz assim: pega o aipim, descasca, mete ele dentro de um tacho cheio d'água. Vai trocando a água todos os dias até tu sentir que ele está fedendo e ficando mole. Depois tu espreme bem a massa, bota no sol pra secar, passa na peneira e aí ela vira farinha, que está pronta para fazer o bolo. Muito fácil.

Quis saber se ela já havia feito alguma vez essa farinha.

— Tá! Que pergunta mais besta! Ora se fiz! Lá na fazenda eu fazia sempre, mais de mil vezes...

Diante de receita tão bem explicada, resolvi fabricar a tal farinha de puba. Um sacrifício que valeria pela surpresa que faria a Jorge. Imaginei-o deliciando-se, todo admirado, com o bolo baiano feito por sua mulher paulista.

Indo ao Rio, contei a Lalu que a mandioca já se encontrava no tacho, longe da casa, e que em breve ela teria de me ensinar a fazer o bolo.

FAÇO UM BOLO DE CARIMÃ

Viajei para São Paulo — como costumava fazer uma ou duas vezes por mês, para ver meu filho —, deixando seu Antônio encarregado de cuidar do tacho. Podia partir despreocupada: homem de confiança, seu Antônio trocaria a água, religiosamente, todos os dias.

Ao regressar, três dias depois, quis saber de seu Antônio como andava a fabricação da farinha. A resposta foi um "xiii!", acompanhado de uma expressão de asco. Dirigi-me ao local onde deixara o tacho e, ainda distante, pude divisar milhares de moscas sobrevoando a tela que lhe protegia a boca. O mau cheiro penetrava em minhas narinas, intolerável. Não havia dúvida, meu trabalho estava perdido. Antes de jogar tudo fora, quis ainda consultar Lalu sobre a pestilência da minha puba. Ela riu divertida:

— É assim mesmo, fia! Não jogue fora, não! Quanto mais fedida, melhor a massa. Se o aipim já estiver mole, tu pode espremer e botar no sol para secar.

Obediente, segui suas instruções. Nunca antes, porém, de colocar sobre o nariz uma improvisada máscara, embebida em água-de-colônia, e calçar luvas de borracha. Seu Antônio, apesar de ter estômago forte, conseguia a custo auxiliar-me na tarefa. A massa espremida foi colocada dentro de um saco de morim e pendurada ao ar livre para escorrer. E lá ficou vários dias, sob o sol tórrido, atraindo moscas. O mau cheiro foi desaparecendo aos poucos, restando apenas uma ligeira inhaca.

Peneirei tudo, a farinha estava pronta para o bolo; não ficara alvinha como Lalu anunciara, pelo contrário, era quase parda. Mas ela me dissera que a cor não influía no gosto, que não tinha importância ser mais clara ou mais escura. Agora só faltava pedir a receita à mestra, e mãos à obra! Eu fora ao Ópera, exclusivamente, para pedir-lhe a receita do bolo.

Lalu mostrou-se admirada:

— E tu não sabe fazer bolo, menina? Bolo é tudo igual. A diferença deste é só a farinha de carimã.

— Puba ou carimã, dona Eulália?

— Puba e carimã é a mesma coisa, menina. Na Bahia, tudo tem mais de um nome...

Não conseguindo obter de Lalu a receita, cheguei à conclusão de que, afastada da cozinha havia tantos anos, ela a esquecera e não estava disposta a confessar.

DECEPÇÃO

Naquele dia Jorge tivera uma tarde agitada no Parlamento. Estavam em fase de elaboração da Constituição da República, que seria assinada a 19 de setembro daquele mesmo ano de 1946.

Terminados os três meses, quando deveria renunciar, foi-lhe feito novo apelo: que ficasse até ser promulgada a Constituição. Jorge fazia parte da Comissão de Educação e Cultura, tendo que intervir constantemente nos debates, tanto na Comissão quanto em plenário, sobre projetos de lei de interesse cultural, apresentando emendas, discutindo substitutivos.

Quando eu não ia à cidade, ouvia os debates pelo rádio, que transmitia diariamente as sessões da Câmara Federal. Acompanhara, nervosa, as discussões acirradas, das quais Jorge participara, naquela tarde. Lembrei-me de fazer o bolo de puba; assim, ao voltar fatigado, rouco de tanto gritar, ele encontraria uma surpresa agradável, seu bolo preferido sobre a mesa.

Utilizando-me de uma receita antiga de bolo comum, comprovada por mim repetidas vezes, apliquei-a à minha farinha de puba. Mas apesar de todo o cuidado, o bolo não cresceu, solou, transformou-se numa pasta escura. Eu nunca vira antes um verdadeiro bolo de puba, por isso ainda cultivei certa esperança...

Ao chegar em casa, morto de cansaço, quase sem voz, como eu previra, depois de tirar o paletó e a gravata, Jorge foi conduzido por mim até a mesa onde se encontrava a surpresa. Apontei-lhe o bolo.

— O que é isso, meu amor?
— Você não está vendo? É um bolo de puba, ora! — respondi-lhe, entre faceira e desconfiada.
— Bolo de puba? Você está brincando? — Caiu na gargalhada. — Bolo de puba, minha querida, é branco como neve, fofo... Isso nunca foi bolo de puba, me desculpe... Onde foi que você arranjou isso?

Não lhe respondi. Corri para o quarto — meu refúgio nas horas de desabafo —, atirei-me na cama aos soluços.

FLORO, PAPAGAIO DE PASSADO BOÊMIO

De passagem pelo Rio, ao saber que eu costumava viajar de trem para São Paulo — quando as saudades de meu filho apertavam —, James me pediu que lhe trouxesse alguns pertences que deixara lá ao fazer a mudança para a Bahia.

Ouvindo a conversa, Lalu perguntou:

— E por que tu não traz Floro também?

Floro era um papagaio que acompanhava Jorge havia anos. Presente do pai, trazido de Itajuípe. Ao passar, certo dia, por uma rua estreita da cidadezinha, o Coronel ouvira insultos e assobios. Parou, olhou para os lados, não havia ninguém. Ia continuar seu caminho quando novos assobios, novos palavrões o fizeram retroceder. Empoleirado na gaiola, na porta de uma casa de mulheres da vida, um louro se divertia falando e assobiando. O Coronel jamais vira em sua vida papagaio tão falador. "Quem vai gostar dele é Jorge", pensou. Bateu palmas à porta da casa, chamando pelo dono da ave, dono que, em realidade, era uma dona, gerente da pensão de raparigas em cuja entrada encontrava-se a gaiola. Tendo ouvido a proposta de compra, foi dizendo:

— É animal de estimação, xodó das meninas, vendo não!

Mas o Coronel era obstinado; decidira levar o papagaio para o filho, não ia desistir assim na primeira recusa, não sendo de seu feitio capitular sem luta. Meteu a mão no bolso, retirando dele várias pelegas, "pra mais de cem mil-réis, uma fortuna", explicava o Coronel. Diante de argumento tão convincente, a dona entregou o louro. Para substituí-lo arranjaria outro, que em poucos dias aprenderia, certamente, o vocabulário da casa; não faltavam mestres competentes.

Papagaio viajado, Floro passara um ano em São Paulo enquanto Jorge ali vivera. Quando me mudei para o apartamento da avenida São João, a princípio o louro me estranhou; dava-me carreirões — penas eriçadas, bico aberto ameaçador, asa baixa rastejando o chão —, a ponto de obrigar-me, um dia, a procurar refúgio sobre a mesa da sala. Jorge e Lila, que assistiam à cena, quase morrem de tanto rir. Com seu dono, Floro — fora o nome que Lalu lhe dera — era uma doçura. Permitia-lhe todas as intimidades; até mesmo que o virasse de costas e lhe coçasse a barriga, a ponto de eu pensar que Floro não devia ser macho e sim fêmea...

Procurei por todos os meios conquistar-lhe a amizade, a confiança: puxava conversa com ele, oferecia-lhe pedaços de coco, roletes de cana, coisas que papagaio adora... Ele aceitava as guloseimas mas continuava a me insultar, ameaçador.

Foi a música, a bem dizer, foi um tango argentino que, por puro acaso, me fez conquistar as graças do louro. Um dia, passei por Floro, que dormia em seu poleiro, cantarolando um tango: *"La vi esta madrugada salir de un cabaret..."*. Floro despertou alvoroçado: com sua voz esganiçada e estridente, pôs-se a repetir, sem parar, a palavra mágica que o acordara e tanto o entusiasmara: "cabaré... cabaré... cabaré...". Recordações do passado boêmio, sem dúvida.

Depois desse dia, coincidência ou não, Floro tornou-se meu amigo.

FLORO VIAJA DE TREM

Ao mudarmos para o Rio, Floro ficara em São Paulo, sob os cuidados de Aparecida Mendes de Almeida. Sentíamos falta do louro, muita falta mesmo! Pensávamos nele com saudades. Agora Lalu nos dava uma excelente ideia: trazê-lo comigo no trem.

Havia, no entanto, um problema grave: o transporte de animais em trens de passageiros, em ônibus e em aviões era, e certamente ainda é, expressamente proibido, a não ser que se obtivessem autorização da repartição competente, os atestados de saúde e de vacinas. Mesmo assim teriam que ser despachados, não podendo viajar em companhia do dono. Por isso ainda não havíamos trazido Floro para o Rio, não queríamos arriscar sua vida mandando-o despachado. Temíamos que ele morresse pelo caminho, de frio, de fome, de sede, de medo. Conhecíamos casos de animais de estimação que chegaram mortos a seu destino. Decidi desconhecer a lei, metê-lo no trem, escondido, trazê-lo ilegalmente. Floro virou passageiro clandestino.

Aparecida conseguiu uma chapeleira de papelão na qual, com um pedaço de cabo de vassoura enfiado de lado a lado, armamos um poleiro, para que ali seguro Floro se sentisse confortável. Fizemos alguns furinhos camuflados na tampa e demos por concluído nosso trabalho. O papagaio teria boa ventilação, não morreria sufocado.

Paulo e Aparecida acompanharam-me à estação. Coloquei a caixa ao lado de meu travesseiro, no leito inferior que eu conseguira; ao deitar-me, descobri cacos de vidro sobre as cobertas; como se isso não bastasse, a lâmpada de cabeceira — a única a iluminar a cama — não acendia. O receio de que meu clandestino fosse descoberto era tanto, que preferi não pedir assistência ao guarda do trem. Eu mesma espanei os estilhaços de vidro como pude, no escuro. Durante a noite, acordei muitas vezes com o vento frio a entrar pela janela — verifiquei pela manhã, ao levantar a cortina, que a vidraça estava partida — e a preocupação de que os buraquinhos feitos na tampa da caixa fossem insuficientes, que o louro morresse sufocado. Podia também morrer de medo dos balanços assustadores, dos estremeções do vagão, dos apitos estridentes nas curvas... Podia até já estar morto.

Esses pensamentos me assaltavam e me angustiavam cada vez mais. Sacudi a caixa; chamei Floro a meia voz: "Floro! Floro!". Nada. Nenhum sinal de vida. Tornei a balançar a caixa. Nenhum movimento lá dentro, nem o mais mínimo rumor. Voltei a chamar, nenhuma resposta, o mais profundo silêncio. Passei a noite nessa agonia, amanheci exausta, convencida, com grande tristeza, de que meu pobre Floro havia morrido.

Na Estação Pedro II, Jorge me esperava. Pela janela do

vagão passei-lhe a caixa: "O cadáver de teu louro...", disse-lhe compungida.

Ainda na gare da estação, Jorge quis certificar-se da verdade; sacudiu a caixa. Nada. Encostou o ouvido. Nem sinal. Chamou por Floro várias vezes. Silêncio absoluto.

— É — falou desconsolado —, parece mesmo que está morto...

Resolveu tirar a dúvida completamente. Abaixando-se, pousou a caixa no chão, levantou a tampa. De dentro, quase a voo, saltou Floro, furioso, sacudindo-se todo, estirando as asas, a movimentar-se de um lado para outro, a proclamar sua revolta contra aquela noite de treva e de barulho:

— Puta que pariu!... Que pariu!... Que pariu!...

Juntou gente em volta, todo o mundo rindo e Jorge mais do que todos.

Quando chegamos ao Ópera, ao ver o filho satisfeito com seu papagaio empoleirado no ombro, Lalu abriu-se em alegria:

— Tá vendo, sua boba? Tu com tanto medo de trazer ele e foi tão fácil...

FLORO APRENDE O BÊ-Á-BÁ

Meus empregados eram analfabetos. Daí surgiu-me uma ideia. Perguntei a Nina se não tinha vontade de aprender a ler e escrever. Ela disse-me que sim, que desejava muito. Aos poucos ampliei a ideia: por que não abrir um curso de alfabetização para aqueles que desejassem estudar as primeiras letras? Saí com Nina visitando alguns sítios nas imediações e, em pouco tempo, consegui arregimentar oito alunos. O grupo era constituído por trabalhadores braçais, cinco homens e três mulheres, além de seu Antônio, a mulher e Nina.

No começo da noite, depois da jornada de trabalho, eles chegavam, banho tomado, cabelos penteados, roupa mudada, para as lições. Adquiri uma lousa grande, que pendurava na cozinha transformada em sala de aula; comprei cadernos e lápis, borrachas etc. para os alunos. Trabalho árduo: a cada aula precisava recomeçar tudo do princípio, pois meus pobres alunos sentiam a maior dificuldade em aprender; não conseguiam sequer decorar as letras do alfabeto. Encontravam inclusive dificuldade em segurar o lápis com suas mãos grossas e calosas do trabalho rude. Revestia-me de toda a paciência, tratava-os com carinho, buscava facilitar-lhes a tarefa, inventava uma história para cada letra, mas, mesmo assim, não progrediam.

Uma tarde, já cansada de fazê-los repetir, quatro, cinco vezes, a mesma lição do bê-á-bá, recomecei do princípio. Fui falando e ao mesmo tempo escrevendo na lousa:

— Aqui está a letra *B*, não é? Esta é a letra do barrigudo, vejam: o *B* tem duas barrigas, deve comer muito, não?

— Todos riram. — E aqui está a letra *A*, uma escada aberta. Com que se parece a letra *A*?

— Uma escada aberta... — responderam ao mesmo tempo.

— Muito bem. Se eu casar o *B* com o *A*, dá *BA! BA!* Vamos ver: o *B* com o *A*, o que é que dá?

Calados, os alunos me fitavam, refletiam. De seu poleiro, assistindo à aula, Floro adiantou-se:

— Baaa! — gritou, encabulando os colegas de classe, que riam sem jeito.

Pouco a pouco, obstinados, aqueles camponeses foram aprendendo os rudimentos da leitura. Mas a única a assimilar com facilidade foi Nina, que chegou a ler e a escrever corretamente.

SESSÕES NOTURNAS

O Senado e a Câmara tinham decidido transformar-se em Assembleia Constituinte a fim de redigir e votar uma Constituição democrática que substituísse a do Estado Novo, totalitária, de corte fascista.

Jorge desenvolvia intensa atividade no Congresso. Além das sessões diárias que lhe ocupavam as tardes inteiras, sucediam-se as sessões noturnas com discursos e discussões violentos, o trabalho no plenário, a tarefa de representar a bancada comunista na Comissão de Educação e Cultura e de redigir, com Marighella, discursos para alguns outros deputados do partido; tinha o tempo todo tomado.

A declaração de Prestes aos serventuários da Justiça e a controvérsia por ela provocada haviam chegado ao Parlamento. O senador Juracy Magalhães voltara a fazer a Prestes a mesma pergunta que lhe fora feita na reunião dos serventuários. Prestes não mudara de opinião; sua resposta foi idêntica à anterior. A reafirmação de seu ponto de vista, feita diante dos deputados e senadores, ganhou uma repercussão muito maior. Foi o pretexto, o ponto de partida para a campanha de todas as forças reacionárias contra a existência legal do PCB.

Eu acompanhava as discussões pelo rádio; mesmo não tendo telefone, ficava sabendo se haveria sessão noturna, ou seja, se Jorge viria ou não dormir em casa. Às vezes, raras vezes, conseguia livrar-se, e, quando menos esperava, era aquela surpresa! Ele chegava, deixando-me doida de alegria.

Na esperança de que Jorge aparecesse, eu permanecia à espera, noite adentro. Nina demorava-se comigo, conversando, fazendo-me companhia, mas ao vê-la com sono, eu a mandava dormir. Os livros foram os meus companheiros nessas horas de vigília, longas e solitárias.

LENDO E RELENDO

Sempre gostei de ler. Menina, iniciei minhas leituras com os livros da modesta estante de meus pais, onde encontrei, entre outros autores da predileção deles, Dante Alighieri, Alexandre Dumas, Victor Hugo, Zola, além dos anarquistas italianos, poetas e dramaturgos. Gostava e gosto de ler tranquila, sem ser interrompida, pois o grande prazer que encontro na leitura é integrar-me na trama do livro, tornar-me personagem, divertindo-me ou sofrendo, conforme o caso.

Nos últimos tempos que passara em São Paulo, lera pouco, quase nada, absorvida com as atividades das campanhas do fim da guerra.

Agora, para usar uma expressão de Lalu, estava de grande, com estantes maravilhosamente bem sortidas de livros, na maioria inéditos para mim. Alguns, eu já havia lido mas voltaria a lê-los, descobrindo novo sabor ao comentá-los com Jorge. Reli o *Dom Quixote*, de Cervantes; durante muitas noites o "Hermoso Hidalgo", seu escudeiro e a bela Dulcineia povoaram a minha casa do estado do Rio, habitaram meu coração. Entre os modernos, reli o romance *Fontamara*, do italiano antifascista Ignazio Silone, que me transportou mais uma vez para aldeias da Itália, com seus problemas, suas festas e seus sofridos camponeses.

Numa estante à parte ficavam os autores preferidos de Jorge. Por eles comecei essa minha temporada de dois anos de intensa leitura. Sabia da paixão de Jorge pela literatura de Charles Dickens, Mark Twain, Rabelais, Zola, Tolstói, Górki.

Treinei inclusive meu espanhol, pois li vários livros desses escritores em traduções publicadas na Argentina e na Espanha. Devorei os romances de Dickens, *Mister Pickwick*, *David Copperfield*, *Armazém de antiguidades*, os contos de Mark Twain, de quem já lera *As aventuras de Tom Sawyer* e *As aventuras de Huckleberry Finn*. Enfrentei autores pelos quais sempre tivera curiosidade sem, no entanto, tê-los lido, por quê, não sei; talvez medo ou vergonha de não entendê-los..., quem sabe? Assim aconteceu com Rabelais, por exemplo. Após a leitura de *Pantagruel e Gargântua*, deliciada com a descoberta, enveredei pelos mestres franceses: Balzac, Maupassant, Stendhal, Daudet. Embrenhei-me na literatura norte-americana lendo Hemingway, Caldwell, Steinbeck, Faulkner. Dos russos já conhecia livros de Dostoiévski, de Górki e de Tolstói; passei a conhecer Tchekhov, Turgueniev, Gógol.

Quanto à poesia, era assunto à parte: juntos, os dois, líamos nossos poetas mais queridos: os que falavam de amor.

Foram dois anos importantes, quando os livros evitaram que eu ficasse amarga e chata.

LIVROS E AMIGOS

Além de bem servida, com variada escolha entre tantos autores e livros sensacionais, eu tinha também tempo e silêncio indispensáveis para me absorver na leitura.

Entre os volumes que me fizeram companhia na longa solidão, figuraram, por incrível coincidência, romances de cinco escritores que se tornariam depois nossos amigos, amigos para o resto da vida.

INTERRUPÇÃO PARA ROMPER A RIGIDEZ DA CRONOLOGIA

Escrevo estas páginas ao correr das lembranças, que se embaralham em minha memória e, por isso mesmo, por vezes a cronologia sofre. Este meu relato se situa nos limites de duas viagens: uma em novembro de 1945, a outra em abril de 1948, uma de avião, a outra de navio. Mas, no atropelo das lembranças, por vezes retrocedo no tempo, como já o fiz, para falar sobre minha família e contar de como conheci Jorge; ou avanço, como o faço agora. "Quem acha encaixa", dizem na Bahia. Ocorrem-me as recordações, abro espaço onde encaixá-las, mesmo rompendo o fio da meada. Peço desculpas e mando novamente a cronologia rígida ao diabo que a carregue, para contar como vim a conhecer, tempos depois, os escritores acima referidos.

"LUAR DO SERTÃO" DE FERREIRA DE CASTRO

Li, no sítio, *A selva* e *A tempestade*, de Ferreira de Castro. Viríamos a conhecê-lo em 1948, em Paris, onde ele se demorou com sua família, a mulher Helena Muriel — pintora conhecida — e a filhinha Elsa. Nossa amizade se aprofundou, tornamo-nos íntimos, viajamos com Ferreira de Castro e Helena, rimos ouvindo suas divertidas histórias, ele divertindo-se com as de Jorge. Por mais de vinte anos, convivemos um pouco em toda a parte: na França, no Brasil, em Portugal, sobretudo em Portugal.

Um dia, Ferreira de Castro inventou que eu sabia cantar. Ouvindo-me, certa vez, cantarolar baixinho, me perguntou se

eu conhecia a toada sertaneja "Luar do sertão", de Catulo da Paixão Cearense, música que lhe dava nostalgia, recordava-lhe os tempos em que vivera na Amazônia. Claro que eu conhecia "Luar do sertão". Quem, da minha geração, não a conhece? Cantei-a enquanto jantávamos numa churrascaria em Copacabana. Nunca mais Ferreira de Castro se esqueceu disso, e todas as vezes em que nos encontrávamos reunidos, fosse lá onde fosse, forçava-me a cantar sua música brasileira preferida. Chegando mesmo a quase me matar de vergonha, num jantar em casa de dona Magdalena e do dr. Azeredo Perdigão, em Lisboa, fazendo-me repetir o "Luar do sertão", sem acompanhamento, sem nada, na pura cara de pau.
Só de uma coisa tenho pena. Nunca lhe ter agradecido a companhia que me fizera com seus romances, naquelas noites à espera de Jorge.

ALVES REDOL E O BACALHAU

Outro amigo querido, Alves Redol. Dele lera, na sala solitária, o belíssimo *Gaibéus*. Conhecemos Redol durante o Congresso dos Intelectuais pela Paz, em Wroclaw, na Polônia, em 1948. Depois nos encontramos em Paris. Redol participou várias vezes das refeições que eu preparava em dois pequenos fogareiros a álcool, no quarto do modesto Hotel Saint Michel, no Quartier Latin. Madame Salvage, proprietária do hotel, temida pelos hóspedes devido ao seu humor variável, por felicidade se tomara de amores por nós dois e fazia vista larga às minhas atividades culinárias, coisa proibida pelo regulamento da casa.

De regresso a Portugal, Redol nos mandou de lá uma caixa de madeira, contendo grossas postas de bacalhau, o melhor do mundo: "... será que a Zélia vai conseguir cozê-lo em vosso lume?", indagava Redol num bilhete que acompanhava a encomenda. Desta vez obtive o consentimento de madame Salvage para preparar a bacalhoada em sua cozinha e nós a convidamos para o almoço assim como a Carlito Scliar, que morava no terceiro andar — sem elevador — do mesmo hotel, a Mariuccia e Arnaldo Estrela — que viviam em Paris, na ocasião — e a nossa querida Misette Nadreau, que a bem dizer não precisava de convite, sendo da casa. Escrevemos uma carta a Alves Redol agradecendo o presente e contando-lhe do sucesso do delicioso bacalhau. O bom amigo ainda nos enviou outras remessas, recebidas com entusiasmo por todo o grupo de intelectuais brasileiros que viviam em Paris, alguns dos quais, jovens de dinheiro curto, se regalavam com os almoços que lhes oferecíamos aos domingos.

MIKE E JORGE NUMA PANE DE AVIÃO

Impressionara-me muito o romance *Judeus sem dinheiro*, do escritor americano Michael Gold. Passara uma noite inteira lendo o seu livro e só o deixara após chegar à última página. Quando ia eu pensar que, muito em breve, Michael Gold se tornaria nosso amigo? Amigo e vizinho, pois ele e sua mulher viviam num hotel quase ao lado do nosso, na rue Cujas, em Paris.

Jorge e Mike tornaram-se inseparáveis, e juntos participaram de congressos e encontros de escritores em várias partes do mundo.

Numa dessas viagens — iam a um congresso de escritores na Tchecoslováquia —, durante o inverno, o avião em que viajavam sofreu uma avaria, sendo forçado a uma aterrissagem de emergência num campo de pouso alemão, em Frankfurt.

Entre os passageiros figuravam vários escritores franceses e soviéticos: recordo nossos amigos Pierre Seghers e Alexandre Fadeiev. Este último assombrou Jorge, pois dormia a sono solto, recusando-se a tomar conhecimento do pânico que se generalizara dentro da aeronave que, com dois dos quatro motores pegando fogo, ameaçava espatifar-se contra o solo. Estávamos no auge da Guerra Fria. Os escritores se dirigiam para a Tchecoslováquia, país socialista; foram isolados pelas autoridades norte-americanas numa sala do aeroporto alemão, sem direito a sair, à espera de que outro avião, vindo de Paris, os fosse recolher.

Temendo que a notícia aparecesse nos jornais franceses e que eu a lesse e me assustasse, Jorge conseguiu obter um telefone para me falar. Ele estava bem. Michael Gold, ao lado, pediu que eu avisasse sua mulher.

ANNA SEGHERS QUEBRA O GELO

Nunca fizera ideia do que fosse o dia a dia de sofrimento dos prisioneiros num campo de concentração, da força e da tenacidade daquela gente quase morta, lutando até o fim, antes de ler *A sétima cruz*, da escritora alemã Anna Seghers, romancista poderosa, dona de seu ofício. Desse romance seria feito um filme americano.

Nunca imaginei que um dia viria a conhecer Anna Seghers. Conhecê-la apenas? Anna se tornaria nossa amiga fraterna, amiga de sempre e de todos os dias, adorável, adorada.

Em Paris eu me matriculara num curso de língua francesa, seguia ao mesmo tempo outro, de civilização francesa, na Sorbonne, e ainda um de fonética, também na Sorbonne. Por isso nem sempre podia acompanhar Jorge em suas viagens a outros países, para não perder aulas.

Não o acompanhei certa vez à Hungria, onde ele participaria de uma reunião de escritores. Ao voltar, Jorge me contou ter conhecido Anna Seghers, que também tomara parte no conclave. Estava encantado com ela: "uma flor de pessoa!", e me informou que Anna Seghers estava para chegar a Paris. Ele achava que eu devia procurá-la, entrevistá-la para uma revista feminina do Brasil, já não me lembro qual. Me assustei. Como ia, pobre de mim, entrevistar uma personalidade tão importante? Sentia-me insegura e, além de tudo, nunca entrevistara ninguém. Mas Jorge insistiu e me convenceu; acabei indo me encontrar com a romancista, que me esperava sentada à mesa de um café na calçada do boulevard Saint-Germain, local marcado para o nosso encontro.

Com uma lista de perguntas que organizara com a ajuda de Jorge, cheguei ainda assustada, mãos trêmulas, geladas... Seus cabelos brancos e a doçura de seu rosto me deixaram mais à vontade. Meu francês era péssimo, o dela razoável. Ela falava espanhol, eu não falava mas entendia. Assim, misturando francês, espanhol, com a ajuda de algumas palavras em italiano, entremeadas com outras em inglês, começamos o diálogo. As perguntas para a entrevista continuavam escondidas em minha bolsa. Foi Anna quem perguntou primeiro:

— Como é que você consegue manter esse lenço na cabeça sem que ele caia? Eu jamais consigo, por mais que me esforce. Coloco, mas daí a um minuto o lenço escorrega da cabeça, não para... Fico complexada com isso, pois gostaria de usar de vez em quando um lenço, assim como você.

O gelo estava derretido, esqueci que tinha perguntas a lhe fazer sobre a situação das ex-prisioneiras de guerra, da mulher na Alemanha, dos direitos femininos etc. Tirei o lenço de minha cabeça e, de pé, com muito cuidado, consegui amarrá-lo na de Anna. *Voilà!* A expressão de satisfação de seu rosto era contagiante. De repente ouvi um *voilà!* desconsolado. Anna me entregava o lenço que acabara de escorregar de sua cabeça.

Todas as vezes que estamos juntas, rimos muito, falamos das coisas mais absurdas. Anna nos visitou no Brasil duas vezes, nós a visitamos em sua casa na Alemanha. É uma das pessoas que mais amamos no mundo. Daquele tempo até hoje, só se refere a Jorge como "*mon ours*" e a mim como "*mon petit*".

ILYA EHRENBURG E AS ROSAS VERDES

Eu lera As *aventuras de Júlio Jurenito*, do escritor Ilya Ehrenburg, havia alguns anos. Durante a guerra, acompanhara seus artigos, que nos davam ânimo e esperança; escritor dinâmico, sarcástico, valente. No sítio, li A *queda de Paris*, grande romance.

Ao saber que Ehrenburg se encontrava almoçando no mesmo restaurante que nós, no Hotel Bristol, em Varsóvia — hotel destruído pela guerra, apenas metade dele ficara de pé —, entusiasmei-me. Bastava-me vê-lo de longe, não me atrevia a querer mais do que isso. Mas Jorge me levou até sua mesa, para me apresentar. Ilya Ehrenburg seria, até o fim de sua vida, nosso grande e fiel amigo. Gostava de ouvir minhas histórias, gostava de nos contar as dele, histórias de infância, lindas e divertidas. Perto de Ehrenburg, ninguém se atrevesse a falar mal de Jorge, nem mesmo insinuar uma crítica. Ele revidava com violência, arrasava no momento aquele que ousasse. Mais de um fato a esse respeito nos foi contado.

Passamos curtas temporadas, nas várias viagens que fizemos à União Soviética, na casa de campo de Luba e Ilya

Ehrenburg, perto de antiga cidade, Nova Jerusalém, a cem quilômetros de Moscou. Em sua *datcha*, Ehrenburg tinha um belo jardim com árvores frutíferas crescendo ao sol da primavera e do verão; possuía também uma estufa, grande bastante para abrigar plantas de certo porte e flores que não aguentariam o inverno russo. Nessa estufa ele cultivou, com suas próprias mãos e seus cuidados, uma pequena plantação de café — possuía uns vinte cafeeiros —, mudas fornecidas pelo "compadre" Jorge. Até pés de jaca da Bahia cresciam em seu jardim de inverno, assustando o agricultor pela rapidez com que se desenvolviam.

Sabendo da visita de um Prêmio Stálin — Jorge vinha de receber o Prêmio Stálin da Paz — na casa do vizinho Ilya Ehrenburg, o botânico amador, Spiridióch, apressou-se a telefonar, anunciando que levaria rosas de seu cultivo, para a *taváritch* Amado. Malicioso e irônico, Ilya nos deu rapidamente o currículo do vizinho. Esse Spiridióch, bom sujeito mas um tanto gabola, cultivava rosas, mesmo no inverno, sua especialidade e seu orgulho. Ilya nos prevenia que o vizinho costumava exagerar, contar vantagens, mesmo mentir um pouco.

— Vocês vão ver que ele vem com novidades sobre enxertos de plantas... Tratem de elogiar bastante, que ele gosta.

As rosas que Spiridióch trazia eram lindas, de cor ocre pintalgadas de vermelho. Fiz-lhe elogios sinceros, talvez um pouco exagerados, seguindo as instruções de Ilya, que se continha para não rir. Depois o botânico pediu-nos que cheirássemos suas rosas e lhe disséssemos qual era o perfume que sentíramos. Realmente eu não sentira outro perfume a não ser o delicioso odor da rosa. Nada mais. Tampouco Jorge conseguiu sentir perfume diferente. Spiridióch não se perturbou: com a maior sem-cerimônia, disse-nos que aquelas rosas tinham perfume de pêssego, pois misturara os pólens da rosa e da flor do pessegueiro, numa alquimia muito complicada para os nossos parcos conhecimentos de botânica. Lembrei-me de perguntar-lhe se possuía rosas verdes; Spiridióch arregalou os olhos, Ilya também. Nem um nem outro conheciam essa espécie de rosas, nem nunca tinham ouvido falar.

— Pois no Brasil temos rosas verdes — afirmei.

Ehrenburg voltou-se para Jorge, pedindo confirmação do que acabara de ouvir. Jorge ria velhacamente:

— Verdes? Não me responsabilizo pela afirmação de Zélia. Nunca vi rosas verdes em minha vida...

Sussurrou ao ouvido do comparsa — bastante alto para que eu ouvisse — que eu devia ter me contagiado com o vizinho mentiroso.

Luba, mulher fina e discreta, que até então não dera palpite, tomou meu partido:

— Mesmo que Jorge conhecesse rosas verdes, não confessaria aqui, neste momento. Não ia estragar a brincadeira...

Como poderia ela conhecer Jorge tão bem? Luba dizia uma coisa que eu estava farta de saber: Jorge estava a fim de divertir-se. Eu o conhecia como a palma de minha mão. Mas Luba? Como podia ela saber?

— Os dois são iguais — declarou Luba. — Em idêntica circunstância, Ilya negaria tê-las visto, mesmo que as conhecesse. Não iria estragar a brincadeira...

A cara divertida de Spiridióch, incrédulo e humilhado ao mesmo tempo, fez-me acompanhar os gozadores nas gargalhadas. Em seguida, fiquei séria e garanti:

— Podem rir à vontade. Eu vou conseguir mudas dessas rosas, no Brasil, e vou te mandar, Ilya. Aguarde.

Eu vira rosas verdes quando menina, em Capela do Ribeirão, ao lado de Mogi das Cruzes. Ao voltar ao Brasil dessa viagem à União Soviética, procurei encontrá-las no Rio de

Janeiro, onde morava, usando todos os meios possíveis: apelei para entendidos em rosas, visitei várias chácaras e floriculturas, folheei livros sobre rosas... nenhuma pista. Fui a São Paulo, minha grande esperança, repeti as buscas que fizera no Rio, tudo em vão. Lá também desconheciam tal raridade. Eu teria sonhado?

Num telegrama de fim de ano, desejando-nos felicidades, Ehrenburg perguntava-me: "E onde estão as rosas verdes?".

Acabei conseguindo-as, tempos depois, quando em função do quinzenário cultural *Para Todos*, dirigido por Oscar Niemeyer, Jorge, Moacir Werneck de Castro e James, fui a Goiás; lá, minha amiga, a dra. Amália Hermano Teixeira, botânica ilustre, conhecia a tal rosa verde; conseguiu-me um pé, vindo do interior de seu estado. Muda viçosa, porém pequena, plantada numa lata de azeite; foi assim que a entreguei ao sanitarista, nosso amigo Valério Konder, que partia para Estocolmo, onde participaria de uma reunião do Bureau do Conselho Mundial da Paz, à qual estaria presente o escritor Ilya Ehrenburg.

— Está entregue, não me afastarei desta planta, um momento sequer! — Valério divertia-se diante de minhas recomendações. — Eu a depositarei nas mãos de Ilya Ehrenburg.

Voltamos a Moscou daí a alguns meses e, como sempre, fomos passar uns dias na *datcha* dos Ehrenburg.

Sem nos deixar sequer tirar os casacos, Ilya nos levou à estufa onde a roseirinha, plantada num grande vaso, se encontrava coberta de botões e de rosas verdes; ao lado, o cafezal de Jorge, carregado de grãos já maduros, vermelhos de dar gosto. As jaqueiras tinham crescido tanto, ameaçando romper o teto de vidro, e haviam, por isso, sido transportadas para o Jardim Botânico de Moscou. O funcionário responsável, que as recebera e que devia catalogá-las, desconhecia o nome científico da jaqueira, indispensável para o seu trabalho. Apelou para Ehrenburg, que também não possuía outros dados a não ser os que já lhe havia fornecido ao enviar as mudas; pressionado, Ilya redigiu uma nota explicativa e fez uma sugestão que muito o divertiu: "Jaqueira, árvore frutífera, proveniente do Brasil, doação de Jorge Amado; fruta de grande porte, recoberta de picos, contém dezenas de bagos deliciosos, perfumados, bagos de mel. Na falta do conhecimento de seu nome científico, proponho dar à árvore o nome de *Amadóvska*, em homenagem ao doador, enquanto não for encontrada a sua designação correta". Nessa mesma ocasião, nós, que também não sabíamos qual seria na linguagem da botânica o nome da jaqueira, fomos descobri-lo no dicionário russo-português de Sátva Brandão, brasileira radicada na União Soviética, pessoa de nossa estima.

— E o que disse Spiridióch ao ver as rosas verdes? — curiosa, quis saber.

Ilya riu seu riso maroto:

— Nem mostrei! Ele ia me pressionar para que lhe desse a planta, e eu não estou disposto a me separar dessa preciosidade. Eu as denominei "rosas de Zélia".

O SOMBRA E AS SOMBRAS

Uma noite, tarde da noite, sentindo sono, dirigi-me à cozinha na intenção de tomar um cafezinho. Ao acender a luz, deparei-me com enorme aranha-caranguejeira, negra e peluda, que corria; assustara-se, talvez com a luz, procurando esconder-se, certamente com medo de mim.

Apavorada, seguindo com os olhos os movimentos da aranha, não conseguia sair do lugar. Gritei: "Ai! Que horror!".

No mesmo instante, uma voz grossa, cavernosa, trêmula, vinda do alto, voz do outro mundo, repercutiu em meus ouvidos: "É o Sombraaaaa!". Grudada ali, aterrorizada, completamente sem ação, pude, a custo, arriscar um olhar para o lado de onde partira a voz: lá estava ele, Floro, belo e formoso, que despertara com meu grito e repetira, na perfeição, imitando o herói da novela de rádio que Nina costumava ouvir diariamente: O Sombra.

Aranhas-caranguejeiras, O Sombra... A verdade é que eu andava nervosa. Depois do debate na Constituinte sobre a declaração de Prestes, provocações de todo o tipo, contra o partido e os comunistas, aumentavam.

O deputado Barreto Pinto, célebre por ter chegado ao Parlamento nas sobras de votos na legenda do PTB, quando seu nome obtivera pouco mais de trezentos míseros sufrágios, decidira requerer a cassação do registro eleitoral do PCB.

Sombras escuras na claridade alegre dos dias do Peji de Oxóssi.

SERIEMAS E SERPENTES

Jorge libertava-se de suas preocupações resultantes do trabalho parlamentar e da situação política agora agravada com a ameaça da cassação do registro do partido, dos problemas do novo romance que estava escrevendo, demorando-se no galinheiro, em meio às aves. Fazia higiene mental.

Com missão específica, novo habitante ocupava lugar de destaque em nosso sítio: uma seriema, de apelido Siri, de andar pulado e macio. Fora comprada com a finalidade de exterminar cobras e serpentes que apareciam com frequência nas cercanias.

Um dia ouvimos latidos insistentes do cão, vindos de um matagal próximo à casa. Parecia estar acuando algum animal. De repente, um ganido de dor. Chuli acabava de ser picado por cobra venenosa. Nina alvoroçou-se, seu Antônio nos chamou aos gritos, acorremos a tempo de ver o jararacuçu deslizar, rápido, e embrenhar-se no matagal. Gemendo, estirado no chão, Chuli perdia rapidamente os movimentos, seus poros sangravam. Corri em busca de soro antiofídico, guardado no armário de remédios, e apliquei-lhe imediatamente a injeção. Nós o pusemos num quarto, onde ficamos algum tempo a seu lado, acompanhando o efeito do soro. Horas mais tarde, Chuli pôs-se de pé. Apenas se sentiu em condições, partiu valente, a latir em busca da cobra que o picara, na moita onde havia sumido.

Esse fato animou Jorge a realizar um velho desejo: possuir uma seriema. Defendia a tese de que onde há seriemas não há cobras, e assim a seriema foi comprada e incorporada à população do sítio.

Histórias de serpentes mortas, destroçadas por seriemas, ouvi muitas, contadas por Lalu, entusiasta da pernalta:

— Em Ilhéus, não sabe?, não há roça sem uma seriema junto da casa... — declarava Lalu, lembrando-se em seguida de um caso bom para exemplo: — Tu sabe? Quando a gente morava em Ferradas, Jorge ainda novinho, um dia eu estava andando perto do rio que corria nos fundos de nossa casa, quando vi uma cascavel tomando água ali na beirada.

Fez um parêntesis:

— Tu sabia que quando cobra venenosa bebe água ela tira antes o veneno, guarda ele numa folha de planta e depois de matar a sede ela recolhe o veneno de novo? Se ela não tirar o veneno, engole ele com a água e morre. Tu tá rindo? Pois pergunte a quem quiser; lá nas roças todo o mundo sabe disso. Quer dizer: os mais antigos sabem — corrigiu.

Voltou ao caso da cascavel:

— Pois quando vi a cobra, procurei ali por perto a folha onde ela devia ter botado o veneno. Encontrei logo. O veneno era verdinho, verdinho... Mais do que depressa, sacudi ele longe e tratei de me esconder antes que a bicha me visse. Quando a cascavel foi procurar pelo veneno pra meter ele de novo nas presas, cadê a folha? Cadê o veneno? — Lalu ria da própria história que contava. — Eu de longe só assuntando. A cobra começou a se aborrecer: procura pra cá, procura pra lá... estava nervosa! Já ia perder a paciência, quando me viu. Na certa desconfiou que eu é que tinha dado sumiço no veneno dela e veio feita! Zing-zing-zing... pra meu lado, sacudindo o chocalho do rabo... e eu correndo feito doida, chamando pela seriema. Quando ela já estava pra me alcançar, a seriema, que escutou os meus gritos, veio às pressas. Menina! A cobra se viu perdida, se enrolou toda, preparou o bote. A seriema ficou toda arrepiada, arregalou os olhos em cima da cascavel, esperando a hora certa de atacar. A bicha saltou, a seriema apanhou ela no ar, apertou a garganta dela com o bico bem perto da cabeça, pra evitar ser mordida... — Lalu faz outra pausa para explicar: — A seriema não sabia que a cobra estava sem veneno, e com toda a força bateu com ela numa pedra. Sobrou cascavel pra todo lado!...

Depois dessa história fantástica, eu só desejava que nossa seriema fosse tão eficiente quanto a de Lalu. Nem precisava tanto, bastava metade da competência.

SERIEMA CARIOCA

Siri era um amor, atendia pelo nome. Ao ameaçar chuva, o céu encoberto, o vento a soprar, alvoroçava-se toda, catava gravetos secos de árvores e, carregando-os no bico em voos sucessivos, vinha depositá-los sobre o telhado. Mas Siri tinha um defeito grave: adorava ovos, quanto mais frescos, melhor. Postava-se junto dos ninhos das galinhas poedeiras, à espera de que elas saíssem para em seguida surrupiar o ovo. Quando a galinha demorava a deixar o ninho, ela, impaciente, a desalojava, puxando-a pela cabeça; apanhando delicadamente com o bico o ovo quentinho, batia uma de suas extremidades numa pedra, fazendo-lhe um furinho por onde metia o bico e... glup! Num só trago, esvaziava a casca. Nossa vigilância era constante mas a sabida conseguia sempre nos driblar. Até que um dia resolvemos pregar-lhe uma peça: Jorge comprou um ovo indez — no falar de Lalu era *indeis* — de madeira branca, uma perfeição. Colocamos o *indeis* num ninho, abrimos a porta e Siri foi direto. Apanhou-o delicadamente como costumava fazer com os verdadeiros, bateu-o numa pedra; o ovo, obviamente, não partiu. Bateu-o novamente sem sucesso. Claro! Depois depositou o *indeis* no chão e tentou pela outra extremidade: nada! Procurou uma pedra pontiaguda, nova batida... Num suceder de batidas, já não conseguindo sustentar o ovo com o bico, deixou-o cair e rolar ribanceira abaixo; Siri o acompanhou numa carreira doida, sem conseguir apanhá-lo, a dar gritos histéricos e a nos matar de tanto rir.

    Jorge andava aflito, desejoso que aparecesse outra cobra, precisava fazer uma demonstração prática da utilidade da ave. E o dia chegou. Junto às escadas da casa, apareceu um minhocão, inofensivo, conhecido como cobra-de-duas--cabeças. Estirado ao sol, imóvel. Rebuliço enorme no sítio, seu Antônio à procura de Siri, que estava desaparecida. Foi localizá-la a rondar o galinheiro, tentando penetrar no alojamento dos ninhos. O caseiro veio correndo, pondo os bofes pela boca, carregando a seriema nos braços:

— Corre, seu Antônio! — gritava Jorge, na preocupação de que a cobra fosse embora.

Colocada ao lado do minhocão, Siri mantinha-se indiferente. Em torno, o suspense. De repente, ao dar-se conta de que estava junto a um réptil, a seriema abriu no pé, pernas pra que te quero! O pescoço espichado, plumas arrepiadas, sumiu de nossas vistas, deixando no ar apenas seus gritos lancinantes, gritos de medo, irreprimíveis.

Ao narrar o acontecido a Lalu, dias depois, ela duvidou:

— Tu tá mentindo, moleca! Onde é que já se viu seriema fugir de cobra? Pelo menos as da Bahia não correm, não!

— Jorge aí está para confirmar, dona Eulália. — Voltei-me para ele, que se divertia com a discussão, pedindo apoio:

— Então ela não fugiu, Jorge?

Para grande espanto meu, ele não confirmou nem desmentiu, continuou a rir, uma risada malandra, de quem não deseja comprometer-se. Mais tarde, ao ser interpelado por mim, que estava danada da vida com sua atitude, desculpou-se tranquilamente:

— Fui apenas solidário com a seriema...

— Com a seriema ou com Lalu? — e encerrei o assunto; não adiantava discutir.

PINTINHOS DE BRIGA

Jorge chegou em casa entusiasmado, trazendo um pacote com duas dúzias de ovos.

— Vamos ter uma ninhada de galos de briga — foi dizendo. — Amanhã mesmo vou botá-los em duas galinhas, para chocar.

Minha reação não se fez esperar:

— Galos de briga? Mas você tem horror a briga de galo, sempre teve... Não estou te entendendo... não mesmo!

Mas compreendi em seguida, depois de saber a razão da compra: esse tipo de galo de briga, indiano, era famoso pela alta qualidade de sua carne, considerada pelos entendidos como das mais deliciosas, das mais macias. Isso Jorge aprendera num livro sobre galinhas e galos — os livros sobre aves multiplicavam-se em nossa estante — e havia muito ele procurava os tais ovos. Cada galinha chocara doze ovos e não gorou nenhum; na data prevista nasceram todos os pintinhos. Eram lindos, peladinhos, diferentes dos outros. Diferentes também nas atitudes. Com poucos dias de vida começaram a brigar, deixando as galinhas que os criavam alarmadas com a valentia daquela cambada de beligerantes. Para evitar maiores confusões, compramos duas criadeiras a querosene, separamos os machos das fêmeas. Quase todos os brigões eram machos.

Foi seu Antônio quem descobriu vários pintinhos da criadeira mortos, de cabeças esmagadas. Achamos esquisito aquilo: se matariam entre si?... Jamais poderíamos imaginar que pintinhos daquele tamanho, tão pequenos, tivessem tanta força, tamanha competência. Não ficamos, no entanto, completamente convencidos; no ar pairava um mistério, decidimos desvendá-lo. No dia seguinte voltamos a colocar a criadeira no jardim e montamos guarda de longe. Mansamente, andar macio, aos saltos, Siri foi se aproximando; parou junto da criadeira e, pela tela de arame, rápida, meteu seu longo bico, pontaria certa, esmagou a cabeça de um pintinho.

— Siri malvada! — gritei enquanto a tangia.

Siri saiu na disparada, deixando atrás apenas uma vítima. Não conseguiu daí em diante fazer outras.

Dos quinze machos que restaram conservamos apenas um para cruzar com suas quatro galinhas. Os demais, antes do primeiro canto, frangões pesados, vieram confirmar o que deles diziam os conhecedores: "Carnudos, macios e deliciosos!".

FESTA DO PARTIDO

As comportas se haviam aberto com o fim do Estado Novo, com as eleições, com a legalidade do partido. Os comitês, as células, os organismos financeiros, os diversos setores da máquina partidária inventavam mil coisas para movimentar e organizar a massa e conseguir dinheiro para cobrir as inúmeras despesas da organização. Promoviam conferências em casas de simpatizantes, com direito a comes e bebes; organizavam festas com a presença de personalidades conhecidas; faziam piqueniques em praias e no campo.

Certo domingo, fomos a um piquenique em Jacarepaguá; Jorge era avesso a essas reuniões festivas, preferia ficar em casa comigo. Convocado, teve que aceitar a tarefa, pois seria uma das atrações do churrasco ao lado de outros escritores, cantores e artistas. Não podia faltar. Convidamos Lalu, o Coronel, Lila e Joelson para irem conosco à festa. Lalu se animou logo, preocupou-se com a indumentária: "Com que roupa eu vou, Zélia?". O velho aceitou sem maior entusiasmo deixar seu rádio e seu baralho; Lila tinha outro compromisso, um aniversário; Joelson estaria de plantão no hospital.

Enorme plantação de árvores frutíferas, casa ampla, a chácara — emprestada por um amigo do partido — fervilhava de gente e de animação naquele domingo ensolarado: políticos, intelectuais, estudantes, crianças. Chegamos ao mesmo tempo que o escritor paraense Dalcídio Jurandir; eu o conhecia do Congresso de Escritores, em São Paulo. Lá estavam também Graciliano Ramos — outra atração da festa campestre —, Heloísa e os filhos. Nesse dia tive oportunidade de um contato maior com Heloísa, criatura adorável, a quem vira de relance no dia de minha chegada ao Rio, no Instituto de Música. Conversei com Berta Gleiser, cuja irmã, Genny Gleiser, fora presa, havia tempo, e desaparecera nas malhas da polícia, dando lugar a que se levantasse uma onda de protestos no Brasil inteiro. Durante muitos meses, as paredes das ruas de São Paulo permaneceram pichadas, o povo pedindo contas do destino da jovem: QUEREMOS GENNY — ONDE ESTÁ GENNY?

De repente fomos surpreendidos com a presença de Joelson. Lá estava ele, em prosa animada com Sidney Rezende, Darcy Ribeiro e o médico Alfredo de Moraes Coutinho. Joelson conseguira trocar seu plantão com um colega.

O artista Jararaca, da dupla Jararaca e Ratinho, divertia crianças e adultos com suas piadas. Outro artista, na época pouco conhecido, Rafael de Carvalho, demonstrava as qualidades que fariam dele um grande intérprete da nossa televisão. O povo ria, a bandeiras despregadas, de suas histórias, contadas com graça e maestria.

Havia, espalhadas por todo lado, barracas que vendiam sanduíches e refrigerantes; na que vendia livros, apanharam Jorge assim que ele chegou, para autografar os de sua autoria. O mesmo sucedeu a Graciliano e a Dalcídio. Chamou-me a atenção uma figura exótica de mulher, num grupo de intelectuais. Eu já a conhecia, tinha certeza, mas não conseguia recordar de onde. Ao saber que era Eugênia Álvaro Moreyra, lembrei-me de que a vira representar num teatro em São Paulo. Agora encontrava a atriz com o marido, a quem conhecia muito de nome, Álvaro Moreyra, Alvinho no carinho dos amigos, escritor, homem de teatro, pessoa simples, fina, dizendo coisas inteligentes, divertidas.

Não gostei nem um pouco, quer dizer, não gostei nada, do cerco de mulheres, de variadas idades, em torno de Jorge, tomando liberdades; algumas fazendo-se fotografar a seu lado em poses que me pareciam por demais ousadas; fotos "para a posteridade", explicavam. Ignoravam-me por completo, algumas chegavam a me tratar como se eu fosse uma intrusa. Eu não estava para aquilo. Afastei-me, fui em busca de sombra; encostei-me a uma barraquinha de refrigerantes. Sol a pino, calor de matar.

SOU VIOLENTAMENTE CRITICADA

Depois de tomar um refrigerante e ter-me refrescado um pouco, resolvi sair em busca de Jorge, esperando encontrá-lo já liberto das assanhadas, quando fui interpelada por uma jovem senhora de ar autossuficiente que me dirigiu a palavra:

— Esta é a primeira vez que vejo você...

Eu também nunca a vira mais gorda. Sem me dar tempo de lhe perguntar quem era ela, prosseguiu, agressiva:

— Como é que você explica? Aqui no Rio há tanto tempo e não participa de nada! Não pertence a nenhuma célula, não aparece no movimento feminino... Só vai a festas! Que negócio é esse! Pelo que sei, lá em São Paulo você se mexia, parece até que era ativa. Aqui se acomodou. Se estou falando francamente com você é porque Jorge Amado pertence a todos nós... Um homem como Jorge Amado, da sua importância, necessita de uma companheira que o acompanhe em sua luta, que esteja à sua altura, que seja atuante... — agredia-me violenta, encantada com a oportunidade de me humilhar.

Afinal de contas, que loucura era aquela? Quem era aquela mulher que fuçava minha vida? O que desejava, afrontando-

-me assim? Minha surpresa e minha revolta eram tão grandes que me impediram de falar, de dizer uma palavra sequer. Aliás, essa reação — ficar muda após um choque emotivo — me acompanha desde menina. Somente depois de refazer-me é que consigo falar. Continuei calada, apenas a fixei com um olhar de gelo que deve tê-la assustado. Foi o que pensei ao vê-la partir deixando intacta a garrafa de guaraná que encomendara. Afastou-se, mastigando palavras que não entendi. Teria partido impressionada com o meu olhar gélido ou porque divisara Jorge se aproximando?

— O que é que há? — estranhou Jorge. — Que cara é essa?

— Nem podia ter outra... — respondi.

Contei-lhe então o que sucedera, a afronta que acabara de receber de uma fulana que via pela primeira vez:

— Certamente deve ser uma admiradora tua, uma candidata à tua mão, desejando te proteger, querendo me substituir... — desabafava, dizendo com toda a franqueza o que pensava, irritada, transbordando de indignação.

Jorge quis saber como era a mulher:

— Velha ou moça?

— Moça, metida a bonita.

Não podia apontá-la nem dizer quem era, pois já não estava à vista e eu não conhecia seu nome.

Jorge não gostou do incidente:

— Por que você não mandou ela à merda? Era o que devia ter feito. Com essas piroquetes sectárias, não se deve ter cerimônia nem consideração, é entrar logo de sola para que não chateiem mais...

Puxou-me pela mão, carinhoso:

— Não dê confiança a essas besteiras, minha querida... Não perca teu bom humor. —Ajeitou uma mecha de cabelos que me entrava pelos olhos. — Vam'bora buscar os velhos? Eles estão ali adiante, numa sombra, com Elizabeth e Ivan Ribeiro. As filas para o churrasco estão crescendo, e se demorarmos, nem pão vamos encontrar, quanto mais churrasco! Os velhos devem estar aflitos... Logo adiante, ao lado de Elizabeth e Ivan, o Coronel consultava o relógio. Já passara muito de sua hora.

O apetitoso aroma de carne assada na brasa e a fumaça arrastada pela brisa espalhando-se por toda a parte, penetrando nas narinas da gente, apressavam os candidatos ao almoço. Filas se formavam para a compra do talão com direito ao prato de papelão, ao churrasco e à farinha de mandioca. Tudo muito bem organizado. De posse do prato e dos talheres, os componentes da fila prosseguiram em direção ao braseiro, onde, de mangas arregaçadas, de *chemisier* branco de seda pura, avental também branco, a elegante jornalista Maria da Graça Dutra comandava as operações: empunhando um facão de cozinha, cortava as porções de carne, auxiliada por outras senhoras, voluntárias, que as iam servindo aos esfomeados e alegres participantes do piquenique.

Vários deputados do PC estavam presentes à festa: Alcides Sabença, Carlos Marighella, Claudino José da Silva, Pedro Pomar com sua mulher Catarina e os dois filhos. Pedro Pomar, muito nosso amigo, veio falar comigo:

— Gostaria que Catarina e as crianças fossem passar uma temporada no sítio. Catarina está precisando descansar, os meninos andam pálidos... — disse-me, acrescentando: — Vão te fazer companhia.

Concordei com satisfação. Gostava de Catarina, e sua presença no sítio seria bem-vinda.

PIROQUETE

De onde surgira a expressão *piroquete*? Diziam que provinha da palavra *espiroqueta*. E daí? Daí procurei esclarecimento num dicionário. *Piroquete* não havia. O verbete explicava o que era *espiroqueta*: "Bactéria do gênero *Spirochaeta*, da ordem das *Spirochaetales*, cujo representante mais conhecido é o *Treponema pallidum*, causador da sífilis". Não me esclareci. Não sendo assunto de meu ramo, não entendi bulhufas, não percebi a relação entre a bactéria e a expressão debochativa. Desisti de tirar a coisa a limpo. O que eu sabia sobre o assunto já me bastava. Sabia, com certeza, que boa coisa não era, pois ninguém gostava de ser chamado de piroquete. Naqueles tempos, após a legalização do PCB, piroquete era o termo mais empregado entre os membros do partido, a palavra que mais se ouvia: "Deixa de ser piroquete, seu!" ou "Que sujeito mais piroquete!"... O agravo aumentava ou diminuía de intensidade, dependendo apenas da situação ou da entonação com que o termo era atirado à cara — ou às costas — da vítima.

Hoje, quase quarenta anos decorridos do surgimento da expressão *piroquete*, volto a me interessar pelo assunto e encontro a definição da palavra, num verbete do dicionário de Aurélio Buarque de Holanda: "*Piroquete*, s.m., bras., gíria — Indivíduo ruidoso, agitado, irrequieto. Aquele que emite opiniões levianas; palpiteiro".

Confortara-me imenso a entonação de desprezo que Jorge usara ao referir-se à piroquete do piquenique de Jacarepaguá, tão agressiva e sectária, a dar-me ordens, arvorando-se em "guia genial". Guia genial! Outra expressão da época. Não era assim mencionado, com amor e respeito, aquele que considerávamos o maior de todos, o melhor dos homens, o que ditava normas para nossas vidas e era obedecido cegamente, o camarada Stálin? A fulana devia ser, na certa, sua discípula e, naturalmente, muito aplicada... Eu, hem!

FLORO CONSEGUE UM DESAFETO

A família Pomar era uma família unida: o amor reinava entre marido e mulher, pais e filhos. Durante as três ou quatro semanas — não me recordo bem — que passou conosco no sítio, Catarina, mulher sofrida, contou-me sua vida; os momentos de amor, as horas terríveis que vivera, como mulher de um dirigente comunista, perseguido, preso várias vezes, condenado. Desde que haviam casado, somente após a anistia aos presos políticos conseguiram viver juntos, numa vida estável, em paz. Tinham nessa época dois filhos: Vladimir e Eduardo. Eduardo, o mais novo, estava com a idade do meu Luiz Carlos. Talvez por isso apeguei-me em seguida a ele; cuidava do menino, dava-lhe banho, tirava-lhe os carrapatos que trazia do mato. Vladimir e Eduardo eram crianças educadas, obedientes, encantadoras. Pomar passava os fins de semana conosco.

Uma das distrações de Catarina era conversar com o louro. Nem sempre, no entanto, entendia o que o papagaio dizia, pedia-me então para ajudá-la:

— O que foi que ele disse?

Um dia, ao chegar à cozinha, encontrei Catarina muito entusiasmada com a prosa do louro:

— Veja só que graça, Zélia, ele falou *pirarucu!* Deve ter andado em casa de pescador... Você quer ouvir? Ele já repetiu umas três ou quatro vezes...

Catarina insistia com o papagaio para que ele repetisse o nome do peixe na minha presença. Temia que eu não acreditasse. De repente o louro falou. Só que sua conversa nada tinha a ver com pirarucu, a não ser na rima. Tratava-se de uma frase indecente, grosseira. Recordações dos tempos em que Floro morara em Itajuípe, no convívio com mulheres da vida e boêmios. Diante de minha gargalhada, Catarina prestou mais atenção e entendeu: ofendeu-se até o fundo d'alma:

— Vá você, seu louro vagabundo!

Essa foi a última vez que se dirigiu ao papagaio. Cortou relações com ele.

Hospedamos no sítio, além de Pomar e Catarina, famílias de outros amigos nossos, do partido ou não, e sempre o fizemos com alegria.

A ÚLTIMA CONTRADANÇA

Ainda uma vez o partido convocava Jorge para um ato público, a realizar-se daí a alguns dias, num domingo.

Jorge protestara de mau humor ao receber a tarefa:

— O único dia que tenho para descansar...

Mas não houve argumento que o livrasse da incumbência. O convite viera dos organizadores, através do partido, pedindo a presença do vizinho, já que ele seria realizado em São João de Meriti, pelo Comitê Regional do estado do Rio. Jorge não discutiu mais; embora a contragosto, aceitou a tarefa.

No domingo, quase ao anoitecer, apareceram dois automóveis trazendo a comissão que vinha nos buscar. Jorge quis saber do que constava o ato:

— Um comício, uma reunião com palestra e debates?

O responsável do grupo respondeu enfaticamente:

— Não é um ato, é uma festa. Consta de um baile popular de arregimentação e de confraternização do povo. Vai render um bom dinheiro! Seu nome, Jorge Amado, está sendo anunciado há vários dias, pelos alto-falantes, nas ruas. Vamos ter muita gente!

Se Jorge estava aborrecido, mais aborrecido ficou ao ouvir falar em baile. O mesmo não aconteceu comigo. Eu, que adorava dançar, pensei: "Está pra mim!". Pensei mas não disse, não seria oportuno mostrar entusiasmo por uma coisa que deixara Jorge de tão mau humor.

Conhecera-o dançando, compenetrado, na boate Bambu, em São Paulo, e desejara naquela noite — por que negar? — ser a jovem a quem ele abraçava, o rosto metido em seus cabelos. Nunca mais tivera ocasião de vê-lo deslizando ao som da música, num salão. Nesse domingo, eu iria à forra. Dançaríamos até não podermos mais; tanto, que ele esqueceria seu desgosto.

Pela estrada esburacada, o primeiro carro tomou a dianteira, ganhou distância, sumiu de nossa vista em meio à nuvem de poeira que levantava em sua carreira doida. Deviam ser os arautos que iam à frente a anunciar que o convidado de honra já estava a caminho, prestes a chegar.

Num galpão enorme de madeira, telhado de zinco, a orquestra pegava fogo! Ouvia-se à distância a música animada. Na calçada em frente, aglomeravam-se centenas de pessoas, gente do povo.

À nossa entrada no barracão, a música cessou, dando lugar a um rufar de tambores e um toque seco de pratos; os pares interromperam a dança, aguardavam na pista. Uma voz pausada e forte anunciou pelo microfone a presença do: "Deputado do Povo, Jor-ge A-ma-do! Acompanhado de sua excelentíssima companheira!". Corei pelo excelentíssima. Palmas ensurdecedoras, mil olhos a nos fitar. Novo e rápido silêncio; ainda uma vez o locutor tomava a palavra:

— E agora, o nosso Jorge Amado e sua companheira vão dançar uma valsa especial! — Novos aplausos. — Vamos fazer a roda, minha gente!... — comandava.

Nem bem o homem terminara de falar, a orquestra pôs-se a ensaiar novos acordes; de mãos dadas o povo fez a roda, o picadeiro enorme e vazio ali estava à nossa espera. Horrorizado, diante do anúncio inesperado, Jorge pedia desculpas, não podia dançar pois não sabia... Olhei-o assombrada. Por que mentia? Apertei-lhe o braço, tentando arrastá-lo para a pista:

— Vam'bora, Jorge, vamos dançar! — Jorge continuava inflexível diante de minha insistência, diante da pressão generalizada.

— Por que é que você não quer dançar? — perguntei-lhe novamente, e ainda uma vez insisti: — Vamos, Jorge... Vão pensar que é pouco caso...

A resposta entre dentes foi ríspida e seca:

— Não danço porque não sei dançar... muito menos uma valsa... não insista mais, por favor...

Calei-me desapontada. A pressão continuava, o povo aplaudindo e gritando:

— Dança, dança, dança...

Derrotado, Jorge acabou fazendo uma concessão:

— Muito bem... mas toquem uma marcha para que todo o mundo dance também...

A valsa cedeu lugar a uma velha e famosa marcha carnavalesca de Lamartine Babo: "O teu cabelo não nega, mulata...". Saímos enlaçados entre o povo.

Ao afirmar-lhe mais tarde que o conhecera dançando, lançou-me um olhar maroto:

— Tem certeza? Que horror! Eu dançando? Não me lembro absolutamente disso... eu devia estar bêbado que nem uma cabra...

Em meio a uma risada, saiu-se com uma provocação:
— Me diga uma coisa: pelo menos a moça era bonita?
Não gostei da gozação:
— Horrenda! — respondi-lhe.
Nesse barracão de São João de Meriti, tive pela primeira e última vez a honra de dançar com Jorge (seria mesmo dança, aquele arrasta-pé?). Nunca mais, em parte alguma, em nenhuma circunstância, ele voltou a conceder-me o prazer de uma contradança.

LUTO NO ÓPERA

Estirada em seu largo leito, Lalu lia *A dama das camélias*; a seu lado, o gato Professor dormia sobre uma almofada macia. Lalu não me viu entrar. Desligara o aparelho, recolhera-se ao silêncio para ler tranquilamente. Lalu aprendera que aparelho ligado o tempo todo custa um dinheirão, as pilhas caras acabando num instante. "Pra que desperdiçar dinheiro?", justificava-se.
Bati em seu ombro. Lalu voltou-se para mim; apontei-lhe o interruptor:
— Liga o aparelho!
Sorrindo, ela me disse:
— Tu está aí, fia? Tava mesmo pensando em tu. Toda vez que leio este livro..., a moça da história se parece com tu... Ela também sofre o diabo, com saudades do filho!
Eu nunca lhe falara das saudades curtidas sozinha. Como adivinhara? Como sabia? Certamente supunha. Beijei-a.
Apontei-lhe a sacola de frutas que depositara sobre a mesa. Mas Lalu não me pareceu interessada, pois não se levantou para examiná-las e guardá-las, como de hábito. Tinha

uma grande notícia a me dar, coisa mais importante do que a sacola de frutas. Assumindo um ar fúnebre, Lalu começou o relato:

— Tu nem pode imaginar! Este hotel está de luto desde ontem. Encontraram dona Agda morta no banheiro. Ela estava trancada lá dentro fazia um tempão. O pessoal, avexado para tomar banho, cansou de esperar; começaram a bater na porta, e nada de resposta. Tiveram que arrombar e encontraram a pobrezinha morta. Dona Agda estava enrolada numa toalha, caída de bruços no chão, a bunda toda de fora...

Impressionada com a notícia da morte repentina da pobre senhora, especialista em ouvir conversas alheias pelo telefone, perguntei a Lalu se havia sido um colapso cardíaco.

— Não sei se foi coração, não. Mas uma coisa é certa: ela devia sofrer de diabete... — Explicou: — Açúcar demais no sangue. Ela estava com a boca cheia de formigas... Na certa atrás da baba doce da defunta...

Ao chegar ao detalhe final, Lalu fez uma careta de asco. Continuou:

— João, o besta, foi lá espiar e voltou impressionado com as formigas. Eu bem que disse a ele que não fosse, mas João é teimoso... — baixando o tom de voz, quase confidencial, Lalu prosseguiu: — João me contou que dona Agda não era tão velha como parecia, tinha a pele do corpo ainda lisa... que a pele da bunda dela chegava a parecer porcelana... Veja no que ele foi reparar! Na bunda da outra... João está muito sentido, passou a noite sonhando com dona Agda, com as formigas, com a bunda... Eu já avisei que não tomo mais banho naquele banheiro. João disse que não vai mais trancar as portas, nem a do banheiro nem a da latrina. Ele saiu muito cedo hoje, pra se distrair um pouco, na certa foi contar o caso para Pedro Amado, lá na Manon.

A conversa continuou sobre as qualidades e os defeitos de dona Agda, defeitos que após sua morte começavam a transformar-se em virtudes.

Esgotado o assunto fúnebre, entrei em outro mais ameno: contei-lhe da festa em São João de Meriti.

OS MUROS DO COLÉGIO

Boa e distraída história, oportuna para aquele momento tenso, a da festa da véspera. Tratei de apertar Lalu, fazê-la responsável pelo fracasso de Jorge na dança, provocá-la a contar histórias do filho, como gostava de fazer e eu de ouvir.

Falei-lhe no vexame que Jorge me fizera passar ao recusar-se a dançar comigo numa festa popular, onde o povo o aplaudia... Lalu levou a sério a minha zanga, mas não perdeu o pé:

— Mas se ele não sabe dançar, como é que tu queria forçar o pobrezinho?

Contendo o riso, disse-lhe:

— Se Jorge não sabe dançar foi porque a senhora não ensinou...

Lalu desculpou-se:

— Meu filho saiu de casa muito cedo. Tivemos que mandar ele com onze anos para um colégio interno, colégio de padres, o Antonio Vieira, na Bahia. Lá em Ilhéus, onde a gente morava, não tinha escola que prestasse pra ele, fomos obrigados...

Mais uma vez Lalu se referia a Salvador dizendo Bahia, coisa que me intrigava:

— Por que é que a senhora chama Salvador de Bahia? Ilhéus também não é Bahia, dona Eulália?

Lalu não gostava de ser chamada à atenção:

— Mas que sujeitinha pedante! Então tu não sabe que os baianos só chamam Salvador de Bahia? Foi sempre assim. Não vai mudar agora.

Lalu estava interessada na conversa interrompida:

— Agora tu vê, num colégio de padres, como é que o menino podia aprender a dançar? E padre dança? — Ela mesma respondeu: — Só se for escondido... Jorge ficou interno nesse colégio até os treze anos. Saía todos os domingos, passava o dia na casa dos tios, Fortunato, meu irmão, e Zizinha, minha cunhada. Ia à matinê com os primos, Milton, Noca, Elsa e Stela. Passava as férias com a gente em Ilhéus, ia para a fazenda com o pai; era uma festa a chegada de meu filho! Sempre que ele aparecia nas férias, vinha magro de fazer dó. Também, não comia as comidas do colégio, nem as coisas que a gente mandava: caixas de doces, bolos, biscoitos... dava tudo para os colegas. A carne que serviam nas refeições ele escondia pra dar depois, de noite, pros cachorros que tomavam conta do colégio. Cada cachorrão brabo de fazer medo, verdadeiras feras, tudo solto no pátio. Jorge esperava o pessoal dormir e aí levava a carne para eles. Dava pelas grades. Em pouco tempo ficaram amigos. Meu filho é muito amoroso com os bichos. Sempre foi.

Nesse dia a "sujeitinha pedante" parecia estar a fim:

— Eles ficaram tão amigos dele, não é, dona Eulália? Deixavam até que ele escalasse o muro para sair durante a noite... Eu ouvi umas conversas a esse respeito...

Lalu era forte, me vencia:

— Pulava o muro e fazia ele muito bem. Você queria que o menino ficasse preso lá dentro, o tempo todo, comendo pão dormido? Ele escapulia pra comprar pão saído do forno, de madrugada, quentinho como ele gostava. Trazia pão também pros cachorros, que já sabiam e ficavam esperando por ele, de rabo abanando... É isso mesmo. Ele fazia muito bem de pular o muro!

O FUJÃO

Não parei ali, fui adiante:

— Parece que aos treze anos ele fugiu do colégio, não foi, dona Eulália?

Lalu se danou:

— Que fugiu o quê, menina! Meu filho nunca fugiu de nada! — Lalu estava com toda a corda, a palavra *fugiu* a picara fundo. — Ele foi passar as férias com nós lá em Ilhéus. De volta pra Bahia, resolveu não continuar mais naquele colégio, que era uma verdadeira prisão. Decidiu visitar o avô, pai de João, lá em Sergipe. Com o dinheiro que nós demos para pagar o trimestre, ele comprou presentes para o velho, comprou a passagem de trem. O burro do avô nem estranhou quando viu o neto chegar, assim fora de hora, lá em Itaporanga; não avisou a gente. Ficou contente com os presentes que recebeu, com as festas que o neto organizou por lá. João mais eu, lá em Ilhéus, bem do nosso, pensando que o menino estava no colégio, e ele lá longe se divertindo. Até uma conferência fez. A conferência foi em praça pública, e o velho José Amado, todo orgulhoso do neto, foi assistir. Como não tinham cadeiras para sentar, nem tampouco bancos, ele levou uma caixa vazia de querosene pra sentar em cima. Parece que a conferência foi um sucesso! Até que um dia, tempos depois, apareceu um amigo nosso, contando que tinha assistido à tal conferência de Jorge em Itaporanga. João se danou! Tomou um ferro! Começou a esbravejar, a ameaçar, que dava uma surra nele quando voltasse, que isso, que mais aquilo. Mas eu aquietei ele logo: "Tu dá uma surra em quem? Em meu filho tu não toca, não encosta a mão!". Foi aí que mandamos chamar Firmo, meu irmão, pra ir buscar Jorge. Firmo, coitado, ia ser padrinho do casamento de nossa sobrinha Nair, não pôde prestar esse favor para nós. Quem trouxe Jorge foi Álvaro, irmão do João. — Lalu fazia um parêntesis: — Tu pensa que João alterou a voz com Jorge? Hum! Tratou ele nas palmas das mãos! Falou manso com o filho, dizendo que se ele não quisesse mais voltar para o Antonio Vieira, não era obrigado. Jorge passou uns tempos na fazenda e depois voltou para a Bahia, onde se matriculou no Colégio Ipiranga. Bem moderninho ainda, Jorge estudava e trabalhava num jornal. Um dia nós recebemos uma revista chamada *A Luva*, onde tinha uns versos de Jorge. João ficou que nem sabia onde se meter de alegrias! Aquela revista passou de mão em mão, João mostrando a todo o mundo! Jorge sempre gostou de ler, desde pequeno vivia grudado nos livros. Depois pegou gosto em escrever; esse era o destino dele. Nunca teve tempo para aprender a dançar. Já com James e Joelson foi diferente. Eu botei os dois, ainda rapazinhos, numa escola de dança, na melhor que existia aqui no Rio. Aprenderam que foi uma beleza! Tenente acabou professor de dança... de graça, pra ajudar à diretora, uma gringa bonitona e muito educada.

 Ao chegar, na hora do almoço, seu João trazia de volta o assunto da morte de dona Agda. Tirando o paletó e a gravata, rosto contrafeito, o Coronel se dirigiu a mim.

 — Eulália já te contou tudo, não? Fiquei muito sentido, essa alemã era uma boa pessoa...

LALU PREFERE O HOTEL

Vendo o Coronel deprimido com a morte de dona Agda, Jorge e eu tivemos uma ideia: afastar os dois, pelo menos por uma temporada, daquele hotel, levá-los a morar conosco no sítio.

Diante do convite, Lalu reagiu logo, não gostou da proposta: — De roça já estou farta! Deus me livre sair daqui! Neste hotel estou de grande. Cansei de lidar com casa e com empregadas, já trabalhei demais na vida, agora eu quero é sossego.

Não adiantou nada eu lhe explicar que não era minha intenção fazê-la trabalhar; no sítio ela continuaria descansando.

— Pois eu prefiro ficar aqui — retrucou Lalu. — Este hotel é uma distração! Não preciso nem sair para me distrair... Por aquelas janelas da Beneficência Portuguesa, ali em frente, eu posso até ver os médicos fazendo operações. — Puxou-me pelo braço, indicando-me com o dedo uma janela distante: — Ali, olhe.

O pavilhão, de janelas abertas, através das quais Lalu dizia assistir às operações, estava localizado em meio a um jardim a uma boa centena de metros da sacada do quarto dos velhos.

— E a senhora consegue assistir a operações daqui, dona Eulália? — admirei-me.

— Tá! Ora se! Tu nem imagina as coisas que vejo... Os médicos cortando a barriga das pessoas, tirando cada baciada de tripas, de tumores, sangue de não acabar... Eles ficam com o avental todo encharcado... Daqui de minha janela, só vou reparando nas enfermeiras passar, pra cima, pra baixo, carregando as bacias cheias... — Com os braços em curva, imitava o formato da bacia.

Sentado de costas para a mulher, a fazer paciência, seu João ouvia seu relato e ria, risada rouca e grave. Aparteava monologando entre dentes:

— Eta mentirada danada! Não sei que necessidade essa mulher tem de inventar essas coisas...

Enquanto falava, Lalu desligava o aparelho, medida de economia; por isso não ouvira o aparte do marido, continuava encantada com o meu espanto, voava no mundo da fantasia:

— Não sei como tu aguenta ficar morando naquela lonjura, sem ver nada... Jorge parece que perdeu o juízo! Fica lá, de cócoras, horas e horas a fio no meio das galinhas...

— Refrescando a cabeça! — gritou o pai e apenas eu o ouvi.

— Toda vez que Jorge escreve um livro — prosseguiu Lalu —, arranja uma distração besta. Uma vez, tu ainda não conhecia ele, ele estava escrevendo um romance e toda hora parava, ia pro quintal, ficava abaixado junto de um formigueiro, vendo o carreiro das formigas. Jogava pedaços de folhas de plantas, miolo de pão, pelotes de açúcar, um bocado de coisas, para ver elas carregar. Agora se pegou com as galinhas... — suspirou resignada.

Depois de uma pausa, fixou-me séria:

— Tu gosta muito de meu filho, não? — Lalu chegara a essa conclusão.

Nem mesmo pressionada por Jorge, Lalu cedeu. Do hotel não arredaria pé. Aceitava passar os fins de semana, como de costume, mas com volta garantida na segunda-feira.

19 DE SETEMBRO DE 1946

Naquele dia seria promulgada a Constituição da República. Entrariam em vigor leis mais democráticas e liberais que o Brasil já tivera após a Proclamação da República, em 1889.

Jorge estava satisfeito, valera a pena ter permanecido no seu posto, cumprindo o mandato, apesar de não sentir vocação parlamentar e de manter o seu pedido de renúncia.

A nova Constituição, realmente democrática, garantia ao povo o direito de respirar livremente, liberdade de imprensa e de pensamento, liberdade religiosa e liberdade de organização com o funcionamento legal dos partidos políticos de todas as tendências.

Pendurado a um cabide, junto da janela, um vestido de seda estampada tomava sol. Lalu o usaria naquela tarde, quando, no Palácio Tiradentes, mais uma vez aplaudiria o filho, quando ele assinasse o texto da Constituição em cuja elaboração colaborara. O terno do Coronel também estava de prontidão, escovado, arejando ao sol.

AMBROSIA PARA OS FILHOS

De pé, junto a um fogareiro a álcool, com uma colher de pau, Lalu revolvia algo numa leiteira de alumínio.

— Estou fazendo uma ambrosia — explicou-me, sem parar de mexer. — Tenente vai chegar hoje de Ilhéus. Ele é doido por esse doce. Sempre que Tuna vem — Tuna era outro apelido carinhoso que ela dava ao seu caçula — eu faço um tigelão pra ele e outro pra Joca, que também gosta muito.

Eu já ouvira falar em ambrosia, mas nunca a provara.

— Está aí um doce que tu deve fazer sempre — disse-me. — Com tantos ovos se perdendo lá no sítio — lembrei-me do "aipim se desperdiçando" —, tu devia fazer muitos doces para teu marido: ambrosia, bolo Cruz Vermelha, fios de ovos,

quindins... Tu precisa tratar ele bem... Tu só faz pão de ló... Eta bolo mais desgraçado de ruim!... Bolo mais pinoia! Não dá trabalho pra fazer mas que adianta? Não presta...
— Jorge adora pão de ló, dona Eulália, ele me pede sempre para fazer... Pergunte a ele!
— Adora o quê! Come porque não tem outro! Quando eu tinha casa, fazia cada bolo Cruz Vermelha que ele se regalava! Quando o bolo estava quase assado, dourado, se partia em cima em forma de cruz! João chegava a lamber os beiços...
— Igual ao bolo de puba?
Lalu se divertia:
— Foi tu que não soube fazer, moleca! — ria de perder o fôlego ao lembrar-se do meu insucesso.
— Está bem. A senhora então vai me ensinar a fazer o bolo Cruz Vermelha. No sábado que vem, lá no sítio, nós duas vamos fazer o bolo, assim eu aprendo.
— Hum! Tu pensa que é assim, é? Pra fazer esse bolo precisa de muita coisa: coco, farinha do reino, manteiga, fermento, baunilha...
— Ora, dona Eulália, isso não é problema. Eu tenho tudo lá em casa.
— E quem é que vai ralar o coco?
— Eu, claro! — Escaldada com a experiência da puba, punha abaixo todas as barreiras que Lalu levantava, disposta a pô-la à prova.
— E tu sabe lá ralar coco? Sabe o quê! — ela perguntava e ela mesma respondia.
— Por que é que não hei de saber? Em São Paulo eu não fazia outra coisa senão ralar coco...
— E em São Paulo tem coco? Tem coisa nenhuma!
— Em São Paulo? Claro que em São Paulo tem coco! O que é que São Paulo não tem? Os cocos de lá, dona Eulália,

são os melhores do Brasil! Os mais maravilhosos... — eu também estava a fim de me divertir — São Paulo fornece cocos para todo o Brasil! A senhora não sabia? Pois até para a Bahia São Paulo manda cocos...
Retirando do fogo o recipiente com o doce e colocando as duas mãos na cintura, Lalu me encarou:
— Eta! Que conversa de sotaque! Tu pensa que eu não estou reparando no debique? Hum! Não sou besta, não!
Caí na gargalhada, Lalu não teve outro jeito senão rir comigo. Eu aprendera boa lição com o bolo de puba. Desconfiada de que o tal Cruz Vermelha não passasse de pura invenção sua, não discuti mais. Encerrei o assunto, deixando tudo acertado para o sábado seguinte.
Precisava sair, faria umas compras antes de apanhar Jorge no escritório parlamentar do partido, na avenida Rio Branco. Almoçaríamos num restaurante da cidade com o deputado Carlos Marighella. Ao despedir-me, recomendei a Lalu que guardasse um pouco de ambrosia para mim.

TARDE PIASTE

Voltei ao hotel depois do almoço; acompanharia os velhos, à tarde, ao Palácio Tiradentes. Combinara com Lila, ela viria ao Ópera para ir conosco ver o pai assinar a Constituição.
Entrei no quarto, reclamando pelo meu doce:
— Não quis sobremesa no restaurante, deixei para comer aqui a sua ambrosia, dona Eulália.
Fitando-me entre o sorridente e o sério, Lalu recitou-me a seguinte frase:
— Tarde piaste na barriga da cigana!

Esperou minha reação. Eu não entendi, aquela frase nada me dizia:
— É um ditado baiano, dona Eulália?
Lalu se iluminou:
— Baiano o quê, menina! É cigano! Eu aprendi com uma cigana e eu uso ele quando alguém chega atrasado... Tu chegou tarde e o doce já se acabou...
— James comeu tudo? — quis saber.
— Tuna ainda não chegou. Eu separei uma tigela pra ele e outra pra Joca e não sobrou nada. O leite era pouco — desculpou-se —, deu só um tiquinho. A tigela de Tenente está guardada separada, escondida, senão Joelson come a dele e a do irmão também... — riu.
Calada a ouvia, calada continuei, não ri, não lhe perguntei mais nada. Ao dar-se conta de que eu ficara sentida — como diria minha mãe —, tratou de me agradar contando uma história, a da cigana:
— Tu sabe? Quando a gente morava em Ilhéus, Jorge ainda era pequeno, eu costumava botar duas, três galinhas de vez pra chocar. Nos ninhos do quintal sempre tinha galinha chocando, pintinhos nascendo. Jorge era louco pelos pintinhos... Um dia, eu estava na cozinha e olhei por acaso pela janela que dava para os fundos e vi uma cigana dentro do meu quintal, futucando um ninho. Negro Valentim já tinha me prevenido que um bando de ciganos estava acampado ali por perto, que eu tomasse tento. Saí ligeira pro quintal, na intenção de botar a cigana pra fora, mas quando eu ia chegando junto dela, vi a burra com um ovo na mão, o pintinho pronto pra nascer... "Deixa esse ovo aí!", gritei. Em vez de deixar o ovo, a peste, mais do que depressa, bateu com ele na quina do caixote e, glup!, mandou pra baixo! Eu ainda ouvi o pio do pintinho passando pela goela da desgraçada, que só fez dizer: "Tarde piaste

na barriga da cigana!'". Foi embora, rindo de mim. Desde esse dia eu repito sempre isso pra quem chega atrasado.

Feliz de me ver embasbacada diante de sua história, Lalu ria, o rosto iluminado. Preparava-me uma surpresa:

— Abra a porta daquele armário ali... — apontava-me a camiseira.

Dentro de um compartimento que ela reservara para guardar louças e talheres, encontrei a leiteira de alumínio toda melada de ambrosia.

— Guardei a raspa para você. É o melhor do doce. É pouco, mas foi o que sobrou. Nem João provou dele.

— Nem deste, nem de nenhum que ela faz para os filhos — manifestou-se o Coronel, que até então permanecera calado, na leitura de um jornal. — A senhora está cotada, dona Zélia. Parabéns!

Resolvi tirar a limpo o assunto "bolo Cruz Vermelha":

— Não se aborreça de não ter provado da ambrosia, seu João; neste fim de semana o senhor vai se regalar lá em casa com um bolo que o senhor adora: o Cruz Vermelha.

— Cruz Vermelha! Que diabo é isso? — admirou-se o Coronel.

— É o bolo que dona Eulália vai me ensinar a fazer...

O velho balançou a cabeça:

— Lalu, é? Vai lhe ensinar? Está bem... — Voltou à leitura, rindo sua risada rouca.

Inocente, Lalu sorriu — não ouvira o nosso diálogo; como de hábito desligara o aparelho:

— Coma, que está gostoso — recomendou-me. — Depois me lave a leiteira, viu, fia? Tem tudo ali no canto, numa latinha: sabão, sapólio, esponja...

LARANJAS E FORMIGAS

Ao comprarmos o sítio, a safra de laranjas já havia terminado. Com o tempo, nossas laranjeiras, cerca de oitocentas, voltaram a produzir. Dava gosto vê-las, carregadas de frutas maduras, no ponto de serem colhidas. Laranjas-peras, tipo exportação, pele lisa e fina, suculentas e perfumadas. Os húngaros, antigos proprietários, nos haviam explicado — argumento para valorizar sua propriedade — que, na época da safra, apareciam caminhões de uma companhia exportadora de frutas e seus funcionários compravam a produção toda. Não nos disseram quanto pagavam pela caixa, nem nós nos lembramos de perguntar. Pelos meus cálculos otimistas, receberíamos uma soma substancial. Baseava-me nos preços das mercearias do Rio, onde frutas que não chegavam aos pés das nossas custavam um absurdo.

Esse dinheiro chegaria em boa hora, pois o número de aves em nosso galinheiro aumentava a cada dia, aves nascidas de galinhas e de chocadeiras, outras compradas. Os sacos de ração e de milho esvaziavam-se rapidamente. Se a despesa com as aves era enorme, a manutenção da plantação, na limpeza e no combate à saúva, era maior ainda. Pagávamos um homem para capinar e localizar formigueiros, em nosso e em outros terrenos das redondezas, a fim de exterminá-los com formicida, ou melhor dizendo, para manter as formigas a distância. Despesas e trabalho que não adiantavam muito, pois elas retornavam sempre. Vivíamos em constante vigília, atentos aos ataques das saúvas. E ai de nós se descuidássemos! Numa só noite pelavam dezenas de árvores, sendo a folha da laranjeira o manjar de sua predileção.

Chegavam à noite em carreiro largo; uma faixa negra,

espessa, formigas enormes, umas junto às outras, em busca de alimento. Carreiro que se estendia por quilômetros, vindo de "panelas" distantes. Pela madrugada, ao clarear o dia, regressavam aos seus formigueiros, e a larga faixa, que fora negra poucas horas antes, tornara-se verde. Verde serpente, gigantesca, ondulante, a distanciar-se lentamente, cada saúva transportando em seu dorso folha infinitamente maior que seu corpo.

Empunhando tochas de fogo, feitas com jornal torcido, Jorge, eu e toda a família de seu Antônio tentávamos exterminá-las, sem sucesso.

PRODUTOR — INTERMEDIÁRIO — CONSUMIDOR

Seu Antônio avisara-me de que os compradores de laranjas já andavam pelas imediações. Por isso deixei de acompanhar Jorge ao Rio, mesmo sabendo que ele não poderia vir dormir em casa nas duas noites seguintes. Precisava esperar os homens que nos comprariam os frutos. Recomendei a seu Antônio que ficasse de olho na estrada e ouvido atento aos ruídos de carro. Os representantes dos exportadores demoravam a aparecer e eu aflita, passando as noites sozinha, tendo como companhia e distração os livros e Floro. Inteiramente adaptado à vida do campo, Floro imitava as galinhas na perfeição, cantava feito galo, chamava seu Antônio e Nina, latia como Chuli.

Por fim, no terceiro dia, os caminhões buzinaram no portão, repletos de caixotes vazios e de trabalhadores prontos para a colheita. Na boleia, o representante comprador da empresa exportadora.

Sem muita conversa, objetivo, o homem foi direto ao assunto, oferecendo-me uma ninharia pelas frutas. Achei pouco o que ele oferecia, uma miséria... Tentei discutir. O homem era tarimbado:

— Nosso preço é esse... é o que pagamos...

Não estava para discussões, tinha pressa. Não havia outra alternativa: ou vende ou deixa a fruta apodrecer no pé. Não existiam outros compradores. Quanto à tangerina e à toronja, ele nem quis ouvir falar. Os trabalhadores invadiram o sítio e em pouco tempo depenaram as árvores.

Revoltada comigo mesma por me ter submetido àquela exploração — coisa incompatível com a minha formação —, tirava uma lição daquela experiência: uma coisa é ter conhecimento teórico dos problemas, de fora para dentro, e outra coisa é senti-los na própria carne. Estava farta de ler e ouvir falar sobre "triângulo produtor-intermediário-consumidor", onde o segundo, o intermediário, em geral leva a parte do leão, ao passo que o último, o consumidor, leva a pior... Agora, com grande surpresa minha, descobria-me na pele do produtor, a outra vítima, à qual nunca dera atenção. Além do mais, pequeno produtor.

Não consegui, durante muito tempo, esquecer a cara do homem a estender-me o dinheiro no fim da colheita, como se me desse uma esmola. Compreendi, então, por que os proprietários dos sítios vizinhos não ligavam para a devastação causada pelas saúvas em seus laranjais.

Felizmente, naquela noite, após a sessão da Câmara, quando já não o esperava, Jorge chegou. Estava preocupado comigo ali sozinha. Partiríamos daí a três dias para Pernambuco e Ceará. Jorge ia dar uma força na campanha eleitoral que estava se iniciando.

Zélia Gattai, nos anos 40, época em que conheceu Jorge Amado

Os irmãos Dina e
Ernesto Gattai,
tia e pai de Zélia

Zélia com as irmãs, Vera e Wanda

Letícia Lacerda e Rubem Braga (atrás); Lurdinha, Arnaldo Barbosa, Isabel Mendonça, Zélia e Suzana Rodrigues (na frente) nos anos 40

Zélia com o filho Luiz Carlos – nome dado em homenagem a Prestes

CHAMOU O SR. GETULIO VARGAS DE «MORCEGO DE ASAS FRIAS» E TEVE DE ABANDONAR A CARREIRA CONSULAR

NERUDA DEFENDE PADILLA E ACUSA WINSTON CHURCHILL

O poeta e senador chileno, que ontem chegou a S. Paulo, vai escrever um poema sobre o Brasil

Pablo Neruda chega a São Paulo, para o comício em homenagem a Luiz Carlos Prestes, no Estádio do Pacaembu. Foram recebê-lo no aeroporto: Jorge Amado, Paulo Mendes de Almeida, James Amado, Rossine Camargo Guarnieri, Maria Eugênia Franco e Anna Stella Schic

No Instituto de Música, no Rio de Janeiro, Prestes (direita) entrega a credencial de membro do Partido Comunista a Candido Portinari, em 1946. São aplaudidos por Graciliano Ramos (sentado), Aydano do Couto Ferraz, Dalcídio Jurandir, Pedro Motta Lima e Álvaro Moreyra

Como deputado federal, Jorge assina a Constituição de setembro de 1946

Os irmãos James e Jorge com Lila, filha do primeiro casamento do escritor, anos 40

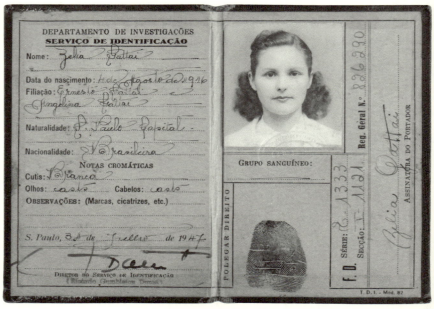

Carteira de identidade

Em 1952, Zélia fotografa Pablo Neruda e o casal Heloísa e Graciliano Ramos

Lançamento da edição portuguesa, em 1984

O coronel João Amado e dona Eulália, pais de Jorge, em 1961

Dona Eulália, ou Lalu, com as noras Luiza, Fanny e Zélia

VIRGEM DA CAPISTOLA

Eu ficara excitada com a notícia da viagem ao Norte. Sugeri a Jorge que seria ótimo se pudéssemos ir também à Bahia. Tinha imenso desejo de conhecer a terra dele, a Bahia que ele tanto amava e louvava, a sua paixão.

Jorge entusiasmou-se com a ideia, fez cálculos, confabulou com o pessoal do partido, que lhe dera a tarefa da viagem, acabou conciliando as coisas. Passaríamos dois dias em Salvador, na ida para Recife, aonde devíamos chegar a tempo para o comício do candidato das esquerdas a governador de Pernambuco, o engenheiro Pelópidas Silveira.

Lalu e o Coronel preparavam-se para as costumeiras férias de dois meses, no Sul da Bahia. Iriam diretamente a Ilhéus, sem passar pela capital. O Coronel prelibava a viagem à fazenda, seu reduto.

Ao saber de nossa ida à Bahia, Lalu chamou-me de lado, fez-me uma encomenda:

— Se tu encontrar lá na Bahia, em algum antiquário, a imagem da santa de minha devoção, eu queria que tu comprasse, viu, fia? A que eu tinha se perdeu nas mudanças e aqui eu não encontro outra. Na volta eu te pago. Mas não vá dizer a Jorge — recomendou-me —; os homens são muito avexados, não entendem dessas coisas. Não diga a meu filho, viu? — recomendou-me novamente.

O interesse de Lalu pela imagem me surpreendeu. Tinha minhas dúvidas sobre o seu catolicismo. Jamais a vira ir à missa. Interpelada, explicara:

— Que diabo vou fazer na igreja? Rezar? Pois rezo aqui em casa mesmo, não vou perder meu tempo. A oração vale a mesma coisa, tanto aqui quanto na igreja...

Um dia eu lhe perguntei:

— A senhora se confessa, dona Eulália?
— Se eu me confesso? Hum! Sou maluca de dar conta de minha vida a um homem que nem conheço? — Lalu lembrou-se de uma história: — Uma vez, um padre, amigo de minha sobrinha Lilita, me disse que depois que o corpo morre, a alma continua viva, fazendo de um tudo; ele me disse até que as almas trabalham, veja! Aí eu me danei e disse a ele: "O senhor me desculpe, mas não vou trabalhar depois de morta, não! Deus me livre! Chega o que já trabalhei na vida!". O descarado do padre achou graça de minha franqueza, riu. Mas deixei tudo claro: trabalhar, nunca mais!

Lalu possuía uma imagem de santo Antônio, de quem se dizia devota e a quem tratava por Tonho, com toda a intimidade. De vez em quando acendia uma vela junto à imagem e aconselhava-me a fazer o mesmo, dizendo que era muito bom, sem dar-me outras explicações.

— E o nome da santa que devo comprar em Salvador?
— Ela se chama Virgem da Capistola. Na certa tu nunca ouviu falar nela... É uma santa muito antiga... Xiii! Dos tempos que mãe era menina. Creio que Virgem da Capistola só tem mesmo na Bahia. Ela é muito milagrosa — fez uma ressalva —; pelo menos naqueles tempos era... Quando a gente morava na fazenda, lá no meio daquelas matas, jagunço atocaiado de fazer medo, era só chamar a santa na hora do perigo que ela atendia, vinha logo, nunca falhou! Em São Paulo não deve ter, não...

A SANTA DOS COQUEIROS

Realmente eu nunca ouvira falar nessa Nossa Senhora. Achara o nome muito esquisito. Especialista em mudar os

nomes das pessoas — ao poeta Sosígenes Costa, ela tratava de *seu Giges*; ao artista Mirabeau Sampaio, amigo e colega de infância de Jorge, dizia-lhe dr. *Miras-boas*; outra amiga, Giovanna, virara *Gervance*; Lalu podia muito bem ter trocado o nome da santa.
— É da Capistola, mesmo? — quis certificar-me. — Tem certeza?
Lalu não gostou de que eu duvidasse, revidou:
— Como é que tu pode duvidar de minha santa se tu não entende nada de santo?
— Não entendo? É o que a senhora pensa! Conheço santos à beça! Lá em São Paulo tem santo assim — fiz um gesto com as pontas dos dedos, fui enumerando: — Nossa Senhora da Aparecida, padroeira de São Paulo; tem até cidade com o nome dela. Aliás duas: Aparecida do Sul e Aparecida do Norte. Milhares de mulheres paulistas se chamam Aparecida.
— Empreguei um tom oratório, a voz empestada para impressionar: — Paulista, dona Eulália, é povo grato! Honra e venera seus protetores celestes. — Após ligeira pausa, prossegui:
— Me diga uma coisa, dona Eulália, existe alguma mulher na Bahia chamada Capistola?
— Deve ter... na gente do povo — disse Lalu, sem muita convicção; voltou a escutar, interessada na conversa, o aparelho ligado o tempo todo.
— Surgiu em São Paulo, quando eu era meninota — prossegui —, uma santa muito milagrosa. A santa dos Coqueiros. A senhora nunca ouviu falar?
— O nome dela era Coqueiros, era? Eta nome desgraçado de ruim pra santo... — riu Lalu.
— Não, o nome dela era Manoelina; ficou sendo dos Coqueiros porque a cidade onde ela morava se chamava Coqueiros.

— E tinha muitos coqueiros por lá? — ironizou Lalu.

Peguei o pião na unha:

— Coqueiros? É o que mais existe por lá. E de onde é que são os cocos da Bahia? Eu já não lhe falei que são comprados em São Paulo? A senhora não quer acreditar... Pois, dona Eulália, a cidade de Coqueiros abastece o Brasil todo... — Lalu quis intervir, não lhe dei oportunidade, continuei: — Mas, como eu ia lhe dizendo, Manoelina era uma moça simples, pobre. Um dia espalhou-se a voz de que ela fazia milagres. Começaram as romarias vindas de toda a parte, pessoas doentes procurando cura. Manoelina curava uma média de mil por dia...

— Eta! Mil por dia? — Lalu não continha seu espanto: — E tu acha que ela curava mesmo?

— Ora que dúvida! Era só ler os jornais e revistas para saber o que se passava por lá: era gente jogando muletas para o ar; paralíticos abandonando as cadeiras de rodas para dançar... cegos enxergando tudo... Foi daí que ela virou santa: santa Manoelina dos Coqueiros, mas o povo só dizia: santa dos Coqueiros.

Lalu esperou pacientemente que eu terminasse:

— E tu é boba assim, de acreditar nesses milagres todos? Pra mim essa mulher nunca foi santa, nem aqui nem nos infernos! Quando muito, podia ser feiticeira, bruxa. E o povo, besta, atrás dela, acreditando... Na Bahia também aparecem, de vez em quando, curandeiros da mesma marca que a tua, só que os baianos chamam eles de beatos, não chamam de santo, não! Não são doidos!

Expliquei a Lalu que não era eu quem acreditava neles, e sim o povo; para prosseguir a conversa, concedi:

— Está bem, vá lá que seja! Então a dos Coqueiros não conta, não valeu. Mas em São Paulo temos são Benedito...

Lalu acabava de perder a paciência. Interrompeu-me, não permitiu que eu prosseguisse: não me deu chance de falar nem em Nossa Senhora da Achiropita, a seguinte na minha lista de conhecimentos sacros.

— Êh-êh! Então são Benedito é paulista, é? Paulista, coisa nenhuma! São Benedito é um santo antigo, um negro dos tempos da conquista das matas, um santo do Brasil inteiro! A outra, a Aparecida, pode ser! Mas são Benedito? Faça-me o favor!...

Tentei explicar-lhe que não havia feito tal afirmativa, a de que o santo negro era paulista. Mas ela não me ouviu. Não conseguindo mais permanecer séria, pus-me a rir; desta vez Lalu não me acompanhou na gaitada. Com ar severo, repreendeu-me, repetindo uma expressão baiana, muito de meu agrado:

— Olhe essa conversa de sotaque, menina! Com negócio de santo, não se brinca, não!

Ao nos despedirmos, mais tarde, Lalu apanhou na gaveta da mesinha do marido um caderno escolar, do qual arrancou uma página; estendeu-me:

— Assente aí o nome dela, para não esquecer.

Achei graça de sua preocupação:

— Um nome diferente desses, Capistola, a gente não esquece facilmente, dona Eulália.

BAHIA

Dois dias de Bahia não davam para nada. Antes de qualquer outra coisa, queria livrar-me do compromisso que tomara com Lalu, levar-lhe a imagem. Ponto pacífico para mim, missão sagrada.

Jantamos na noite da chegada em casa de Noêmia ("não deixem de visitar Noca", recomendara Lalu, referindo-se à sobrinha Noêmia), prima de Jorge, que se prontificou a me acompanhar no dia seguinte, pela manhã, aos antiquários, enquanto Jorge atenderia a compromissos do partido. Contei a Noêmia o segredo que não podia revelar a Jorge. Temia apenas que meu dinheiro, bastante curto, não chegasse; a imagem devia custar caro. Deixaria de comprar fosse o que fosse, mas levaria a Virgem da Capistola para Lalu.

Começamos a peregrinação, Noca e eu, visitando o antiquário Jorge Tarrap. Gentil, o árabe, doutor em antiguidades, não compreendeu o que eu desejava; precisou ler o nome escrito no papel. Não, não conhecia essa santa, nunca ouvira falar. Noêmia também admirou-se. Jamais ouvira esse nome, Capistola, nem no Norte, nem no Sul da Bahia, onde possuía fazenda de cacau:

— Minha tia não teria se enganado?

Dirigimo-nos, em seguida, à Casa Moreira, propriedade de antiquários espanhóis da Galícia; o vendedor que nos atendeu leu, releu o nome escrito no papel; ele também não a conhecia... Em todo o caso, procurou certificar-se com o proprietário do estabelecimento; esboçando um sorriso depois de ler o papel, o sr. Moreira devolveu-o:

— Nunca ouvi falar...

Noca me propôs:

— Vamos então ao David. Se não tiver lá, desista.

O depósito de David ficava distante do centro, longa viagem de bonde antes de chegarmos lá. Eu desistira de explicar o que desejava, ninguém entendia. Ia direto estendendo o papel, numa linguagem de surdo-mudo. David foi categórico:

— Essa santa não existe, nunca existiu. Mas, se quiser, tenho aqui boas peças...

Depois dessa última tentativa, nada mais me restava senão voltar ao hotel, Jorge já devia estar à minha espera. Meu passeio de bonde pela orla marítima, até Amaralina, aonde Noca pretendia me levar para ali me oferecer água de coco verde — novidade para mim —, fora por água abaixo. Jorge me esperava no ponto marcado, olhando o relógio, inquieto. Por que eu me atrasara daquele jeito? Não tive outra alternativa senão revelar-lhe o segredo; talvez eu tivesse errado não lhe contando antes. Jorge podia até saber encontrar a imagem.

— Me dê aqui esse papel — estendeu a mão curioso.

Passei-lhe a folha amarfanhada, ele explodiu numa gargalhada:

— Essa minha mãe...

Desejando saber a causa daquele rir sem parar, perguntei-lhe se conhecia a santa.

— Conheço, sim... De nome... — Jorge fazia suspense.

— Só que não se trata de uma imagem...

Explicou-me, então, que o nome da suposta santa resultara de uma expressão usada nos tempos das lutas pela conquista da mata, expressão que significava um pedido de ajuda, de socorro:

— Quando, naqueles tempos, alguém se via em apuros, gritava: "Virgem! Dá cá a pistola!".

Entendi então por que Lalu me pedira tanto segredo. Receio de que Jorge me esclarecesse e estragasse sua divertida brincadeira. Era isso. Claro!

Lalu jamais soube de minha peregrinação pelos antiquários de Salvador. Não lhe dei esse gosto. Menti-lhe tranquilamente, dizendo que encontrara a imagem na primeira loja que visitara, imagem, por sinal, linda! Ficara encantada, mas não a comprara por falta de dinheiro; disse-lhe que o vende-

dor me explicara que quanto mais milagrosa a santa, mais cara a imagem.
Lalu ouviu-me em silêncio, um ar desconfiado:
— E foi? Inda bem que tu não comprou. Esse homem estava querendo te roubar... Vai ver que nem era a minha...
— Depois, assumindo um ar confidencial, quis saber: — Tu acredita em santo de pau? — Não esperou resposta: — Pois eu não acredito, não. Só creio em Jesus Cristo, em Nossa Senhora e em santos de verdade, os que vivem no céu. Esses santos de pau e de barro não valem de nada!
— Não valem de nada, dona Eulália? Então por que encomendou a imagem?
— Pra fazer companhia a Tonho, coitado! Vive tão sozinho!...

RECIFE

Jovem casal de advogados, Laís e Rui Antunes — ele, candidato a deputado estadual — nos hospedaram em sua casa, em Recife. Residência térrea, ampla, à beira do rio Capibaribe; quintal sombreado de mangueiras carregadas — as mangas maduras, de diversas qualidades, rosas, espadas e carlotas, maravilhosas, despencando-se no chão... Do outro lado do jardim, a residência dos pais de Rui, dr. Eugênio e dona Iracema, pessoas simpáticas que em seguida tornaram-se nossos amigos. Esmeravam-se no atendimento aos hóspedes do filho: dona Iracema preparando-nos pratos regionais, insistindo para que provássemos de tudo; dr. Eugênio divertindo-nos com suas histórias descontraídas.

A cidade do Recife vestia-se de festa às vésperas das eleições: faixas, com nomes de candidatos, penduradas no meio das ruas; cartazes colados nos postes e nas paredes, apresentando retratos bem-comportados dos figurões em poses especiais para a ocasião; embaixo das fotos, frases exaltando as qualidades dos políticos que pleiteavam uma cadeira na Câmara Estadual, nas eleições de 15 de janeiro de 1947; sem contar o pichamento das paredes de toda a cidade, com nome e siglas dos candidatos, muitas vezes errados, escritos por semianalfabetos.

Campanha eleitoral e festejos de fim de ano misturavam-se no centro da cidade: uns improvisando comícios-relâmpago, outros, vestidos de Papai Noel, badalando sinos e sinetas, o suor escorrendo sob improvisadas barbas de algodão, convidando os passantes a dar preferência a determinadas lojas comerciais...

Nas idas e vindas para comícios dos quais Rui Antunes e Jorge participavam, fui pouco a pouco conhecendo Recife. Rodando de automóvel, atravessando as pontes sobre o Capibaribe, passando por bairros elegantes, demorando nos bairros pobres, nos mocambos, nos subúrbios proletários. Aportávamos em Olinda, Casa Amarela, Paulista, São Lourenço, Jaboatão, onde existisse um palanque rodeado de povo à espera dos oradores.

Voltava-me à lembrança o tempo das campanhas paulistas; um tempo ainda próximo e, no entanto, já tão distante. Tudo mudara em minha vida nesse curto-longo ano de ausência de São Paulo. Alargara meus horizontes, conhecera um mundo de pessoas, fizera novos amigos. Em Recife, além dos Antunes, conhecemos e nos tornamos amigos fraternos de Doris e Paulo Loureiro, conheci Magdalena e Gilberto Freyre — já amigos de Jorge —, Ofélia e Paulo Cavalcante, Marilu e Pelópidas Silveira, amigos que continuaram vida afora em nossos corações. Um ano rico de experiências e de vida interior. Embora empolgada com a campanha eleitoral, participara dos comícios como forasteira, sem atuar, simples espectadora que aplaude. Jorge falava ao povo, era efusivamente recebido, muito ovacionado.

O comício de Jaboatão foi o maior, o mais caloroso de todos os realizados durante aqueles dias. Cidade operária, Jaboatão fora apelidada de "Moscouzinho"; devido à tendência à esquerda da maioria de seus habitantes.

Presente ao comício, o candidato ao governo de Pernambuco, Pelópidas Silveira, engenheiro ilustre, homem progressista, democrata, nacionalista, de grande prestígio em todo o estado, sobretudo no Grande Recife, recebeu, nessa noite, a consagração do povo daquela cidade industrial.

Haveria ainda um grande comício de encerramento da campanha eleitoral, mas não pudemos ficar. Devíamos partir para o Ceará, onde tarefas idênticas aguardavam Jorge.

CIDADE LUMINOSA

Surpreendente, a minha primeira impressão de Fortaleza! Senti-me envolvida de repente por uma atmosfera luminosa. E não era o sol ardente de meio-dia, a pino, o responsável pelo bem-estar que sentia diante da claridade quase dourada, transparente, suave. Na Bahia e em Pernambuco, sol idêntico, causticante, não me causara o mesmo efeito.

Médico de Fortaleza, o dr. Pontes Neto — candidato a deputado na chapa do PC às eleições que se aproximavam — integrava a comissão que nos aguardava no aeroporto. Seríamos seus hóspedes.

Na casa do dr. Pontes Neto não havia camas. A família toda — inclusive seus filhos pequenos — dormia em redes, armadas nos quartos. Para não faltar à verdade: os donos da casa haviam reservado, para eventuais hóspedes, um quarto com cama de casal. Jorge foi logo dizendo que preferia dormir em rede, habituado a ela desde criança; segui-lhe o exemplo, embora nunca tivesse dormido antes em rede. Devia ser mais fresco.

No sobrado de dois andares, repleto de crianças, com os anfitriões simpáticos e atenciosos, sentimo-nos à vontade.

Logo em seguida à nossa chegada, Stela, prima de Jorge, irmã de Noêmia, nos telefonou; convidava-nos para jantar com ela e Banvard, seu marido, médico e dono de um laboratório de análises. Moravam na Aldeota, o bairro mais chique da cidade. Combinamos um encontro para o dia seguinte. Naquela noite não podíamos aceitar o convite dos primos, pois a casa de nosso hospedeiro estaria cheia de gente, visitas para Jorge.

Pela tarde começou o movimento: chegavam pessoas para apresentar votos de boas-vindas; jovens poetas, trazendo seus livros, desejosos de conversar sobre literatura. Vieram também velhos amigos de Jorge, escritores e livreiros, contaram histórias divertidas. Tão fatigada estava ao deitar-me, que nem estranhei a rede, dormi profundamente, acordando com o sol alto a entrar pelas janelas abertas.

A MILAGROSA PRAIA DE IRACEMA

Jorge estaria ocupado pela manhã, com uma reunião partidária onde receberia as diretivas para o programa a seguir no Ceará. Aproveitei para ir com Stela à praia de Iracema, para um banho de mar. Stela me perguntara se não desejava ter outro filho. Claro que eu desejava, era tudo o que eu queria, mas até aquele momento, decorridos quase dois anos de minha união com Jorge, não engravidara. A vinda de um filho talvez me ajudasse a suportar as saudades que sentia de Luiz Carlos.

— Pois então venha tomar um banho de mar na praia de Iracema. Depois do banho, uma deitada na rede, e... tiro e queda, não falha! Garanto que você volta para o Rio grávida!

— riu Stela, maliciosa.

Tive pena de Jorge não poder nos acompanhar, de não estar comigo ali. Ele haveria de gostar, assim como eu, de banhar-se naquele mar cantado por José de Alencar, escritor da sua grande estima. Naquelas águas, "de líquidas esmeraldas", Alencar levara Iracema, "a virgem dos lábios de mel", a se banhar.

Lembrei-me também de minha mãe — leitora e admiradora do célebre escritor cearense —, que adorava recitar um trecho de *Iracema*, fazendo-o com ênfase e gestos, largos gestos à italiana — dona Angelina dava vazão ao seu pendor pela arte dramática: "Ó verdes mares bravios de minha terra natal!...". Certa vez, ainda menina, resolvi provocá-la e a interrompi quando ela estava em plena declamação:

— Mãe, o mar de sua terra natal não ficaria, por acaso, nos Alpes, lá no Cadore?

Escapei a tempo de levar um peteleco bem dado.

Havia agora de contar a mamãe, quando fosse a São Paulo, que eu também me espalhara recitando: "Ó verdes mares...", na praia de Iracema, num banho de evocações e de esperança. Só não lhe diria — não ia desencantá-la — que as águas em que eu mergulhara, agora poluídas, não eram verdes nem cristalinas como as que o romancista descrevera havia mais de meio século; não lhe diria que a praia também já não era lá essas coisas.

Agora só me faltava esperar pelo milagre das águas, que tornavam as mulheres férteis. Sobre esse particular, Alencar nunca escreveu, ao que eu saiba.

CAATINGA

Jorge chegou entusiasmado para o almoço, trazendo excelente novidade para mim:

— Você vai conhecer a caatinga!

Ele sabia de minha curiosidade, do meu interesse pela região do sertão. Fizera-lhe mil perguntas a respeito, quando escrevera *Seara vermelha*.

Viajaríamos no dia seguinte, num domingo. Iríamos a uma cidade a cerca de duzentos quilômetros de Fortaleza, onde Jorge participaria de um encontro com camponeses, gente humilde do sertão, ignorantes, participaria de um comício. Em Fortaleza tudo marchava a contento, o partido era forte, teria boa votação. No campo, porém, tudo estava por fazer.

A conselho do dr. Pontes Neto, saímos bem cedo para aproveitar a brisa da manhã, adiantando a longa viagem, antes que o sol esquentasse, na estrada quase toda de terra batida, em plena caatinga.

Nosso carro ia lotado. Conosco viajavam dois companheiros cearenses, que, depois de nos deixarem em nosso destino, seguiriam adiante, a fim de participar de outro comício numa cidadezinha distante.

A paisagem árida contrastava com a atmosfera luminosa, que perdurou durante todo o caminho, dando-me sensação de bem-estar e de conforto.

Vez ou outra passava por nós um vaqueiro montado: gibão, calças e chapéu, tudo de couro. Estranhei usarem vestimenta tão pesada num calorão daqueles. Me explicaram que se eles não estivessem vestidos daquela maneira, não poderiam penetrar na caatinga, seriam rasgados pelos espinhos da vegetação.

Em Fortaleza, vira jegues pequeninos a transportar barriletes de água. Os que via agora, menores ainda, serviam de montaria. Coisa mais divertida, os cavaleiros de pernas encolhidas para não tocar os pés no chão. Vestidos com roupas folgadas de grosso couro, os homens aumentavam de tamanho e os jegues diminuíam de estatura. Espetáculo fascinante para mim. Pela estrada deserta, de vez em quando divisávamos o gado alimentando-se, pastando em plena caatinga. Tudo era surpresa e novidade. Minhas ingênuas indagações faziam rir os companheiros de viagem. O chofer pareceu-me ser o mais bem informado sobre a região e seus mistérios. Eu me assombrara só em pensar que um boi pudesse comer vegetação espinhenta, mas fiquei logo sabendo que não eram espinhos que eles comiam.

— Em meio à vegetação garrunchenta, como se diz aqui — explicou o chofer —, os animais encontram, para matar a fome, saciar a sede, folhas como a macambira, a cassutinga, o juazeiro e a catinga-de-porco, folha que, mesmo seca, conserva suas qualidades alimentícias.

Fiquei sabendo que o umbuzeiro é o rei da caatinga. Árvore providencial do sertão, resiste à seca, alivia a sede do gado e dos homens, com seus frutos ácidos. A necessidade fez o homem do sertão descobrir que nas raízes do umbuzeiro existem enormes e suculentas batatas; espremidas, desprendem grande quantidade de água pura, cristalina.

Tão empolgada estava com esse mundo estranho que acabava de descobrir, que nem sentia o passar das horas, nem a desagradável poeira da estrada.

O VENDEDOR DE CAJUS

Em meio à paisagem monótona, surgiu ao longe, numa mancha de cor indefinida, um vilarejo, miserável, perdido na aridez da caatinga. Uma feira livre pobrezinha, colorida de frutos, entusiasmou Jorge, eterno apaixonado de feiras e de mercados; pediu ao motorista que parasse.

Debaixo daquele sol tórrido, procurávamos cerâmica popular. Encontramos pouca coisa, figuras de barro mal cozido, sem interesse. Mas havia cajus. Cajus enormes, vermelhos, amarelos, perfumados, atraindo abelhas e moscas, atraíram Jorge também:

— A quanto os cajus?

Sem esperar que o camponês — a cabeça protegida por um chapéu de couro — lhe respondesse, Jorge foi escolhendo os que lhe pareciam mais graúdos, os mais bonitos. O vendedor chamou-lhe a atenção:

— Ói, moço, escolhido assim custa mais caro...

Jorge apenas riu. Depois de encher um saco velho de papel pardo, retirado de baixo do tabuleiro das frutas, Jorge estendeu-lhe uma nota de dez cruzeiros:

— Tire daí.

O camponês levantou o chapéu, coçou a cabeça:

— Moço, não tem mais trocado?

Jorge não tinha. O homem ficou matutando por alguns instantes, a nota na mão, olhava para os cajus do tabuleiro, olhava para o moço com um saco repleto deles — boa compra! —; tomou uma resolução:

— Vosmicê pode fazer tenção nas frutas enquanto eu vou trocar o dinheiro ali adiante?

Jorge não desejava outra coisa. Sentou-se no banquinho atrás do tabuleiro, doido para que chegasse algum freguês.

Não tardou, apareceu uma freguesa, apontou as frutas:
— A quanto?
O vendedor apressou-se:
— Quinhentos réis a dúzia se forem escolhidos por mim... mas, se quiser escolher, aí então é mais caro...
A mulher deu uma rabanada e resmungou:
— Virge! Que carestia!
Nossos acompanhantes não podiam entender a satisfação que sentia o "camarada" ali, naquela feira miserável, a vender cajus; consultaram os relógios ostensivamente.
— Estamos atrasados — disse um deles.
Jorge recebeu o troco e em seguida partimos, embora tivéssemos preferido continuar naquela feira tão pobrezinha e tão cheia de colorido e de graça.

À RECEPÇÃO

Na praça principal da cidadezinha onde devia realizar-se o comício, uma faixa presa entre duas árvores, ao lado de um palanque modesto diante do qual o carro estacionou, saudava "O Deputado do Povo". Algumas pessoas nos aguardavam: organizadores do comício, uma mulher, a poetisa da terra, e alguns curiosos.
Saltamos e o carro partiu em seguida. Convidados a tomar um cafezinho, atravessamos o jardim, entramos no bar em frente, nos altos do qual funcionava uma pensão. Os curiosos nos seguiram e, da rua, nos espiavam.
Ao indagar sobre o horário do comício, Jorge teve a surpresa de saber que os organizadores aguardavam apenas que a missa terminasse para iniciá-lo, esperando aproveitar a presença do povo que lotava a igreja.

— E a nossa massa? — indagou Jorge, cada vez mais assombrado.

Simplesmente não tínhamos massa nenhuma. O partido ali era fraquíssimo, "três gatos-pingados", certamente os três que nos receberam e que ali estavam à espera dos devotos que garantissem público aos oradores.

A poetisa, pessoa amável, não tinha nada a ver com o partido, estava ali apenas como admiradora do escritor. Enquanto conversávamos, aguardando, apareceram ainda duas ou três fãs, que cumprimentaram, pediram autógrafos e foram embora.

Pela porta do bar, acabava de entrar, rápido como um raio, um garoto trazendo a novidade:

— O padre está dizendo, lá na missa, pro pessoal vir acabar com tudo aqui, que essa gente que chegou é gente do diabo!

Pálido, o responsável pelo comício explicou:

— É um padre alemão, um nazista, reacionário...

Outras informações foram aparecendo: o padre continuava a incitar os fiéis contra nós, conclamando-os em nome de Deus a impedir a realização do comício, a qualquer preço. Uma outra informação nos fez saber que o padre pusera-se à frente do seu submisso rebanho de fanáticos, disposto a conquistar a praça.

Indagando pela segurança da cidade, tivemos a decepção de saber que os três soldados que normalmente a guarneciam haviam sido mandados para outra localidade, na véspera. Estávamos, pois, sem a menor segurança, sem nenhuma garantia de vida.

— E o prefeito? — quis ainda saber Jorge.

Esse estava em sua casa, mas todos duvidavam que ele se dispusesse a resolver fosse lá o que fosse.

PEDIDO DE GARANTIA

A missa das onze chegava ao fim, urgia procurar o prefeito a fim de pedir-lhe garantias. Fomos à sua casa.

Pálido, as mãos trêmulas, ele nos recebeu na sala de visitas:

— Não posso tomar nenhuma providência, não posso fazer nada, a cidade está desguarnecida...

Foi tudo o que soube nos dizer.

Gritos histéricos de mulheres chegavam da rua, cada vez mais próximos. Olhei pela janela, um enorme grupo vinha em direção à casa onde estávamos, a berrar:

— Viva Cristo Rei! Morte ao comunismo! — gritavam e davam saltos, alguns altíssimos, verdadeiras acrobacias.

Chegaram e invadiram a residência do prefeito. À frente do grupo, uma senhora de preto, dedo em riste apontando Jorge, gritou:

— Fora de minha casa! — era a esposa do prefeito.

Agora, dentro da sala, os gritos tornavam-se ensurdecedores:

— Viva Cristo Rei!

Voltando-se para a senhora que nos expulsava de sua casa, Jorge, na maior serenidade, sem elevar a voz, disse-lhe que não estava na casa dela e, sim, na casa do prefeito da cidade, pedindo garantias à única autoridade existente na ocasião. Ainda mais exasperada, diante do marido completamente inoperante e mudo, respondeu aos gritos:

— Aqui mando eu! O prefeito não manda nesta casa! Ele manda na prefeitura. Aqui mando eu! — repetia. — Fora! Fora!

Eu assistia àquele inesperado espetáculo, vivia aquela nova experiência, curiosa, a observar as reações de cada um. Talvez a atmosfera luminosa que entrava pela janela me ajudasse a não sentir medo; ou talvez uma forte dose de irresponsabilidade dava-me aquela segurança, aquela calma, quem sabe?

— Muito bem — decidiu Jorge. — Nós vamos embora mas eu quero que fique bem claro que o senhor — dirigia-se ao prefeito — será responsabilizado por tudo que vier a nos acontecer. — Deu-me o braço. — Vamos!

Havíamos apenas transposto a porta da sala, quando senti um violento golpe nas costas. Acabava de levar um tremendo soco. A agressora, a mais exaltada do grupo, figura bizarra, baixa, gorda, os cabelos crespos eriçados, fisionomia transtornada, era a que saltava com maior destreza, saudando Cristo Rei.

Não adiantava reagir. Saímos acompanhados por nossos camaradas. O grupo de mulheres nos seguia, a dois passos de nossas costas. A minha doendo muito. Em tom enérgico — para ser obedecido —, voz de comando, Jorge ordenou:

— Vamos devagar, nada de pressa!

Chegamos à praça ainda a tempo de assistir à destruição do palanque, o padre comandando as operações, à frente da massa de camponeses armados de facões e peixeiras.

Durante o percurso entre a casa do prefeito e o bar, ficamos sabendo que na cidade não havia um único automóvel disponível que pudesse nos levar embora. Devíamos esperar pelo carro que nos trouxera de Fortaleza, lá pelas quatro da tarde.

CIDADE DA INTOLERÂNCIA

De pé na porta do bar, assistíamos agora, aparentemente indiferentes, impassíveis, em realidade intranquilos, ao estraçalhamento da faixa, em poucos minutos reduzida a frangalhos. Depois de comandar a destruição do palanque, o padre, com forte sotaque alemão, passou a incitar os camponeses nos insultos e nas ameaças:

— Morte aos comunistas! Morte a Jorge Amado!

O alemão arrastou seus fiéis para o outro lado da praça. Pensamos que já estavam satisfeitos, que iam nos deixar tranquilos, porém as pessoas em nossa volta tinham outra opinião:

— O padre foi dar cachaça para eles... Será melhor entrar no bar, antes que eles voltem embriagados.

As portas do bar foram trancadas, assim que entramos. Preocupada, a dona da pensão nos aconselhou a subir para o andar superior e ali aguardar que os ânimos se acalmassem.

Fomos levados para um quarto que vagara pela manhã, ainda sem arrumar. Quarto de fundos, pela janela aberta via-se a caatinga embaixo, próxima e ameaçadora. Um mau cheiro insuportável dominava o minúsculo quarto; orientada pelo olfato, fui descobrir, junto à cama, um imenso urinol, a transbordar. Saí em busca de alguém que tirasse aquela pestilência dali. Uma empregada habituada ao serviço apanhou-o tranquilamente, despejou o conteúdo pela janela, retirou-se sorridente, segurando o vaso pela alça, indiferente aos pingos que caíam pelo chão, prometendo trazer outro penico limpo.

De estômago embrulhado, descemos rápido, não havia sentido em continuarmos ali, naquele chiqueiro.

Lá fora o barulho recomeçara; de vez em quando uns empurrões e pancadas nas portas... Se as arrombassem, estaríamos perdidos. Um dos rapazes do nosso grupo entrara por uma janela dos fundos, alarmado:

— Os homens continuam a beber. O padre foi para casa almoçar...

Eximindo-se de qualquer responsabilidade, o padre se retirara das arruaças, da possível chacina para a qual deixara os fiéis soltos, cheios de cachaça e dos seus conselhos e incentivos. A essa altura me sentia assustada, tive realmente medo.

Apavorado, o rapaz, aconselhava-nos a saltar pela janela, fugir pelo quintal, entrar pela caatinga, buscando alcançar a estrada mais adiante. Ele e os dois companheiros nos acompanhariam. Jorge não levou a proposta em consideração:

— Seremos caçados como ratos — disse. — O que vocês devem fazer, o mais depressa possível — ordenou —, é procurar uma condução que nos leve daqui.

Foi então que um deles lembrou-se de um simpatizante do partido, que possuía um caminhão: "Talvez, se ele estiver na terra...". Estava, felizmente.

O caminhão, enorme, encostou, instalamo-nos na frente com o chofer, os fanáticos exaltados acorreram aos gritos; divisamos entre eles um homem com um facão reluzente, ameaçador.

— Toca o bonde! — ordenou Jorge ao chofer. — Antes que nos cerquem!

O caminhão nos levou até uma bodega de beira de estrada, uns vinte quilômetros adiante; ali ficamos à espera do carro que nos conduziria de volta a Fortaleza. Felizmente, nossos amigos, assustados com o pandemônio que ainda perdurava na cidade ao passarem por lá, se apressaram e chegaram antes do previsto. Contaram-nos que, completamente embriagados, os fiéis do padre haviam tentado incendiar o carro em que eles vinham.

Assombrado com o que lhe contamos naquela noite, dr. Pontes Neto custara a acreditar no que ouvia. A senhora do prefeito, a que nos expulsara de casa, era sua cliente... sua possível eleitora...

— Teria enlouquecido? — perguntava-se o médico. Esqueci por completo o nome dessa cidade. Poderia facilmente descobri-lo. Bastava uma cartinha ou um telefonema a nosso amigo Pontes Neto; mas prefiro não fazê-lo. Continua sendo para mim uma cidade sem nome, a cidade da intolerância.

ACORDO POLÍTICO

Essa excursão política, iniciada com a viagem ao Nordeste, estendeu-se a São Paulo, para onde viajamos logo após nosso regresso do Ceará. Deputado eleito pelos paulistas, Jorge foi participar da campanha eleitoral, tinha obrigações para com seus eleitores.

O partido havia feito um acordo com Adhemar de Barros, candidato ao governo do estado de São Paulo.

A Constituinte resolvera aumentar o número de deputados federais e de senadores, que passaram de dois para três em cada estado. Os comunistas apoiaram a candidatura de Adhemar e em troca o candidato a senador em sua chapa foi indicado pelo PC, aliás uma excelente escolha: o grande pintor Candido Portinari, que, convidado por Prestes, aceitou concorrer. Também os dirigentes Diógenes Arruda Câmara e Pedro Pomar entraram na chapa de candidatos a deputado federal do partido adhemarista. Estes últimos foram eleitos, enquanto Portinari, já considerado vitorioso, com enorme margem de votos na primeira contagem, na recontagem perdeu o lugar por pequena diferença.

Mamãe ficou assombrada ao ver-me chegar de surpresa. Repetiu a frase clássica, com a qual sempre me recebia, acrescida agora de apelos aos santos e de largos gestos:

— *Dio Santo! Madonna mia santissima!* — exclamou, levantando os braços ao céu. — Veja só que coincidência! Eu estava pensando em você neste instante...

Wanda voltava a repetir, como sempre, a explicação que se seguia às exclamações da mãe:

— A qualquer hora que Zélia chegue aqui, noite ou dia, haverá essa coincidência — dirigia-se a mim. — Mamãe pensa em você o tempo todo, não tira teu nome da boca... é ou não é, don'Angela?

Naquele dia, certamente, ela estava com o sentido voltado para mim e para Jorge. Remo, meu irmão, aparecera lá, bem cedo, pela manhã, alarmado; ouvira pelo rádio a notícia que Jorge Amado e esposa haviam sido ameaçados de morte, por um grupo de fiéis de uma paróquia, no interior do Ceará. Logo depois aparecera dona Francisca, vizinha, de olhos esbugalhados, aflita com a alarmante notícia.

— Sua filha e seu genro estão vivos por milagre. Eles quiseram fazer um comício dentro de uma igreja e o padre, indignado, mandou os dois para fora; o povo que lotava a igreja correu atrás deles de facão... Tudo isso eu ouvi no rádio, hoje cedo...

Eu não podia ter dado maior alegria, feito melhor surpresa a mamãe do que chegar àquela hora, quando ela sentia palpitações e falta de ar.

Retomando o fôlego, me perguntou:

— Como é que você está surgindo por estas paragens, assim de repente? Nem avisou, nem nada...

Eu me preparava para escandalizar dona Angelina:

— Viemos para ajudar nestes últimos dias da campanha do Adhemar de Barros. O partido vai votar nele para governador.

Dona Angelina não acreditava no que ouvia:

— No Adhemar?

Dei-lhe então, para tranquilizá-la, uma ligeira explicação sobre o acordo que o partido fizera com o futuro governador. Não sei se mamãe concordou com esse acerto, pois tinha suas ideias e suas próprias convicções políticas. Deu um suspiro profundo e não me perguntou mais nada. Uma outra notícia, no entanto, a animou: eu ficaria em sua casa até as eleições, pois éramos, Jorge e eu, eleitores em São Paulo. Enquanto ele faria umas viagens pelo interior, eu ficaria curtindo meu filho.

Fui ao armazém da esquina telefonar para Vera, avisando-a de minha chegada, pedindo-lhe que me trouxesse a criança.

Apesar da intensa atividade política, vivíamos dias relativamente tranquilos, num clima democrático. Havia certos indícios perturbadores — o processo de cassação do registro do partido corria na Justiça —, mas não imaginávamos, ainda assim, como seria terrível o ano que se iniciava e que se caracterizaria por um violento retrocesso na vida política do país.

TIRO E QUEDA

Radiante, cheguei ao Hotel Ópera de volta do laboratório do dr. Sidney Rezende, médico analista e amigo dedicado. Sidney me felicitara:

— Parabéns, Zélia! A gravidez está confirmada.

Feliz da vida, estendi a Lalu, que se encontrava estirada na cama, o resultado do exame.

— E o que é isso, fia? — perguntou-me, ao mesmo tempo que buscava os óculos na mesinha de cabeceira.

— Leia, dona Eulália.

Lalu leu o papelucho com o resultado:

— Ela está contente, hem?

Eu estava mais do que contente, estava feliz.

Contei-lhe do banho de mar que tomara, da conversa com sua sobrinha Stela, que me garantira que as águas daquela praia eram um "estouro!", um "espetáculo!" para fazer engravidar...

— E tu acreditas nessas besteiras? Tu esteve lá no mês de janeiro — fazia as contas nos dedos — e nós já estamos chegando em março...

— Mas é isso mesmo, dona Eulália, as contas estão certas: estivemos lá em janeiro, engravidei logo, tenho mais de um mês de gravidez, quase dois...

Lalu acabava de ter uma ideia:

— Se tu quer, eu rezo para Tonho e tu tem um menino. Essa vela aí, que eu acendo sempre para ele, foi promessa que eu fiz pra só ter filho homem. Ele me atendeu e eu cumpro. Tu pode acender uma vela junto da minha.

— Se tiver de ser menino, já é, dona Eulália. Agora não modifica mais.

— Não modifica mais? Tu é quem pensa e quem diz... Para Tonho nada é impossível.

Limitei-me a rir, deitei-me a seu lado, estava fatigada.

Enquanto ouvia o rádio, o Coronel, que prestara atenção na conversa, monologava:

— A família vai aumentar...

A prosa estava boa, podia render ainda muitas risadas, mas eu precisava me despedir. Combinara com Jorge apanhá-lo na Câmara, dar-lhe a notícia: ia ser pai mais uma vez. Ele me recomendara que não deixasse de levar-lhe o resultado; estava ansioso. Pegaríamos uma sessão de cinema — das seis às oito. Um cinema do Centro exibia uma comédia muito comentada, dessas que divertem, desopilam e aliviam a cabeça. Depois iríamos jantar na casa de Eugênia e Álvaro Moreyra.

DUELO NA CÂMARA

Subi direto para os lugares reservados nos camarotes da Câmara aos familiares dos deputados, autoridades etc. De lá era mais fácil entrar em contato com Jorge, fazer-lhe um sinal para que subisse, do que mandar chamá-lo na portaria.

O plenário da Câmara encontrava-se transformado numa arena onde os deputados mais conservadores, os mais reacionários, se digladiavam com aqueles mais liberais e progressistas, dedos em riste apontados para os rostos dos adversários, a propósito do projeto de cassação dos mandatos dos parlamentares comunistas:

— Vossa Excelência é um traidor da pátria! Vendido à Rússia!

— Vossa Excelência não passa de um capacho do governo, lacaio do imperialismo americano, um vendido, um deputado de trezentos votos!

E na base do Vossa Excelência, iam se insultando. Cheguei à Câmara exatamente na hora em que Maurício Grabois e o padre Arruda Câmara, de Pernambuco — por coincidência, o padre era tio do deputado Diógenes de Arruda Câmara, da bancada comunista —, discutiam aos berros, trocando insultos. O padre gritava, apoplético, queria ver a bancada comunista expulsa daquele recinto, logo, o quanto antes... Toda a bancada do partido, de pé, em discussões colaterais, completava a cena. Meu sangue anarquista fervia, minha vontade era descer, me meter no bafafá, dizer uns bons desaforos ao reverendo. Ao meu lado, a senhora do deputado Manoel Novaes, dona Necy — que também se elegeria deputada anos mais tarde —, divertia-se com a minha exaltação incontida, com o meu nervosismo. Embora seu marido não fosse de esquerda e ela certamente também não, nos dávamos bem, nunca discutíamos política; pelo contrário, trocávamos gentilezas. Presença constante no plenário da Câmara, a bela e elegante jornalista Ivete Vargas circulava e conversava com os deputados, sendo paparicada por todos eles. Lá estava ela nessa tarde, num alegre diálogo com o deputado Flores da Cunha, ambos alheios à barulheira em volta.

Foi Alcedo Coutinho, médico, deputado por Pernambuco, quem me viu primeiro. Foi avisar a Jorge, que se encontrava em conversa animada com Gregório Bezerra, Grabois, Henrique Oest e Agostinho de Oliveira. Os ânimos se acalmavam, alguns deputados haviam se retirado do plenário, certamente para tomar um cafezinho em companhia do adversário. O que me chocava, mais do que tudo, era vê-los juntos, os reacionários e os comunistas, sorridentes, contando piadas, após as acusações e insultos trocados no plenário. Afinal de contas, eram ou não inimigos?

— Adversários mas não inimigos — esclarecia-me Jorge, antissectário por excelência.

A propósito, corria na Câmara uma anedota divertida: um jornalista fora entrevistar o deputado padre Arruda Câmara, opositor ferrenho dos comunistas:

— O que o senhor acha, reverendo, qual é sua opinião sobre seu sobrinho, deputado Diógenes Arruda Câmara?

Sem pensar duas vezes, o padre exclamou:

— Um monstro!

O jornalista repetiu idêntica pergunta ao sobrinho, comunista dos mais intransigentes, sobre seu colega, seu tio, o padre reacionário:

— Um monstro! — respondeu sem pestanejar o deputado comunista.

— Nenhum dos dois é um monstro — explicou-me Jorge

ao contar-me a pequena história, repetindo o conceito que sempre norteou sua atuação política —: tão somente adversários políticos; monstros apenas no sectarismo.

DEPUTADO DA CULTURA

Além de participar dos debates no plenário, o trabalho mais importante de Jorge como deputado decorria na Comissão de Educação e Cultura, da qual era membro. Mesmo sendo um deputado comunista, Jorge mantinha excelentes relações pessoais com os colegas dos mais diferentes partidos e correntes de opinião. Por isso mesmo viu aprovados pelo Parlamento vários de seu projetos de interesse cultural.

Jorge trabalhou em permanente contato com intelectuais e organizações de classe. Com a Sbat — Sociedade Brasileira de Autores Teatrais —, estudou e redigiu lei que tornou obrigatório o contrato (de pelo menos três meses) para artistas de teatro e rádio. Até então os artistas eram marginalizados, trabalhavam sem contrato, sem nenhuma garantia, sem nenhuma lei que os defendesse. Podiam ser dispensados a qualquer momento, sem indenização. Com os pintores, Jorge preparou projeto, igualmente transformado em lei, criando o Salão Nacional de Arte Moderna.

Apesar das divergências ideológicas que o distanciavam do então ministro da Educação, Clemente Mariani, Jorge contou com o apoio do ministro para um projeto de lei que retirava a censura das mãos da polícia, passando-a para o Ministério da Educação, despida de qualquer caráter político. Aprovado na Câmara, o projeto caiu no Senado. Desde aquela ocasião, Jorge e Clemente Mariani tornaram-se amigos. Da

Comissão de Educação e Cultura, Jorge pôde encaminhar, para a discussão em plenário, inúmeras reivindicações de artistas e intelectuais brasileiros: de Villa-Lobos ao palhaço de circo Benjamim de Oliveira.

O ROMANCISTA E O PARECER BARBEDO

Um dos temas mais discutidos nos meios políticos, sobretudo nos de esquerda, nos primeiros dias de fevereiro de 1947, era o famoso Parecer Barbedo, assim denominado por chamar-se Alceu Barbedo o procurador junto ao Tribunal Eleitoral que devia apresentar parecer sobre o pedido de cassação do PCB.

Havia grande expectativa em torno da conclusão a que chegaria o procurador; os prognósticos eram pessimistas. Dias de tensão, rebentando com os nervos de todos nós.

Depois de ter escrito e publicado no ano anterior o romance Seara vermelha, Jorge não tivera mais tempo livre nem cabeça fresca para retomar o trabalho de criação literária — ao qual voltaria somente alguns anos mais tarde. Naquela contingência, nem podia sequer pensar em literatura, dedicado por inteiro à luta política.

Uma tarde, indo a pé do escritório parlamentar do partido para o Palácio Tiradentes, ao passar pela rua São José, Jorge encontrou-se com Graciliano Ramos. Os dois romancistas eram amigos de longa data: em 1933 Jorge viajara para Maceió com o objetivo de conhecer pessoalmente Graciliano, após ter lido os originais de Caetés. Pararam para conversar. Jorge queixou-se da absoluta falta de tempo para escrever, enrolado em mil tarefas diferentes. Sabendo que Graciliano estava trabalhando em novo livro, disse-lhe:

— Você é que é feliz, mestre Graça, tem tempo livre, pode escrever tranquilamente.

— Quisera eu! — retrucou Graciliano. — Para falar a verdade, não estou conseguindo escrever uma linha que seja!

— E por quê? — admirou-se Jorge.

— Ora por quê! Você ainda pergunta? — o velho Graça estava visivelmente irritado. — E esse tal de Parecer Barbedo? Como é que alguém pode escrever nessas condições?

Ao chegar em casa, de volta da Câmara, Jorge contou-me a história, ao mesmo tempo em que me anunciou que todas as previsões levavam a crer que o parecer concluiria pela cassação do registro do partido. Esperava-se a divulgação do parecer a qualquer momento.

A princípio, ao ouvir a história, tive vontade de rir, ao pensar em Graciliano preso nas malhas do Parecer Barbedo. Em seguida, porém, me dei conta da significação real do fato. A situação política, com o constante e progressivo retrocesso da vida democrática, afetava as mais diferentes camadas da população. Principalmente aqueles que formavam na esquerda e se batiam pelas ideias socialistas, atingindo inclusive os que mais necessitavam de tranquilidade para seu trabalho criador.

LALU COMEÇA A CONTAR COMO SAIU DO BARRICÃO

Estirada a meu lado no amplo leito, Lalu passou levemente a mão sobre meu ventre:

— Já está aparecendo... Logo ele começa a mexer... Eu acho que tu vai fazer barriga grande. Tem bacia larga. A minha foi pequena, de todos quatro. Muita gente nem percebia que eu estava esperando menino. A criança nascia e era aquela surpresa!

As histórias de Lalu eram infindáveis, e ao repeti-las, esquecida de que já as havia contado, introduzia elementos novos, lances palpitantes, na intenção, certamente, de provocar suspense. Isso, no entanto, jamais acontecia quando narrava o nascimento dos filhos. Compenetrada, mantinha-se fiel aos detalhes principais — acrescentando, quando muito, alguns floreios —, ao contar como os havia trazido ao mundo. No essencial essas histórias não sofriam grandes modificações. Lalu não caía em contradições, como geralmente acontecia.

Entusiasmada com a minha gravidez, Lalu recordava seus partos, seu casamento distante:
— Eu estava com 28 anos quando conheci João; já tinha caído no barricão...
— No barricão?
— Tu não sabe o que é barricão? Naqueles tempos, moça que passava dos 25 anos sem casar, caía no barricão, era uma maneira de dizer que aquela não casava mais... Todo o mundo já dizia que eu estava no barricão. Foi aí que conheci João.
— E ele lhe tirou do barricão, não foi?
Lalu riu, confirmando:
— João não é baiano, não. Tu sabia? João é sergipano, nasceu em Estância, mas veio rapazinho para a Bahia. A família dele era muito grande, o velho José Amado, o pai, se casou duas vezes e encheu as duas mulheres de filhos. — Lalu apontava o retrato oval na parede: — Aquela era a mãe de João; morreu ainda moça, coitadinha...

Eu já sabia que o Coronel era sergipano, conhecia também a história da moça do retrato, mas não querendo atrapalhar o seguimento da história, interrompendo-a, fingi nada saber.
— Moça bonita! — comentei.
— Uma beleza de mulher... pele alva, cabelos pretos...
— o Coronel deixava o rádio de lado, interessado na conver-

sa; descrevia a mãe com ternura, fitando o retrato pendurado na parede.

Lalu retomava o fio da meada:

— Seu Zé Amado, comerciante modesto, não tinha condições de educar os filhos. Quando eles cresciam um pouco, cada qual tomava seu rumo, ia tratar da vida, procurar seu destino; faziam o que bem entendiam...

Seu João voltava a participar da conversa:

— Com nove anos de idade me empreguei numa venda de secos e molhados, de um português; varria o armazém, atendia a freguesia, trabalhava como um danado...

Lalu não queria ficar atrás:

— Eu também trabalhei desde menina. Mãe tinha os filhos e dava para a gente criar. Os mais velhos iam cuidando dos que nasciam. Eu cuidei de dois gêmeos, meus irmãos, que já morreram. Naqueles tempos era assim. As mulheres tinham muitos filhos, precisavam de ajuda.

INTERRUPÇÃO POLÍTICA

Lalu prosseguiu em sua narrativa:

— João devia estar com uns dezesseis para dezessete anos quando escutou umas falas de que no sul da Bahia estavam dando terras para quem quisesse. Ficou entusiasmado e se tocou... Era só chegar lá, escolher o pedaço que ainda não tinha dono, fazer a demarcação, tomar posse, derrubar a mata e plantar. Plantar cacau, que dava que era uma beleza, dava até sem plantar!

— Dava e dá! — corrigiu o marido, um ouvido no noticiário do rádio, outro na conversa. — Só que a coisa não era tão fácil assim como Lalu está contando. A luta era braba! Não se podia cochilar! Era um avançar nas terras uns dos outros, que Deus me livre!... O que mais acontecia era os velhacos mudarem as demarcações dos vizinhos para aumentar suas propriedades. Era um morrer e matar de não ter fim... — Seu João desistira de vez do rádio, empolgado com o assunto palpitante. — Só eu sei o que sofri, quantas vezes arrisquei a vida... Mas tinha entusiasmo, vontade de vencer... Trabalhava como um desesperado mas também gostava de me divertir. Não perdia baile de arraial. Quantas vezes, depois de um dia de trabalho, suado, caía num banho de rio, montava minha mula, pra pegar um forró a muitas léguas dali... Na noite escura, toma chicote nas ancas da besta! "Cavalo castanho-escuro! Pisa no mole, pisa no duro! Mas põe seu dono no seguro!" E... petelé, petelé, petelé... Atravessava as matas, na escuridão, até chegar na festa, orientado pelo som da sanfona, que ia ao meu encontro ainda longe do arraial. Não perdia contradança, rodopiava a noite toda!

Prosseguia entusiasmado:

— Nunca esmoreci, principalmente depois que meus filhos nasceram. Sempre desejei ter o necessário para que eles fossem independentes, para que nunca necessitassem ser capacho de ninguém; que não rissem sem ter vontade... Que dissessem o que bem entendessem, seguissem o rumo que melhor lhes parecesse... O pai havia de estar sempre de prontidão, firme para escorar, garantir o repuxo... Não está vendo agora? Jorge ameaçado de ser expulso da Câmara, de uma hora para a outra? Só Deus sabe o ferro que estou comendo... Mas estou aqui, firme, para o que der e vier. Pronto para apoiar meu filho.

Lalu desligara o aparelho, como de costume, mas voltara a ligá-lo a tempo de ouvir o fim da conversa.

— Que história é essa, João? Meu filho expulso da Câmara? Nem repita essa besteira! Meu filho é ótimo! Trabalhador como ele só! Nunca fez mal a ninguém... — Assumindo um ar solene, Lalu declarou: — Meus três filhos nunca me deram desgostos. Nunca! Graças a Deus, nunca se meteram em política porque sabem que eu não tolero política. Tenho horror! Ensinei eles desde pequenos a não se meterem em política e eles me obedeceram. São os melhores filhos do mundo!

Diante de tal afirmação, o Coronel e eu caímos na gargalhada.

— E qual é a graça? — quis saber Lalu, ofendida. — Qual foi a política em que eles se meteram? Me digam!

— Teu filho Jorge não é deputado do Partido Comunista? — lembrou-lhe o marido.

Lalu mostrou-se surpresa:

— Homessa! E Partido Comunista é política? Um partidinho de merda!

O velho balançou a cabeça:

— Qual! Essa mulher não tem jeito!

Ainda contendo o riso, insisti com Lalu:

— Vamos, continue sua história, dona Eulália, estava tão interessante... Paramos no pedaço em que a senhora conheceu seu João, não foi?

AS PARTEIRAS

Para contar histórias de seu passado, Lalu não se fazia de rogada. O Coronel ligara o rádio novamente, estava na hora do *Repórter Esso*.

— Pois foi isso — prosseguiu Lalu —: quando João apareceu por aquelas bandas do Corta-Mão, onde a gente morava, eu nem pensei que ele fosse se interessar por mim. Ele era

amigo de meu irmão Fortunato, o mais velho, que era quem cuidava de nós depois que pai arribou...
— Arribou? — perguntei, sabendo de antemão que o assunto não ia render. Sobre Lídio, pai de Lalu, não se falava. Nem bem nem mal.
— É, um dia pai sumiu, nunca mais se soube dele... Tinha arribado.
Lalu retomou o fio da narrativa:
— João também era amigo de Firmo, meu outro irmão. Eles tinham se conhecido no sul da Bahia, os três viviam naquelas matas, fazendo demarcações, derrubando as árvores pra plantar cacau. João começou a aparecer muito lá por casa e... conversa vai, conversa vem..., acabou saindo casamento.
— E seu João também estava no barricão? — provoquei.
— Ora, mas que conversa! — Voltando-se para o marido, Lalu comentou: — Está ouvindo essa, João? Homem no barricão? — O velho só fez rir; Lalu estava animada, disposta a me dar mais uma aula sobre as desvantagens de ser mulher:
— Homem se casa com qualquer idade! Minha irmã Filhinha, menina bonita, se casou com um velho que podia ser avô dela... Os homens têm todas as regalias, nunca ficam no barricão. Só as mulheres... que jeito? Mas João também não era lá muito moderno quando se casou; tinha trinta anos. A gente foi morar em Ferradas, lá no fim do mundo, perto de Itabuna, numa fazendola que João comprou, a Fazenda Auricídia. A casa era muito ruim, uma desgraça! Cheia de aranhas e de ratos... mas o lugar era bonito. No terreiro, bem em frente da nossa casa, tinha uma árvore enorme; de dia fazia uma sombra fresquinha de dar gosto. Quando o calor apertava, a gente sentava debaixo da árvore, eta, que beleza! De noite aquela sombra virava treva, apavorante! Nos fundos do quintal passava um rio, todo cheio de pedras, a água alvinha, alvinha... O único

divertimento da gente era trabalhar, não tinha outro. Às vezes João inventava sair de noite pra fazer visita; ia um cabra de confiança com a gente, Argemiro, que abria o caminho com um fifó na mão para clarear. Ele fazia companhia e dava proteção pra nós. Homem valente estava ali... Na volta, já perto de casa, eu mandava que Argemiro fosse na frente. A sombra da árvore me fazia medo... podia ter jagunço ali tocaiado, atrás dos troncos... — Lalu ria da própria astúcia.

— E Jorge nasceu logo depois do casamento? — perguntei por perguntar, conhecia a história do nascimento dele de cor e salteado, com todos os detalhes. Queria apenas ouvir Lalu contá-la mais uma vez.

— Que nada, menina! Ele custou a aparecer. Eu tinha quase dois anos de casada, e nada! Já andava desconsolada, me sentindo mesmo que uma égua maninha. João não dizia nada mas eu sabia que ele estava doido para ter um filho. Quando contei pra ele que eu ia ter menino, o homem deu saltos de contente. Eu tinha muito medo de parir naquele lugar sem recursos.

— Aí a senhora foi dar à luz em Ilhéus? — voltei a provocar.

— Que Ilhéus o quê! Tomara eu! Pari ali mesmo, naquele buraco.

— Mas, dona Eulália, eu já li em vários jornais e revistas, e até em livros, que Jorge nasceu em Ilhéus. Li até numa enciclopédia estrangeira que ele tinha nascido em Pirangi... A senhora acha que numa enciclopédia vão escrever coisa errada? Livros e jornais podem mentir?

— Ora! Mas que besteira! Quem pariu fui eu, não fui? Eles querem saber mais do que eu? É cada uma... — Lalu retomava o fio da meada: — Quando estava pra chegar a hora, João foi buscar as parteiras em Itabuna.

— Parteiras formadas? — perguntei.

A resposta veio rápida:

— Na burrice! Duas idiotas que não sabiam nada. João achava que uma parteira só era pouco, por isso ele trouxe logo duas, duas velhas: dona Felipa e dona Maria. Mas ainda faltavam muitos dias para a criança nascer, quando elas chegaram, não sabe? As duas ficaram um tempão lá na fazenda, tratadas a velas de libra, comendo do bom e do melhor, servidas a tempo e hora, que nem duas fidalgas...

— O quê, hem! Duas fidalgas! Então eram gente fina?

— Finas o diabo! Duas tabaroas muito das esculhambadas... Sabiam, isso sim, se tratar... Ora, se sabiam!... Era só venha a nós: "Me dê isto, me dê aquilo..." e a gente dando — que jeito? —, os empregados ali pra servir as baronesas... Eu sem poder dizer nada, só assuntando. Depois chegaram Firmo, meu irmão, mais compadre Porfírio, boa pessoa mas um clavinoteiro danado! Eles apareceram carregados de rojões para soltar na hora que a criança chorasse; deixaram as mulas atreladas, de prontidão, pro caso de alguma emergência. E quase que precisa. Aquelas sujeitas por pouco me matam a criança. O menino nasceu empelicado, sinal de sorte, mas não chorou, estava roxinho... As burras, quando viram a criança sufocada, botaram ela debaixo de uma bacia emborcada — que estava ali para o banho — e começaram a bater nela feito tambor. Elas, na certa, achavam que o menino ia se assustar com o barulho e gritar de medo. Mas quem gritou fui eu; gritei o mais alto que pude: "Tirem meu filho daí de baixo!". Aí, João, que devia estar com a orelha grudada na porta, me ouviu, entrou no quarto e foi a salvação. Segurou o filho pelos pés, a cabecinha para baixo, deu um tapinha na bundinha dele e ele berrou com força. Os rojões começaram a pipocar no céu. Chegou a parecer que era de dia. Igual a

festa de São João. A cachaça rolou pra quem quis, teve gente que se embriagou... João não se aguentava de contentamento. Apanhou a criança nos braços e levou para fora; queria mostrar o filho para todo o mundo. Demorou a voltar e eu aflita. Já ia me levantar pra ver o que é que tinha acontecido, quando João entrou no quarto, rindo, dizendo que tinha dado um banho de lua no moleque, pra lavar a inteligência dele. Era noite de lua cheia.
— Foi mesmo, seu João? — mais uma vez o Coronel desligara o rádio.
Seu rosto resplandecia de satisfação, gostava de ouvir a mulher contar essa história. Desta vez ele confirmou:
— Foi isso mesmo. Eulália não mentiu, nem exagerou.

CHUVAS DE INVERNO

Embalada, Lalu prosseguiu na narrativa:
— As chuvas de inverno caíram fortes naquele ano, tão fortes que encheram o rio. Jorge não tinha ainda completado um ano, só tivemos tempo de arribar; a enchente carregando com tudo, gado, galinhas, plantação e até com nossa casa. Levando somente a roupa do corpo, fugimos de lá. Perdemos tudo. Dei até graças a Deus de sair daquele lugar. João tinha sido atacado, à traição, por um jagunço, pouco antes. Ele estava um dia em frente de casa, cortando cana para os animais, Jorge junto do pai, quando o bandido atirou. Com um tiro derrubou a égua; caroços de chumbo se enterraram nas costas de João... Foi Deus que não pegou na criança! Ferido, o sangue correndo pra todo lado, João agarrou o filho depressa e entrou. Quando eu vi o menino cheio de sangue — o sangue do pai que tinha sujado ele todo —, quase caí morta. A

carga de chumbo que se encravou nas costas de João está lá até hoje. — Voltando-se para o marido, pediu: — Mostre a ela, João.

Sob a pele morena e fina das costas do Coronel, vários pelotes azulados, chumbo de espingarda. Ele nunca permitira que os retirassem; ilustravam a história de Lalu.

MUDANÇA DE VIDA

— Encharcados, somente com a roupa do corpo, saímos sem rumo — continuou Lalu. — O jeito foi a gente se abrigar numa casa vazia, lá por perto de Ferradas. Logo que entramos naquela sala fedendo a creolina, não gostei, fiquei cismada. E tinha razão. Soube depois que ali tinha sido um lazareto! Era ali que recolhiam as pessoas atacadas de bexiga daquela braba, que matava e não tinha jeito...

— Bexiga negra! — interveio o Coronel.

— É, é isso mesmo, bexiga negra — recordou Lalu. — Tinham ajeitado aquilo às pressas, dado uma caiação nas paredes — uma pinoia! —, lavado o chão com creolina, para abrigar as pessoas fugidas das enchentes, das casas arriadas pela chuva, como nós. Quando eu soube que ali era o lazareto, fiquei doida! Meu filho, tão novinho, tão delicado, podia até apanhar a moléstia... "Vam'bora, João, aqui não fico mais!" Mas João já tinha tomado as providências, a gente ia para Ilhéus, morar no Pontal. Tudo que era nosso ficou por lá, perdido no carrego das águas.

Lalu suspirou, antes de continuar:

— No Pontal, em frente de Ilhéus, recomeçamos outra vez, do nada. João fabricava tamancos, eu costurava na máquina de mão o couro da parte de cima, debruava tudo. João vendia os tamancos para o interior. Ele viajava sempre, porque gostava mesmo era do mato. Eu nunca acompanhava ele, só queria sossego pra criar meu filho, estava cansada de lidar com jagunço.

JOFRE

— Foi em Ilhéus que Jofre nasceu — disse Lalu: — Jorge tinha três anos quando o irmão nasceu. Eu me lembro, quando estava de resguardo na cama, Jorge ia me ver toda hora, às vezes levava um pintinho: "Olhe, mamãe, que bonitinho!".
Os olhos da mãe se enchiam de lágrimas de satisfação, ao lembrar o filho pequeno.

— Jorge era muito amoroso com os bichos... Quando Jofre nasceu, João comprou terras de novo. Estava contente, mesmo cheio de dívidas, de compromissos, tendo que pagar juros altos do empréstimo que tinha conseguido. As terras estavam nuas, ele tinha de fazer tudo: levantar a casa, roçar, plantar o cacau. João tinha muitos amigos bons, mas o maior de todos era Firmo, meu irmão. Podia contar com ele nos momentos difíceis. Argemiro voltou a trabalhar com João. Mudamos de Pontal para Ilhéus; João vivia entre a cidade e as matas, onde parava mais tempo, para plantar as roças, botar a fazenda de pé. Foi numa dessas viagens dele que Jofre adoeceu. Quando João chegou, ficou muito avexado de ver o menino com febre, tossindo muito; eu, sem dormir nem de noite, nem de dia, junto de meu filho. Ele era bonito! — Lalu se iluminava: —Tão alvinho, de cabelos loiros cacheados. Inteligência estava ali... — Lalu repetia uma frase que eu já ouvira muitas vezes: — ... Se esse menino tivesse vingado, ia ser a cabeça do mundo! Tudo quanto era médico de Ilhéus

foi chamado. Nenhum deu jeito. Disseram que ele estava com pneumonia...
 Lalu não conseguiu continuar sua história, começou a chorar, um pranto sentido. Tantos anos depois, ainda não se conformava com a morte do filho. Foi o Coronel quem, também emocionado, me contou:
— Quando Jofre morreu, essa mulher quase morre também. Ficou como louca! Não falava com ninguém, só fazia chorar! Perdeu o amor à vida. Eu também sofri muito com a morte de meu filho... Lalu não exagera quando diz que Jofre seria a cabeça do mundo. Com três anos de idade, era um comandante! Sabia tudo, dominava grandes e pequenos com a sua sabedoria. Um fenômeno! Pensei que Lalu não se recuperasse mais.
— Foi mesmo — voltou Lalu a falar, enxugando as lágrimas. — Só me recuperei com o nascimento de Joelson, foi ele quem me salvou. Quando ele nasceu, foi uma surpresa geral, até eu fiquei admirada, não sabia que estava grávida...
 O Coronel riu:
— Ave Maria!... Essa é demais, Lalu!
— Não sabia mesmo não, eu estava fora de minha razão, era uma morta-viva.

JOELSON

Lalu falava de Joelson com grande ternura, o nascimento do filho restituíra-lhe o gosto pela vida:
— Não fiz barriga, de Joelson. Você vê que tamanho de barriga não quer dizer nada. Tem muita mulher que fica enorme e, depois, nasce uma criança mirrada. Eu não fiz barriga, de Joelson, e ele nasceu enorme, um bitelo, gordo, vermelho...

João tinha um sobrinho... tinha e tem — corrigiu —, Gileno, que vivia praticamente lá em casa. — Lalu faz um parêntesis: — João ajudava muito os sobrinhos, filhos de Melquisedeque, o irmão mais velho. Gileno foi me visitar, ver a criança. Tu sabe o que ele teve coragem de me dizer? Escute só o que ele disse: "Que menino mais feio, parece um bolachão!". Tomei raiva dele até hoje. Só depois que tive esse filho foi que dei acordo de mim. É por isso que eu digo sempre que Joca vale por dois filhos: por ele e por Jofre.

JORGE SE ALFABETIZA

— Quando Jorge entrou para a escola, já sabia ler de um tudo, caligrafia e letra de jornal. Aprendeu sozinho, no jornal *A Tarde*. Ele chegava junto de mim com a gazeta e perguntava: "Minha mãe, que letra é esta?". Eu dizia e ele não esquecia mais. Ia juntando as letras, uma com a outra, até formar a palavra. Anos depois, um dia, eu estava costurando, ele puxou meu braço: "Minha mãe, me dê uma folha de papel branco, das grandes". Eu perguntei: "Pra que é que tu quer uma folha de papel grande assim?". Tu sabe o que o danadinho me respondeu: "Pra fazer um jornal, minha mãe!". Larguei o trabalho na mesma hora, fui comprar uma folha de cartolina para ele, das maiores, das boas.

Lalu faz uma pausa para comentar:

— Mãe sempre dizia que se filho meu pedisse uma talhada de lua, eu ia lá, cortava e trazia. E é verdade, eu trazia.

Seu João comentou:

— Os filhos dela eram cristais! Ai de quem tocasse neles! Deus me livre! Até eu tinha medo de levantar a voz, repreender as crianças... Ela vinha pra cima de mim, mesmo que uma fera!

— Quando o jornal ficou pronto — Lalu não escondia o seu orgulho —, foi uma admiração! O corneta, que mal tinha nove anos, apresentando um trabalho daqueles! Uma perfeição de beleza! O título que ele botou foi *A Luneta*; ele fez o jornal todo em letras graúdas, com figuras recortadas de revistas velhas; historinhas inventadas e novidades do pessoal de Ilhéus. *A Luneta* correu de mão em mão, todo o mundo admirado dizendo que o menino ia ser jornalista, que mais isso, que mais aquilo...

A voz grave e rouca do Coronel fez-se ouvir:

— Todo o mundo disse que ele ia ser jornalista, menos eu. Eu falei que meu filho ia ser um homem de letras. Não foi, Lalu?

Lalu confirmou e depois pousou a mão em meu ventre:

— Logo mais, daqui a alguns tempos, tu está com o cominho nos braços... Tu vai dar o peito? — Não esperou resposta: — Os meus são fortes e inteligentes porque eu amamentei eles o mais que pude. Jorge mamou pra mais de dois anos, até que fiquei grávida de Jofre. Aí não podia dar mais, não é? Leite de mulher prenha, todo o mundo sabe, salga e faz mal à criança. Eu tinha tanto leite, que chegava a ficar com os peitos duros como pedra... João pediu a um amigo que vinha da Bahia pra me trazer um espremedor de peito. Era um copo de vidro com uma seringa de borracha na ponta, uma beleza para tirar leite... De cada vez eu enchia um copo! Mandava a empregada despejar o leite no mar pro peito amolecer, e não é que descobri que a moleca tomava o leite pelo caminho? Ela despejava o leite era na goela! Joelson, coitadinho, foi o que mamou menos. Antes de completar os dois anos tive que parar, porque James estava pra nascer.

JAMES FALA E ANDA AOS NOVE MESES

— James nasceu bem miudinho. Mas com o meu leite forte daquele jeito, em pouco tempo ele cresceu, ficou sabido como ele só! Eta que menino esperto foi Tuna! Pra tu ter uma ideia da esperteza dele, basta te dizer que quando ele tinha nove meses, nem isso, e a gente estava esperando que ele começasse a falar papai, mamãe, e a engatinhar, um dia ele estava no meu colo e de repente me disse: "Mamãe, me bote no chão que eu quero andar".

Fitei Lalu boquiaberta. Aquela era demais!

— James falou tudo isso, logo na primeira vez?

— Tudo direitinho como eu disse. Eu também fiquei admirada. E não é que ele repetiu? Aí não pensei duas vezes: botei ele no chão, e só tu vendo! O corninho saiu correndo pela casa toda...

— Correndo, dona Eulália? Falou aquilo tudo e saiu andando antes de completar nove meses?

— Isso mesmo. Desse dia em diante ele falou tudo e não quis mais saber de colo; pequenininho daquele jeito, andando a casa toda, uma graça!

Quando encontrei James depois de ouvir essa fantástica história, perguntei-lhe o que havia nela de verdade, e ele, o personagem, muito sério, confirmou que tudo era verdade — não só Lalu era incapaz de mentir como ele se lembrava perfeitamente bem das palavras que dissera e do passeio que dera pela casa em sua primeira caminhada. Diante do que, deixei de ter qualquer dúvida sobre o acontecido, lembrando-me de um dos provérbios de dona Angelina: "Quem puxa aos seus não degenera".

AINDA JAMES

Lalu continuou a contar sobre o filho mais moço:
— James mamou até cinco, seis anos. Tuna ia à matinê de um cinema que ficava em cima do bar Vesúvio, perto de nossa casa, em Ilhéus. Meus filhos entravam e saíam do cinema à vontade, não pagavam entrada porque o dono era seu Cortes, nosso amigo. De vez em quando, Tuna aparecia correndo, avexadinho; puxava um banquinho, me fazia sentar: "... senta, minha mãe, senta... depressa, o peitinho, me dá o peitinho, que está no intervalo!...". Eu sentava e botava o peito para fora, e ele mamava de pé mesmo pra não perder tempo. Tu deve amamentar teu filho. Criar ele com teu leite.
— Lalu me intimava com voz de experiência.
— Estou inteiramente de acordo com a senhora, dona Eulália. Luiz Carlos mamou até quase dois anos; tomava sopinhas e peito. Ele tinha quase todos os dentes e já falava; quantas vezes o malandrinho não me ferrou os dentinhos no seio? Ficava de boca cerrada, me encarando, divertindo-se com minhas caretas e com os meus "Ai!, Ai! Ui!, Ui!...", abria então a boquinha numa gargalhada marota, chegando a fechar os olhinhos de tanto rir. Só tirei a mama dele quando o leite secou. Com este agora, quero fazer o mesmo: amamentar até à última gota.
— Tu faz bem, tu faz muito bem! Dê teu leite a teu filho — aplaudiu Lalu, solene.

UM NOME MISTERIOSO

Mudando de conversa, ocorreu-me fazer uma pergunta:
— Quem foi que escolheu os nomes dos filhos, a senhora ou seu João?

A resposta veio prontamente:

— O de Jorge fui eu. Sempre tive vontade, desde mocinha, de ter um filho pra botar o nome de Jorge. Acho Jorge um nome ótimo! Dos outros três, foi João quem escolheu. Ele gosta muito desses nomes estrangeiros, complicados... E botou todos eles começando pela letra "ji". — Lalu não dizia "jota" e sim "ji", como se pronuncia na Bahia. — O irmão de João — prosseguiu —, o mais velho, Melque, teve uns vinte filhos; o nome de todos os homens e de quase todas as mulheres começa com "guê" — não dizia "gê" —: Gilberto, Genolino, Gilson, Gildásio, Gileno, Gildo, Giuseppe... Rapazes muito bons, todos eles moços inteligentes.

— Vai ver, dona Eulália, que a mãe amamentou a todos com leite de peito — pilheriei.

A custo Lalu conteve o riso:

— Olhe o debique, moleca!

— E se fosse mulher? — arrisquei, temendo que dona Eulália não fosse apreciar a pergunta, mas desta vez me enganei. Tranquila, até com uma certa doçura no olhar, me respondeu:

— Se fosse mulher eu também tinha um nome escolhido. Um nome muito bonito, o nome mais fino que existe para mulher — o entusiasmo de Lalu pelo nome da filha que não tivera era surpreendente —, um nome diferente desses que andam por aí, um nome forte...

Morta de curiosidade, quis saber:

— E qual é esse nome tão formidável, dona Eulália?

Com um ar de mistério, Lalu me fitou:

— Esse nome ninguém nunca vai saber. Minha filha não nasceu e o nome dela vai morrer comigo, vai pro cemitério no meu caixão. Não adianta tu perguntar, não vai saber, não digo, não!

O ÚLTIMO COMÍCIO LEGAL

Saindo da visita rotineira ao médico, à tarde, dirigi-me ao Ópera. Ao chegar ao hotel, tive a surpresa de encontrar os velhos enfarpelados, o Coronel consultando o relógio.

— Que elegâncias são essas? — perguntei.

— Tu também não vai pro comício? — perguntou-me Lalu.

Esgotados os recursos jurídicos e as tentativas de esclarecer e influenciar os juízes às vésperas do julgamento da cassação de seu registro eleitoral, o Partido Comunista resolveu convocar um comício-monstro, uma grande concentração de massa que demonstrasse o apoio do povo à sua existência legal.

Nós nem havíamos falado no assunto aos velhos, para que não se entusiasmassem. Nesse comício, sem dúvida, haveria muita provocação; os adversários, com as costas protegidas pela polícia, não perderiam a ocasião para provocar escaramuças, brigas e pancadaria, para tumultuar o comício, impedindo-o de alcançar seus objetivos.

Acontece, porém, que seu João estivera pela manhã na José Olympio, e lá Graciliano Ramos, entusiasmado, lhe perguntara se ele compareceria ao grande encontro. Todos deviam dar apoio ao partido na hora em que se encontrava ameaçado, perseguido, encurralado, prestes a ter seu registro cassado. O velho não teve dúvidas: convocou Lalu, que nesse momento revelou-se inteiramente solidária, colocando-se ao lado do "partidinho de merda", o partido de seus filhos.

— Nós vamos com vocês — falou o Coronel.

— Jorge não virá aqui, seu João. Marquei encontro com ele na Câmara... — Tentei aconselhá-los: — Será que vale a pena o senhor e dona Eulália irem? Vai haver muito barulho e dona Eulália não é boa nas corridas...

Obstinado, o Coronel insistia comigo, quando foi chamado ao telefone. Era Jorge, que desejava saber se eu havia chegado. Ao tomar conhecimento das intenções dos pais, opôs-se terminantemente, deu-lhes um não definitivo. Achava que eu também não devia ir, por estar em começo de gravidez. Os velhos, desolados, tiraram as roupas de passeio, puseram-se à vontade. Quanto a mim, não houve conselhos que me convencessem. Na hora marcada, me encontrei com Jorge no Palácio Tiradentes.

ZÉLIA MAGALHÃES

Quando chegamos, a Esplanada do Castelo fervilhava de gente, o povo agitava bandeirinhas do Brasil, no maior entusiasmo. Jorge não quis ir para o palanque; preocupado com o meu estado, ficou comigo. Encontramos Graciliano Ramos com toda a família. Trocamos algumas palavras e eles se foram em direção ao palanque, pois Graciliano abriria o comício, seria o primeiro orador. Mal começou a falar, ouviram-se tiros e gritos. A confusão generalizou-se. O palanque foi derrubado pelos arruaceiros. Agentes provocadores agrediam os manifestantes, disparavam tiros de revólver na intenção de dispersar a massa e terminar com a manifestação. O povo, no entanto, não se intimidou, reagiu, enfrentou os provocadores. Mas essa resistência foi pouco a pouco liquidada com a entrada da polícia em ação. Armados de revólveres e cassetetes, os policiais batiam a torto e a direito, atingindo inclusive mulheres e crianças. Começaram as correrias. Nós também corremos, refugiamo-nos num bar, de onde podíamos ver, à distância, o campo de batalha.

O bar encheu-se rapidamente. Ali se abrigaram também Graciliano, Heloísa e seus filhos, entre os quais Luiza, que mais tarde viria a ser nossa cunhada, pois se casou com James. Estavam extremamente chocados, pois tinham acabado de presenciar o assassinato de uma jovem em adiantado estado de gravidez, por coincidência, Zélia, como eu. Ao tentar fugir, ela fora atingida no ventre por uma bala. Caiu aos pés de Luiza, com quem conversara minutos antes. Morreram ela e a sua criança. Seu nome completo era Zélia Magalhães.

Esse foi o último comício legal do Partido Comunista, que teve seu registro eleitoral cassado logo em seguida, a 7 de maio de 1947, data que marcou brutal retrocesso na vida democrática do Brasil.

Os dias futuros anunciavam-se sombrios, plenos de ameaças.

FIM DE UMA BATALHA, COMEÇO DE OUTRA

Poucos dias haviam passado do trágico acontecimento ocorrido no comício, quando foi divulgado o Parecer Barbedo. Os juízes do Tribunal Eleitoral adotaram suas conclusões, colocaram o PCB na ilegalidade. Fim de uma batalha política, começo de outra, pois agora a reação partia para expulsar do Parlamento o senador e os deputados eleitos na legenda do partido.

Batalha que iria durar quase um ano, à qual Jorge dedicaria a maior parte de seu tempo. Cada vez ficava mais difícil nossa permanência no sítio. Mas resistíamos ainda a vir para o Rio, pois o sítio nos permitia repousar os nervos e ter alguns momentos nossos em meio a tanta agitação.

Continuamos a cuidar da plantação de laranjas e de nossa tão variada e divertida criação. Aliás, foi nessa ocasião que o proprietário da casa de aves, da qual éramos excelentes fregueses, anunciou a Jorge ter uma surpresa para nós. Tratava-se de um presente.

O OUTRO CORONEL

Fui buscar Jorge na Câmara e após a sessão vespertina nos dirigimos à rua da Assembleia, em busca do anunciado presente. Na loja de aves, dentro de um engradado, a "surpresa" estava à nossa espera: era um quati.

— Mansinho que é uma beleza! — elogiou o proprietário da casa, entregando-nos o animal, dentro de um engradado.

Conseguimos a custo um táxi que aceitasse nos levar até Caxias.

Cauda enorme, felpuda, com listas escuras sobre o marrom-claro, focinho comprido, olhar meigo, o quati que acabáramos de ganhar era realmente manso; posto em liberdade, não fugiu. Nós o acariciamos e ele gostou, deitou-se de costas, entregou-se. Precisávamos arranjar-lhe um nome. Decidimos homenagear seu João, dando ao quati o nome de Coronel: ele ia comandar o terreiro. Embora fosse manso, a prudência mandava que o mantivéssemos preso. Uma corrente comprida, segura em sua coleira, foi adaptada a um fio de aço estirado entre duas árvores. Ali Coronel poderia correr à vontade, de uma ponta à outra, movimentar-se. À noite ficava em casa, dormia num depósito junto à cozinha, num cestinho forrado.

O QUATI APRONTA

Sempre que seu Antônio aparecia para nos falar, já sabíamos que trazia más notícias. Naquele dia estávamos, como de hábito, cortando toronjas no galinheiro, quando ele chegou. Vinha nos avisar que Coronel se soltara e sumira. Buscara-o por todo o canto, até no sítio vizinho, sem resultado positivo; ninguém o vira, não deixara rastro. Interrompemos imediatamente nosso trabalho para procurá-lo. Devia ter fugido para longe, com certeza, em busca de namorada ou dos antigos donos, quem sabe? Depois de vasculharmos o sítio inteiro, tristes, convencidos de que o perdêramos para sempre, entramos em casa. Ao chegar à cozinha, Jorge me chamou às gargalhadas: "Depressa! Venha só ver...". Corri, curiosa, e deparei com um espetáculo verdadeiramente tragicômico: sentado no chão, em meio a um verdadeiro mar de ovos rebentados, completamente lambuzado, amarelo dos pés à cabeça, Coronel arfava, língua de fora, barriga enorme. Tendo puxado a toalha da mesa, derrubara o balaio contendo os ovos colhidos durante a semana — cerca de duzentos. Enquanto o procurávamos feito doidos, ele se banqueteava. Engolira ovos à tripa forra, tantos quantos couberam em seu estômago e mais ainda. Por pouco não morre de indigestão, e durante alguns meses virava o focinho para o outro lado, evitando ver o que fosse que tivesse forma ovalada e cor branca.

O QUATI CONTINUA A PÔR AS MANGUINHAS DE FORA

Foi Lila desta vez quem trouxe a notícia. Violeta, a galinha que eu "alinhavara", jazia no jardim, sem cabeça. A alguns metros de distância, o quati fingia dormir, o corpo estirado, colado ao chão, com a pata dianteira procurava esconder o focinho, mantendo um olho semicerrado, espiando. Respingos de sangue em sua volta davam a pista do criminoso. Jorge foi direto a ele:

— O que foi que você fez, hem, Coronel?

O quati não se mexia, parecia entender tudo; ao contrário da reação costumeira, de entusiasmo à aproximação do dono, permanecia estático. Vestígios de sangue circundavam-lhe os pelos do focinho. Ele comera apenas a cabeça de Violeta. O corpo, aquele corpo roxo todo alinhavado de branco, ficara intacto. Teria sido por causa dos alinhavos que ele o desprezara?

OS ESFARRAPADOS DE SEBASTOPOL

Nesse mesmo dia encontrei Lila toda amuada a um canto, triste. Pensei que estivesse sentida com a morte da galinha, mas não era isso. A causa de sua tristeza era outra. Não entendera a razão do esbregue que o pai lhe dera ao vê-la apartar com vassouradas o novo casal de gansos, os Esfarrapados de Sebastopol, que, segundo ela, estavam brigando a ponto de se matarem.

Esses gansos, maravilhosos, com suas alvas e longas penas esvoaçantes, iguais a farrapos dependurados ao vento, haviam chegado dois dias antes. Jorge conseguira comprá-los por pura sorte. Não estavam à venda, apenas em exposição na loja. Mas Jorge era freguês de prestígio, conseguiu que o proprietário da casa de aves os vendesse. Jorge fazia planos: queria aumentar o pequeno lago onde gansos, patos e marrecos se banhavam, pensando nas futuras ninhadas de gansinhos do fidalgo casal.

Escaldado com a experiência e a decepção que o Bersagliere lhe causara, Jorge temia um novo fracasso no galinheiro. Na véspera, o casal de gansos ficara arredio, por certo estranhando o ambiente. De quando em vez dávamos uma olhada no jardim, controlávamos o comportamento dos dois, fiscalizando os velhos gansos africanos, donos do terreiro, para que não os atacassem.

Lila chegara, como de costume, no sábado. Encantara-se com os novos hóspedes, deixando de lado até mesmo o pobre Chuli que lhe lambia os pés. De repente levou um grande susto: o gansão, enorme, montava sobre a gansa, com risco de amassá-la, e, como se isso não bastasse, bicava-lhe a cabeça com toda a violência. Correndo aflita, Lila apanhou a primeira vassoura que encontrou pela frente e não teve dúvidas: pôs-se a dar vassouradas a torto e a direito no ganso:

— Larga ela, larga ela, seu burro! — gritava a plenos pulmões.

Ao ouvir os gritos da filha, Jorge acorreu, e, diante da cena inesperada, deu dois berros na menina, razão de sua tristeza naquela tarde.

— Não se aborreça, não, Liselote — era assim que eu a chamava —, teu pai já não está aborrecido com você...

Expliquei-lhe, como pude, que ela apartara um cruzamento e não uma briga; um cruzamento que resultaria em lindos gansinhos. De olhos arregalados, inocente, assombrada, Lila me perguntou:

— E ganso cruza com a cabeça?

TARDES DE ÓCIO

Estirados na rede, sob o frondoso caramanchão de fícus, como de hábito aos domingos à tarde, ríamos comentando a inocência de Lila. Aproveitávamos aquelas raras tardes de ócio para conversar nossos assuntos, namorar um pouco, ouvindo música, lendo poesia. Dos *Sonetos* de Camões ao *Cancioneiro gitano*, de García Lorca, eu e Jorge habitávamos o mundo mágico dos poetas: "... *verde que te quiero verde...*".

Líamos Nicolás Guillén: *Sóngoro cosongo*, poesia de ritmo e cadência: *"Majombe, bombe, majombe..."*, ou então escutávamos sua voz de protesto: *"Mi Patria es dulce por fuera, y muy amarga por dentro..."*. Não faltavam nessas tardes os *Veinte poemas de amor y una canción desesperada*, de Pablo Neruda.

Ouvíramos Neruda declamar em São Paulo, numa memorável noite, no Teatro Municipal lotado, o povo aplaudindo de pé. Com voz pausada, Pablo dizia, cheio de emoção: *"Quiero escribir los versos más tristes esta noche..."*.

A poesia galega de Rosalía de Castro; os espanhóis Antonio Machado, Rafael Alberti, Hernández. Os portugueses António Nobre e Cesário Verde, por cuja poesia Jorge é apaixonado.

Não faltavam os brasileiros, é claro. Dos modernos, Drummond e Vinicius eram os preferidos, além de Sosígenes Costa, o poeta da região do cacau, que nesse tempo ainda vivia em Ilhéus, amigo fraterno de Jorge e de James.

Eu recordava poemas de Castro Alves, de Fagundes Varela, de Guerra Junqueiro, que sabia de cor, aprendidos na infância e na adolescência. Jorge divertia-se com as histórias dos sucessos que eu conquistara declamando na escola, nas Classes Laboriosas ou em festas particulares. Fazia-me repetir "O melro", de Guerra Junqueiro; "Dalila", de Castro Alves; "O cântico do calvário", de Fagundes Varela. Este último poema me comovia profundamente.

Um dia, ao me ouvir declamar inesperadamente, séria e compenetrada, longa e melodramática poesia, muito popular na minha infância, das mais aplaudidas de meu repertório, "A douda de Albano", Jorge rolou de tanto rir, por pouco não cai da rede. Estive a pique de me ofender mas acabamos rindo juntos, e para completar ainda lhe declamei "O estudante alsaciano", meu carro-chefe na escola de dona Carolina.

Esses eram os momentos felizes de nossa vida, cada vez mais raros devido à contingência política.

Estendendo a mão, Jorge a pousou sobre meu ventre:

— O moleque já está mexendo... daqui a pouco não podemos mais deitar juntos nesta rede... quando é mesmo que ele vai nascer?

— Em novembro — respondi.

— Não falta muito... Esse menino vai chegar numa época ruim... — disse Jorge, como se estivesse monologando. — As coisas estão ficando pretas...

Jorge evitava discutir comigo a situação política que se agravava. Não queria me preocupar, desejava uma coisa impossível: que minha gravidez fosse tranquila. Mas eu estava a par de tudo que se passava no país e sobretudo no Parlamento, onde o projeto de expulsão dos deputados comunistas queimava etapas; vivia aflita.

Já não suportava ficar só em casa, quando das sessões noturnas. Falava a Jorge sobre isso, quando Lila veio nos avisar de que estava chegando um carro cheio de visitas. Jorge resmungou:

— Merda! Não temos mais nem os domingos...

TERRAS DO SEM-FIM NO TEATRO

No táxi vinham o ator e diretor de teatro Ziembinski, o ator Graça Melo, acompanhados por Fernando de Barros, o único dos três que eu conhecia. Casado na época com a atriz Maria Della Costa, Fernando, velho amigo de Jorge, nos deu a notícia: Os Comediantes queriam encenar uma adaptação de *Terras do sem-fim* para o teatro. Graça Melo havia feito um primeiro tratamento da adaptação do romance; trazia o trabalho para Jorge ler e opinar.

A peça seria montada por Os Comediantes, grupo de teatro que estava fazendo grande sucesso, considerado por muitos a mais importante experiência de teatro feita no Brasil; um grupo moderno e inovador. Apesar de não ser entendida no assunto, também acho que o moderno teatro brasileiro começou com Os Comediantes.

A guerra fizera com que dois importantes diretores poloneses de teatro declamado viessem bater com os costados no Brasil: Ziembinski e Turkov. Este último passou pouco tempo entre nós. Logo que foi criado o Estado de Israel ele mudou-se para lá. Ziembinski nunca mais foi embora, naturalizou-se brasileiro e teve fundamental importância no desenvolvimento do nosso teatro. Outro fato de excepcional significação foi a montagem de *Vestido de noiva* e a revelação do mestre dramaturgo, Nelson Rodrigues.

Em 1946, Os Comediantes dominavam a estação teatral do Rio, exibindo a peça *Desejo*, de Eugene O'Neill, que lotava o Teatro Ginástico todas as noites. Entre outras peças levadas naquela temporada, recordo *A rainha morta*, de Montherlant, *Vestido de noiva* e *O anjo negro*, de Nelson Rodrigues.

O elenco de Os Comediantes era dos mais categorizados: Ziembinski, Turkov, Cacilda Becker, Ruth de Souza, Maria Della Costa, Graça Melo, Jardel Filho, Angelo Labanca, Sady Cabral, Sandro Polônio, José Magalhães Graça, Jackson de Souza, Tito Fleury, Josef Guerreiro e outros. À frente desse importante empreendimento cultural estavam figuras como as de Brutus Pedreira, Santa Rosa, Miroel Silveira.

A direção do teatro decidira montar a adaptação teatral de *Terras do sem-fim*, feita por Graça Melo. Por isso a visita inesperada naquele domingo.

O assunto mereceu prolongada discussão que durou a tarde inteira. Jorge tinha uma única reivindicação: que as músicas fossem de Dorival Caymmi, disso não abria mão. Jorge e Caymmi eram — e são — amigos fraternos, e tinham uma composição feita de parceria: "É doce morrer no mar". Jorge mesmo entraria em contato com o compositor, para acertar os detalhes.

A FAMÍLIA CAYMMI NO PEJI DE OXÓSSI

Morando naquele fim de mundo, ocupado cada vez mais com os encargos de deputado, Jorge não encontrava tempo de ir discutir em casa de Caymmi sobre as músicas para a peça teatral, cujos ensaios já haviam começado. Por fim Jorge teve uma ideia: por que não trazer Caymmi com a família para o sítio? Lá ele comporia sossegado, sem interrupções, e à noite poderiam, os dois, trabalhar juntos. Stela e Dorival concordaram em ir, levando as crianças, seus filhos, Nana e Dori. Lá permaneceriam o tempo que fosse necessário.

Ao vê-los chegar com as crianças, tive um aperto no coração. Dori era, sem tirar nem pôr, meu filho. Além de se parecerem, tinham a mesma idade.

Eu passara, havia pouco, dez dias com Luiz Carlos numa pensão em Santos, nas férias a que tinha direito por lei. Agora, grávida, não poderia mais viajar com frequência. A presença de Dori lá em casa encheu-me de nostalgia e de saudades. Lalu sempre me perguntava:

— Por que tu não traz teu filho aqui, Zélia? Xiii! Tu deve sofrer o diabo!...

A família Caymmi se acomodou em seguida. Nos dois primeiros dias Caymmi não compôs. Sondava o terreno, andava por aquilo tudo, divertia-se com os filhos. Sentado à sombra dos fícus, dedilhava o violão, acompanhava o filho numa música carnavalesca muito em voga:

— Vamos, Dori! — animava o pai.

O menino tímido, olhos baixos, voz pequena, afinadíssima, decidia-se: "Por um carinho teu, linda cabrocha/ eu vou até o Irajá./ Não importa que a mula manque/ eu quero é rosetar...". Stela ria, orgulhosa do filho. Ela também cantava lindamente. Fora cantora de *blues* na Rádio Nacional, onde conhecera o marido. Nana, mais rebelde que o irmão, adorava correr atrás das galinhas, subir em árvores... Ela também tinha uma vozinha linda, mas era rebelde, só cantava quando queria, não adiantava insistir.

À noite, os dois compadres, com Stela dando palpites, trabalhavam, um nas músicas, o outro nas letras. As músicas pouco a pouco foram surgindo, cada qual mais linda do que a outra. Uma cantiga de cego, para a abertura da peça: "Eu vou contar uma história, uma história de espantar...". Um canto de trabalho: "Vida de negro é difícil/ é difícil como o quê...". Um ponto de candomblé: "Pai Jeremia/ o meu pai de santo/ meu pai...". Todas elas compostas entre risadas e alegria, muito frango e pato assado, ovos em profusão.

Grávida como eu — dois meses menos —, Stela me distraía, com seu espírito aguçado e popular. Fazia-me rir — faz-me rir até hoje, minha querida comadre Stela Máris.

DORIVAL E A MULATA DO ALEMÃO

Um dia Jorge inventou que no sítio ao lado, propriedade de um velho alemão, habitava lindíssima mulata, amásia do velho. Ciumento como ele só, o alemão a trazia trancada o tempo todo, permitindo-lhe apenas uma caminhada pelo sítio, para tomar ar e um pouco de sol, entre cinco e seis horas da manhã.

A mentira foi tão bem pregada que até eu acreditei. Acreditei apesar de conhecer o vizinho, um alemão velho viúvo que tomava porres homéricos em dias de solidão e saudades... Stela, ciumenta e explosiva, não gostou da história, e menos ainda do interesse do marido a fazer perguntas sobre a mulata.

— Olha, Dorival, veja o que faz... Lembre que eu te dei dois filhos brancos, Nana até loira é... Deixa a mulata com o alemão dela. Não vá inventar coisas...

Rimos às gargalhadas mas... no dia seguinte, não se soube o que houve com Caymmi, parece que teve insônia, pois logo ao alvorecer já estava andando de um lado para outro na divisa do nosso terreno com o do vizinho. Ao ser interpelado por mim sobre a misteriosa mulata, Jorge se assustou:

— Você também está com ciúmes da vizinha? Que loucura! Infelizmente, minha querida, essa mulata não existe...
— riu, moleque.

Durante vários dias Caymmi voltou a acordar cedo, sem conseguir ver a bela escrava do alemão. Jorge ainda inventou que Caymmi, com sua mania de passear de madrugada, era responsável pela perda da única hora de liberdade da pobre da moça — agora o alemão não a deixava sair nem às cinco da manhã.

Terminadas as músicas, na devida afinação, Jorge convocou Turkov — diretor da peça —, Ziembinski, Graça Melo, Maria Della Costa e Sandro Polônio para ouvi-las. As canções foram recebidas com aplausos. Com aplausos também foi recebido o convite que lhes fizemos para voltarem sempre que quisessem, às segundas-feiras, dia de descanso semanal da companhia. Devido à proximidade da estreia da peça — o espetáculo foi montado em muito pouco tempo —, os artistas estavam ensaiando até nas segundas-feiras, só retornariam ao sítio após a *première*.

A família Caymmi voltou ao Rio. Com muita pena nós a vimos partir. Da gravidez de Stela nasceria Danilo, mais um músico para o famoso clã. Tenho quase certeza de que o nome Danilo foi sugerido por mim, quando Stela foi me visitar na maternidade, por ocasião do nascimento de João Jorge. Os dois, Danilo e João Jorge, seriam mais tarde colegas no Colégio Andrews, no Rio. Até uma peça infantil, um musical, fizeram de parceria; cresceram juntos, conservando e prolongando a amizade dos pais.

PRÉ-ESTREIA

Assistimos ao ensaio geral na véspera da estreia. Os artistas afiadíssimos, com o texto na ponta da língua, as músicas de Caymmi lindamente ajustadas. Os cenários muito bons, mas havia um problema difícil a resolver: faltava o piano de cauda, imprescindível numa determinada cena. No teatro existia um piano, porém pequeno, chinfrim. O jeito foi improvisar um, com caixotes vazios, de cauda, grande, à altura da fortuna do coronel Horácio da Silveira. O teclado no qual Ester, esposa do Coronel — papel interpretado por Maria Della Costa, enquanto Ziembinski vivia Horácio —, devia tocar uma sonata romântica não era visível para o público. Maria fingiria tocar, e ao mesmo tempo, nos bastidores, do outro lado da tapadeira, Magalhães Graça executaria a música no modesto piano do teatro. Atenderia a um sinal para dar início e a outro para encerrar a tarefa. Uma toalha enorme, bordada, estendida sobre os caixotes, encobriria as imperfeições do "luxuoso" piano da esposa do fazendeiro. Estava assim tudo pronto para a tão anunciada estreia no dia seguinte.

HISTÓRIA DO VELHO JOSÉ AMADO

Entusiasmados com a estreia da peça adaptada do romance do filho, o Coronel e Lalu logo cedo se enfatiotaram. Quando chegamos ao Ópera, por volta de oito horas, já os encontramos prontos, arrumados, perfumados. Lalu envergava o vestido bordado de miçangas, o mesmo da formatura de Joelson; seu João de terno de gabardine, com colete; no dedo mínimo o anelão de brilhante a dar-lhe importância. Desta vez Lalu não precisara ir ao cabeleireiro. Seus cabelos tinham voltado ao normal, estavam novamente lisos, de índia.

— Como é, não vamos? — reclamou o velho ao ver que o filho se estirara na cama, disposto a tirar uma soneca. — Já está quase na hora! — consultou o relógio.

— Não são ainda oito, meu pai. O espetáculo está marcado para as nove horas, mas certamente não começará antes das dez. As estreias sempre começam atrasadas... — disse Jorge, sem nenhuma disposição de levantar-se.

Já de bolsa na mão, Lalu voltou a colocá-la sobre a cômoda. Referindo-se ao marido, caçoou:

— Ele está olhando esse relógio desde as seis horas... Saiu ao pai. O velho José Amado também era assim. Avexado como ele só! E Jorge é igual a João: tal pai, tal filho.

Lalu sentara-se na cama, estava com uma história engatilhada, na ponta da língua:

— Uma vez meu sogro foi passar uns dias com a gente lá em Ilhéus. Na véspera dele embarcar para Itabuna, onde morava Álvaro, pediu a João que acordasse ele às cinco horas da manhã. O trem dormia em Ilhéus e saía às sete. Quando foi de madrugada, eram umas quatro horas, João se levantou; no nervoso de não perder a hora, acordava a todo instante para fazer pipi; olhou, por olhar, para o quarto do velho e viu que a porta estava aberta. Espiou lá dentro, a cama vazia. Procurou o pai pela casa toda: "Meu pai... meu pai...". Que meu pai o quê. O velho já estava longe! João se vestiu nas carreiras, foi direto para a estação, que ficava perto lá de casa, se podia ir a pé. Quando chegou na estação completamente deserta, ainda estava escuro. João correu de uma ponta à outra na plataforma, feito doido, procurando o pai no trem que estava parado, os vagões fechados... Até que descobriu ele todo encolhidinho lá dentro, sentado junto de uma janela.

"Meu pai", perguntou João, "como foi que o senhor conseguiu entrar nesse trem com as portas fechadas?" O velho, ali refestelado, respondeu: "Pela janela, meu filho, pela janela...".

HISTÓRIA DA VELHA EMÍLIA

Por um momento o Coronel se distraiu a ouvir a história do velho Zé Amado, esqueceu até que as horas estavam passando... Riu, doido para contar uma história em contrapartida à de sua mulher: seu personagem era dona Emília, ou a velha Emília, como ele a tratava, mãe de Lalu:

— Pois foi nessa mesma ocasião que os velhos, meu pai e a velha Emília, ficaram hospedados, ao mesmo tempo, em nossa casa...

O Coronel fez um parêntesis para descrever a velha:

— A mãe de Eulália era um caso sério! Não era de brincadeira! Passeadeira como ela só! Tinha muitos filhos e vivia passando temporadas, ora na casa de um, ora na casa de outro. Com o correr dos dias acabava se enjoando, arranjava uma briga, arribava. Tinha sempre uma queixa a fazer do último filho que hospedara ela.

O Coronel ria com saudades do passado.

— Mas como eu ia dizendo — prosseguiu —, naquela temporada que meu pai e ela passaram lá em casa, aconteceu um fato muito divertido: um dia, por acaso, meu pai, encontrando a porta do quarto da velha Emília aberta, foi entrando. A velha estava mudando a roupa, tranquila, quando de repente viu meu pai aparecer porta adentro. Ela estava toda pelada e levou um susto medonho! Só fez gritar: "Ai, compadre!". Meu pai ali, parado diante da velha, nem se abalou, continuou olhando. Só fazia rir do vexame dela. Atarantada, a velha Emília apanhou um vestido que estava largado em cima da cama, pra se cobrir. Foi aí que o velho disse: "Oxente, comadre! Não se avexe, não! Não corre perigo! Vosmicê já machiou e eu já femiei...".

O AVEXADO

Lalu, mal o marido terminou, saiu-se com outra história sobre os *avexames* dos Amados:

— Tu te lembra, João, daquela vez no barbeiro, lá no Pontal?

O velho sorriu, lembrava bem. Mas antes que Lalu voltasse à carga, o Coronel consultou o relógio:

— Agora não dá pra contar mais coisa nenhuma, Eulália. Se a gente não se apressar, não chega a tempo!

Mas Lalu não era avexada, não ia perder a oportunidade de contar o caso que a fazia rir só de lembrar:

— É curta, João... de repente eu conto...

Antes que o marido voltasse a se impacientar, Lalu apressou-se:

— Um dia João saiu para fazer a barba. Naqueles tempos

os homens faziam a barba no barbeiro, não sabe? — explicou-me Lalu.

— Não tinha esse negócio de gilete, era tudo na navalha. O barbeiro que atendeu João era desses que gostam de conversa. Conversando com o outro barbeiro, colocou a toalha no pescoço de João, começou a passar sabão na cara dele. Foi passando o pincel, mais de mil vezes, toma pincel pra cá, toma pincel pra lá... toma conversa... afia a navalha... larga a navalha... apanha a navalha novamente... e toma conversa... João calado. O barbeiro começou a passar a navalha, parava com ela no ar, falava e fazia gestos... A barba ainda estava pela metade quando João perdeu a paciência. Sem dizer palavra, afastou a mão do barbeiro, levantou-se, tirou a toalha do pescoço, e até logo... Lá se foi João, rua afora, com a cara toda ensaboada, metade da barba feita, metade por fazer... deixando o barbeiro abestalhado, com a navalha na mão... Avexado como o pai — concluiu, rindo de morrer.

Particularmente nesse dia, Jorge não estava avexado. Extenuado, tivera uma tarde infernal na Câmara, sentia necessidade de descansar. Dormia um sono profundo, tivemos de acordá-lo. Saímos do Hotel Ópera pouco antes das nove.

NOITE DE GALA

O Teatro Ginástico vivia uma noite memorável. Espetáculo destinado à crítica, com grande número de convidados, regurgitava de gente importante, como costuma acontecer nas estreias.

No saguão do teatro, belas e elegantes atrizes ostentavam toaletes caprichadas. Público composto sobretudo de intelectuais: músicos, cantores, escritores, pintores conversavam no saguão, esperando o sinal de chamada. Muitos parlamentares, colegas de Jorge.

Grudada em meu braço, Lalu recebia cumprimentos e rapapés. Paparicada por Deus e o mundo, sentia-se a gosto, "de grande", como costumava dizer. Um cavalheiro bem-posto aproximou-se de nós, beijou-lhe a mão. Com a maior naturalidade, Lalu beijou, ela também, a mão do cavalheiro. Surpresa com a novidade, aquele gesto inesperado, não me contive:

— Que é isso, dona Eulália?! Beijou a mão do homem?

— Oxente! Se ele beija minha mão eu também beijo a dele... — E completou: — Na Bahia é assim. As mulheres baianas são muito educadas... Hum!

Somente quando fui morar na Bahia, muitos anos depois, constatei que o hábito da mulher retribuir o beija-mão era comum nos candomblés e entre a gente do povo. Lalu não era de candomblés mas vinha do povo.

Soou o sinal convidando os espectadores a tomar assento. Dirigimo-nos às nossas poltronas. Lalu não quis sair de meu lado: junto a mim, sentia-se segura.

Três pancadas secas nos bastidores, as luzes se apagaram. Descerraram as cortinas, o ator Tito Fleury, interpretando um cego violeiro, apareceu na penumbra do palco, cantando a música de abertura da peça. Olhamos instintivamente e ao mesmo tempo, Jorge e eu, para a fileira de trás, onde estavam Stela e Dorival; trocamos sorrisos. No silêncio, a voz do cego: "Eu vou contar uma história/ uma história de espantar...". Entusiasmada, Lalu apertava meu braço; o Coronel também não disfarçou seu entusiasmo diante dos aplausos no fim do primeiro ato. Já no segundo ato, tudo ia muito bem até o início da cena em que Ester — Maria Della Costa — devia tocar piano. Coronel Horácio — Ziembinski — elogiava o piano de cauda ao dr. Virgílio — Sandro Polônio:

— Mandei buscar este piano no Rio de Janeiro, custou-me um dinheirão!

Em seguida ordenava à mulher que tocasse alguma coisa para a visita, o dr. Virgílio. Resignada, Ester sentou-se ao piano, ajeitou-se na banqueta. Magalhães Graça, lá atrás, recebeu o sinal verde, deu os primeiros acordes. Perfeita em seu papel, Maria Della Costa desempenhava-se admiravelmente nos movimentos dos braços, parecia mesmo que tocava piano e o fazia num piano de verdade. De repente, no melhor da sonata, quando menos se esperava, o piano desabou, os caixotes desmoronaram, espalhando-se pelo chão. A "pianista", ali sentadinha, completamente a descoberto, não encontrou outra saída senão cruzar as pernas, fincar o cotovelo nelas, baixar a cabeça e apoiar a testa na mão aberta, enquanto ouvia a bela melodia do piano de Gracinha, que ainda continuou tocando por alguns momentos, antes de ser advertida da catástrofe. Coronel Horácio, Ziembinski, depois de breve pausa, como se nada de mais houvesse acontecido, continuou sua fala sem fazer referência ao sucedido. Não se ouviu uma única risada na plateia, o público permaneceu em silêncio, no maior respeito. A meu lado, Lalu cutucou-me de leve e, a meia-voz, comentou:

— ... Que piano mais podre...

JEREMIAS

Durante a temporada de *Terras do sem-fim*, aos domingos, depois da última sessão do teatro, alguns atores, amigos nossos, lotando um táxi, iam para o nosso sítio. Em geral Ziembinski, Cacilda Becker, Maria Della Costa, Sandro Polônio, Josef Guerreiro, às vezes Jardel Filho. Chegavam por volta de meia-

-noite, ansiosos pela ceia; a mesa posta os esperava, farta de frangos e patos assados e de cabidela, suflês, pudins, frutas em quantidade. Dormiam lá, almoçavam, jantavam, passavam o dia descansando e na terça-feira pela manhã voltavam para o Rio. Fins de semana alegres e movimentados.

Nossa única dificuldade com a hospedagem dos artistas era a falta d'água. A que tirávamos do poço, puxada a bomba elétrica, não chegava para o consumo da casa cheia de hóspedes. A criação crescia, consumia cada vez mais água. Como reserva tínhamos um poço junto ao portão da entrada, lá embaixo. Mas era necessário transportar a água, pois esse poço não estava ligado à eletricidade. A ladeira íngreme dificultava o transporte das latas cheias, trabalho duro! A pedido de seu Antônio, compramos uns barriletes de madeira; ele achava que seria mais fácil levá-los empurrando ladeira acima do que carregar o peso da lata na cabeça. Mas o resultado não foi bom, a experiência não deu certo. Lembrei-me então, entusiasmada, dos jegues que víramos em Fortaleza, carregando barris cheios d'água, distribuindo-os na cidade. Não havia dúvida, essa seria a solução: comprar um jegue. Jorge achou a ideia boa; faltava apenas encontrar um que estivesse à venda. Pequenos como os do Ceará, certamente não encontraríamos nenhum. Seu Antônio pôs-se em campo, indagando aqui e ali, de sítio em sítio, nos arredores, e acabou encontrando um que até então puxara carroça. Ótimo!, dissemos ao mesmo tempo. Acostumado no trabalho pesado, não estranhará a ladeira nem o peso dos barriletes cheios.

O jegue chegou às nossas mãos em estado lastimável, sujo, maltratado. Porém, após um poderoso banho de escova e sabão, o animal mudou de aspecto, ficou novo em folha. Mudou até de condição e de sexo — em vez de um jegue, como eu desejara, era uma mula. Um desaponto! Demos-lhe um feixe de capim, o animal o devorou em alguns minutos; devia estar morto de fome, pois em seguida comeu grande quantidade de milho e ainda ração das galinhas. Satisfeito, chegou a relinchar.

— Jegue ou mula, vai se chamar Jeremias, em homenagem ao jumento de *Seara vermelha* — declarei, feliz por dar-lhe o nome do personagem que tanto me comovera. — Jeremias, jegue e macho, como eu queria. Não abro mão.

E assim ficou sendo Jeremias, jumento macho para todo o sempre.

O APOSENTADO, ALIÁS, A APOSENTADA

Eu já estava bastante pesada, a barriga grande, mas assim mesmo não resisti à tentação de dar uma volta pelo sítio, cavalgando Jeremias.

— Pois então monte logo — entusiasmou-se Jorge ao tomar conhecimento de minhas intenções.

Jeremias não possuía arreios nem cabresto, apenas uma corda atada ao pescoço; com a ajuda de Jorge e de um banquinho, consegui montá-lo. Dei-lhe umas pancadinhas nas ancas:

— Vam'bora, Jeremias! — ordenei.

Mas Jeremias continuava impassível, desconhecendo, na maior indiferença, as minhas ordens. Seu Antônio observava a uma curta distância, não dizia nada, nos lábios um indisfarçável sorriso. Jorge puxou Jeremias pela corda:

— Deixa comigo que ele anda... Vam'bora, Jeremias! Ande, seu corno!

Jeremias continuava firme no seu propósito de não sair do lugar. Jorge ria de meu desapontamento, de minha decepção. Resolvi apear, tentaria novamente mais tarde.

— Quem vai montar ele agora sou eu... — De um pulo só, Jorge montou o animal. — Vam'bora!

Não precisou dizer duas vezes. Jeremias saiu andando com ele na garupa. Seu Antônio, não conseguindo manter-se discreto, acompanhou o patrão nas gargalhadas.

Após dar uma volta pelo jardim, em passo lento, Jorge desmontou:

— Chegou a hora de trabalhar, Jeremias! Acabou-se a farra! Vamos à água!

Junto ao poço, enquanto eram enchidos os barriletes de água, Jeremias comia toda a erva que encontrava pela frente, sempre com um apetite milenar. Penduradas em seu dorso, as cordas que sustentariam a carga. Jorge e eu ajudamos seu Antônio nessa primeira experiência: prende aqui, amarra ali... tudo o.k. Estalando um chicotinho, seu Antônio deu sinal de partida. Fez com a boca o ruído característico de tanger cavalos, puxou Jeremias pela corda, duas lambadinhas nas ancas... Jeremias continuava interessado em procurar mato para comer, sem dar atenção às ordens que recebia. Novas tentativas foram feitas, sem resultado positivo. Nesse dia e nos seguintes, durante toda uma semana, a reação do animal não se modificou. Decididamente, Jeremias não estava mais disposto a trabalhar. Puxara carroça durante longos anos, havia cumprido sua missão na Terra, sentia-se aposentado.

O coronel João Amado, doutor em animais de carga e montaria, caiu na gargalhada ao botar o olho sobre Jeremias, quando chegou ao sítio no sábado seguinte. Não lhe havíamos contado da compra, querendo fazer-lhe uma surpresa.

— Como é que Jorge vai cair numa esparrela dessas, comprar uma mula velha desse jeito? Veja aqui — abria a boca do animal —, já está perdendo os dentes... a espinha nem se sustenta mais... está toda curva para baixo... Fosse eu, devolvia ela imediatamente — aconselhou.

Tivemos pena de devolvê-lo, e, além disso, com certeza o ex-proprietário não o aceitaria de volta, nem com dinheiro em cima. Conservamos Jeremias, embora com sua presença o consumo de água aumentasse, assim como as despesas com a ração. Comia como dez, única coisa que realmente gostava de fazer. Aceitava que Jorge o montasse e Lila também, outra privilegiada. Comigo em seu lombo nunca aceitou dar um único passo, até hoje não sei por quê.

MUDANÇA PARA O RIO

Naqueles tempos não se conseguiam apartamentos nem casas para alugar. Havia uma séria crise de habitação. Poucos anúncios nos jornais e nenhum que nos servisse. Resolvi sair andando com Lalu, perguntando a uns e outros, quem sabe?... Numa dessas caminhadas por Copacabana, encontrei Vinicius de Moraes, que estava de partida para o estrangeiro, era na época secretário de Embaixada. Ao saber de nosso problema, ofereceu-nos sua casa em Ipanema. Ele e Tati, sua mulher, já haviam se comprometido com um casal amigo, que ficaria morando na casa durante sua ausência; o casal era também amigo nosso — Léa e Zacarias de Sá Carvalho — e a casa grande, suficiente para nos acomodar até encontrarmos onde viver. Facilitaria nossa vida. O casal deu vivas e logo nos mudamos para a casa de Vinicius.

Continuei nas buscas. Voltávamos aos sábados ao sítio e lá ficávamos matando as saudades, até a segunda-feira.

Lalu adorava essas andanças à procura de apartamento. Ela gostava de movimento, se divertia.

DONA ANGELINA ESCREVE À SUA FILHA

Lalu recebeu-me, naquela manhã, acenando-me com uma carta:

— Carta de São Paulo, para você. João olhou o carimbo e disse que é de São Paulo.

Estendeu-me o grosso envelope. Carta substanciosa, como costumavam ser as cartas de minha mãe, aquela chegava a deformar o envelope. Subscritada por José Soares, meu cunhado — reconheci a letra —, mas a carta era mesmo de dona Angelina. Seis páginas grandes, escritas de ambos os lados, um verdadeiro diário, dando notícias da família e relatando fatos diversos com todos os detalhes. Comecei a ler:

ADEMIR PARA SUBSTITUIR

"Minha saudosa filha..." — não pude continuar, as lágrimas não me permitiram.

Sentia uma saudade enorme de minha mãe, de meu filho, de minha família. Agora então, em adiantado estado de gravidez, ficara mais sensível. Ia menos a São Paulo. Cada carta, com notícias de meu filho e de meu pessoal, provocava-me lágrimas incontroláveis.

Mamãe lia corretamente mas escrevia mal, não sabia por onde andava a ortografia, nem a pontuação, nem os parágrafos; tinha porém estilo próprio, suas cartas prendiam. Escrever exigia-lhe enorme esforço, pois fazia questão de contar tudo, sem esquecer detalhe; cada página custava-lhe muita concentração e mil borrões antes de chegar à redação final. Pedia-me sempre que não mostrasse suas garatujas a ninguém, envergonhada, temerosa de que caçoassem dela. Era preciso conhecer dona Angelina intimamente para entender sua escrita, o que desejava dizer. Eu já estava habituada e mesmo assim levava muito tempo antes de chegar à última página de suas cartas.

Calada, Lalu fitava-me com ar compadecido, o que contribuía para que minhas lágrimas rolassem em maior abundância.

— Não chore, não, fia! Leia tua carta, sua boba... Vai ver que tem notícias boas.

O que me contaria mamãe? Cada página dessa carta que eu acabara de receber era datada. Havia sido redigida durante uma semana.

Sentada junto à janela, decifrava os arabescos:

Vera e Paulo vieram no dia 7 de setembro aqui em casa, passar o aniversário da Wanda. A casa ficou cheia, a Wanda fez um almoço de arromba! Una sagra! *A Déa ajudou a mãe a servir os convidados. DL está uma mocinha muito trabalhadeira e bonita. A família estava toda reunida: Remo e Clara com as crianças; Tito com Clarisse, que, segundo dizem, está com novidade. Mais um neto para mim. A Vera trouxe o Fábio e o Luiz Carlos e um bolo para a Wanda. Nem sei como ela conseguiu atravessar a parada militar, na avenida, carregada daquele jeito e arrastando duas crianças. Essa tua irmã é mesmo um colosso! A casa parecia uma creche, de tanta criança reunida. Luiz Carlos está um moleque forte, levado da breca. Você não precisa se preocupar, a Vera cuida muito dele. Você sabe dona Leonor, a nossa vizinha? Ela veio de novo trazer a caixa de joias pra gente guardar. Que mania dessa mulher de trazer a* benedetta scatola, *todas as vezes que sai! Wanda desconfia que não são joias coisíssima nenhuma. Ela sacudiu a caixa, noutro dia, e pelo barulho ela achou que devem ser, isso sim, os ossos do Felisberto, o filho de dona Leonor, que morreu pequenininho, aquele que ela fala sempre... Mas desta vez a Wanda não quis guardar as tais joias, disse que era muita responsabilidade. Eu achei que ela fez bem. Você também não acha? Fiz uma nova invenção: transformei algumas varetas de um guarda-chuva velho num ótimo desentupidor de pia. Serve também para ralo. Olhe: quando você precisar pregar um prego na parede, ou em qualquer lugar, enfie nele, antes, um pedaço de talo de pena de asa de galinha — deixando uma ponta do prego livre para enfiar na parede ou na porta. Fica bonitinho e evita enferrujar as coisas penduradas. Essa foi outra invenção minha; nem são mesmo invenções... são malícias... O pessoal caçoa de minhas malícias mas acaba usando e gostando... Só não tive sucesso com as calças Ioiô... nenhuma de vocês quis usar, disseram que era trambolho, lembra? Pois eu uso elas até hoje... são muito práticas. O Tito fez uma dentadura ótima para tia Margarida. Esse teu irmão é um artista. Faz cada dentadura e serviço de prótese de deixar qualquer um de queixo caído!... Tia Margarida está menos atacada dos nervos... melhorou depois que o filho voltou da guerra. Fui noutro dia com a tia Dina levar flores na campa de teu pai. Ficamos por lá entretidas, olhando um túmulo e outro, e quando demos pela conta já tinham batido as seis horas, hora de fecharem o cemitério. A gente não reparou que era tão tarde porque ainda estava claro. Quando nós chegamos no portão, ele estava trancado e as duas presas lá dentro. Chamei um moço que estava passando na rua e ele disse que a gente fosse até o fundo do cemitério, prolado do Sumaré, que lá tinha uma cerca de cipreste aberta e nós podíamos sair por lá. Nós atravessamos o Araçá todo, mas antes de chegar nos fundos, lá embaixo, já estava escuro que não se enxergava un'anima! Tia Dina e eu tropeçando pelas campas, roba* del altro mondo!, *uma coisa fantástica! Apanhamos uma vela acesa de dentro de uma capela para iluminar o caminho mas o vento* maledetto *apagou ela... Comecei a ficar nervosa. Não encontramos cerca aberta coisa nenhuma. Voltamos de novo, aos trancos e barrancos... Eu só tinha medo de cair numa cova aberta... Imagine se a gente acreditasse em fantasmas!... Até que chegamos no portão principal, de volta. Chamei outro moço que passava na rua e ele se assustou, mas eu disse logo que eu não era alma do outro mundo, que nós éramos gente viva. Eu estava tinindo de nervoso... O moço disse que tinha outro portão de saída no lado do necrotério. Eu pedi então se ele não podia fazer o favor de pular o portão para acompanhar nós duas, porque senão a gente não ia encontrar o tal portão. O coitado ficou com pena de nós e resolveu pular o portão, como eu pedi. Quando ele já estava no alto, apareceu um guarda e deu voz de prisão. O pobre foi descer depressa e rasgou toda a roupa nas grades de ferro.* Madonna mia santissima! *Aí eu falei para o guarda que o rapaz não tinha culpa. A Dina também falou, você sabe, ela tem muito jeito para essas coisas, fala delicado... é muito* garbata... *disse que tinha ido levar flores para o irmão, que eu era a viúva... e dai* con questa *viúva!... Convenceu o guarda e o guarda não prendeu o rapaz. Ele mandou a gente esperar no portão enquanto ia dar a volta para acompanhar nós duas... Quando chegamos em casa já eram mais de nove horas e a Wanda e o José estavam assustados, sem saber o que tinha acontecido com a gente... Zélia: tenho me preocupado muito com a situação política. Onde é que querem chegar* questi farabutti? *Escuto sempre o Repórter Esso para ver se falam no Jorge. Você agora nessa situação, para dar à luz, deve andar aflita. Eu também estou. Se não fossem aqueles* maledetti *submarinos nazistas, a estas horas já tinha comprado minha passagem de avião e estava aí com você... até perdi o medo de andar de avião!*

Interrompi a leitura. Passara do pranto ao riso. Mamãe tinha cada uma! Não esquecia os submarinos alemães!

Diante de mim, de pé, curiosa de saber o motivo da minha risada, Lalu me interrogava:

— Notícia alegre, hem?

— São histórias divertidas de minha mãe...

Chegara a minha vez de baratinar Lalu; agora quem ia lhe fundir a cuca seria eu:

— Dona Eulália — disse-lhe com ar sério —, minha mãe diz que não pode vir ao Rio me visitar por causa dos submarinos alemães...

Lalu arregalou os olhos, franziu a testa:

— Xiii! A pobre da velha está maluca? Coitada...

— Maluca, nada! Ela está até muito lúcida... — retruquei.

Lalu aguardava uma explicação. Finalmente eu também lhe contaria uma história verdadeira.

LALU OUVE UMA HISTÓRIA

— Quando meu pai morreu — comecei —, deixou pouca coisa. Ele não era rico mas possuía dois automóveis velhos.

— Dois, hem! — exclamou Lalu entusiasmada.

— Ele tinha um terreninho em São Caetano, uns poucos cruzeiros na Caixa Econômica. O terreno e os automóveis foram vendidos e o dinheiro depositado, junto com o que já havia. Minha mãe mora com a filha mais velha e o genro, não tem despesas. O que recebia dos juros dava para seus gastos pessoais. Em 1942, em plena guerra — a senhora lembra? —, os submarinos alemães, sem esta nem mais aquela, bombardearam um navio brasileiro, no Norte.

Lalu me interrompeu, animada:

— Eu me lembro bem desse fato. Foram muitos navios, não foi um só que eles afundaram... foi por aqui mesmo — corrigiu —, lá pela Bahia, pelo Norte... — Voltou-se para o marido: — Tu te lembra, João?

Sem interromper a paciência que fazia, o Coronel resmungou:

— Como ia esquecer? Gente ruim... raça desgraçada desses nazistas... foi uma covardia...

— Diziam em Ilhéus — continuou Lalu — que os espiões que davam sinal para os submarinos ficavam escondidos na torre da Catedral. Era o que diziam...

Continuei minha história:

— Os alemães eram parceiros, na guerra, dos italianos fascistas, formavam o Eixo...

À medida que fatos ocorridos durante a guerra voltavam à lembrança de Lalu, seu entusiasmo aumentava:

— É isso mesmo, Eixo!... Não se falava em outra coisa naqueles tempos. Era só Eixo pra cá, Eixo pra lá...

— Aí Getúlio — continuei — resolveu castigar todos os italianos e todos os alemães que moravam no Brasil, tirando dinheiro deles cada vez que afundavam um navio nosso, e foram muitos, como a senhora sabe. Ora, minha mãe é italiana mas não tinha nada a ver com o Eixo, era contra, muito contra! Mesmo assim tomaram todo o dinheiro dela, ficou sem um tostão furado.

— E mesmo ela sendo contra o Eixo teve que pagar o pato, hem! — admirou-se Lalu. — Se eu fosse ela não pagava, não. Não havia força humana que me fizesse pagar... pagava o quê! Eu explicava tudo para o homem da Caixa Econômica e pronto. Ele não ia ter coração de fazer uma coisa dessas com uma viúva inocente. Oxente!

— É, dona Eulália, as coisas parecem fáceis mas não são. Fosse assim não haveria injustiças no mundo! Minha mãe teve que ficar calada para não acabar na cadeia. A verdade é essa.

BLECAUTE

Ainda uma vez Lalu tomou a palavra:
— Tu nem queira saber, menina! Depois que afundaram os navios, Getúlio teve medo que os alemães bombardeassem a Bahia e mandou que o povo todo apagasse as luzes de noite. Ficava uma escuridão medonha!
— Era o blecaute — esclareceu o Coronel.
— Isso mesmo — entusiasmou-se Lalu. — Já tinha até esquecido do nome daquela escuridão. Era blecaute mesmo. Só tu vendo! Não se podia sair de casa...
— Em São Paulo também tivemos exercícios de blecaute, dona Eulália. Alguns dias por semana, já não lembro quantos, durante uma hora. A senhora quer saber de uma coisa? Nunca vou esquecer São Paulo nas trevas. Eu ficava na janela, lá no alto de meu apartamento, como se estivesse, à noite, no tombadilho de um navio, sem ver o mar. Era tão grande o silêncio e a escuridão, que chegava a arrepiar. Os automóveis, os raros que saíam por necessidade urgente, deviam ter os faróis forrados com um pano preto ou pintado de preto com uma nesga descoberta. Se alguém precisasse ir à rua, tinha que colocar uma faixa branca no braço. Os elevadores paravam antes das manobras começarem, antes da sirene tocar. Nas primeiras vezes, a ordem não foi obedecida e muita gente ficou presa dentro dos elevadores durante uma hora.
— Que blecaute mais danado! — comentou Lalu. — Logo se vê que é paulista!

DIO BENEDETTO

Lembrei-me de um fato bizarro, ocorrido nesse tempo; achei que Lalu gostaria de ouvir:

— No edifício em que eu morava, dona Eulália, minha vizinha, dona Margherita, uma senhora estrangeira que possuía um cachorrinho lulu, branco, resolveu sair durante o blecaute, pois aquela era a hora em que o luluzinho costumava fazer suas necessidades na rua. Dona Margherita colocou uma faixa branca no próprio braço e outra no corpo do cachorro — a do luluzinho era de cetim brilhante. Muito orgulhosa ela explicou, ao ver minha cara de admiração: "Ele também merece..." — desceu seis andares no escuro e repetiu a façanha sempre que foi preciso.

Lalu ouvia com atenção a história; suspirou:

— Mulher doida! — Recuperando-se, balançou a cabeça: — Não sei como Zélia se lembra de tanta besteira...

Um pouco desapontada com o fracasso de minha historinha e com o comentário de Lalu, pedi licença para terminar de ler minha carta, que já estava no finzinho. Lalu não deixou, tinha algo importante a dizer:

— Por que é que tu não manda uma passagem de avião para dona Angelina? Fale com Jorge, ele te dá o dinheiro. Ele já me disse que gosta muito dela.

— Eu já convidei mamãe uma vez, dona Eulália, já faz tempo. Ela não quis vir porque tinha medo de viajar de avião; ela nunca andou de avião. Agora me diz que já não tem medo, mas, no momento, eu é que não posso recebê-la. Estamos de mudança, sem casa para morar... Quando tivermos o apartamento eu faço ela vir.

— Estou doida pra conhecer a velha... — disse Lalu.

— Minha mãe não é velha, não, dona Eulália! Ela ainda

não tem sessenta anos... é forte, sacudida, bonita. Engordou depois da morte de meu pai. Ele achava, coitado, que mulher devia ser gorda para ser bonita. Não teve sorte. Enquanto ele viveu, mamãe era magra.

Sem dizer mais nada, voltei à minha leitura. Mamãe pedia que eu lhe desse sempre notícias. Agradecia o exemplar de *Seara vermelha* que Jorge lhe mandara com dedicatória: "Vou ler devagar, como costumo fazer... No começo do livro tem uma dedicatória para Zé. Será você? É assim que ele te chama?".

Mandava lembrança para dona Eulália e seu João: "Sou muito grata pelo carinho que eles têm por você. Beijos e abraços de tua mãe saudosa...".

Mais abaixo, um P.S.: "Me diga uma coisa: esse Barreto Pinto que pediu o fechamento do partido não é o mesmo deputado que apareceu de cuecas e cartola, tomando banho nu e rindo, nos retratos de uma reportagem na revista *O Cruzeiro*? Vocês chegaram a ver? Mande dizer, porque eu guardei a revista e posso mandar para aí, se vocês quiserem. A Wanda teima que não é o mesmo homem, que não é possível existir tanto descaramento... Mas é. *Madonna mia santissima!* O mundo está perdido! Como é que levam a sério um *buffone di questi*? Onde é que vamos parar, *Dio benedetto!*...".

Com a leitura da carta e das histórias, nos atrasamos, adiamos nossa saída para depois do almoço, teríamos a tarde toda livre para procurar apartamento.

Durante o almoço, muito satisfeita, Lalu comentou a carta de mamãe, desvanecida com as recomendações mandadas a ela e ao marido. Quando eu lera em voz alta, pouco antes, o trecho que lhes dizia respeito, Lalu, educada e formal, agradecera:

— Muito obrigada pelas lembranças... Quando escrever a dona Angelina, retribua; mande lembranças minhas e de João também. — Depois sorriu: — Tu falou bem de nós a ela, não foi?

LALU PERDE UM PASSEIO

O Coronel não gostava muito de nossas andanças, quer dizer, não gostava de ficar sozinho; sentia falta da presença da mulher, irritava-se com nossas saídas constantes, nos últimos dias:

— Eulália não para mais em casa — dizia e repetia —, só vive na rua... Do que ela gosta mesmo é de ficar batendo pernas por aí...

Acontecia, por vezes, ele resmungar, certo de que a mulher estivesse de aparelho desligado, mas naquele dia se enganara e recebeu o troco:

— Gosto de rua coisa nenhuma, saio por necessidade! Tu é que não pode passar nem um dia sem ir conversar com Pedro Amado lá na Manon, sem ir à livraria... Tu vive dizendo que não se importa que eu saia, que sou livre, que mais isso, que mais aquilo... Mentirada danada! Quando sabe que eu vou sair, vem logo me atazanar, fica todo emburrado...

O Coronel não deu resposta, continuou de cara amarrada.

Já estávamos no ponto do ônibus, íamos a Copacabana, quando, de repente, surgiu seu João, correndo todo esbaforido:

— Eulália! Tu sai, deixa o gato trancado no guarda-roupa e leva a chave... — o Coronel não escondia sua fúria.

Muito calma, sem responder, Lalu abriu a bolsa, tirou de dentro o molho de chaves e quando estendeu o braço para entregá-las ao marido, ele já ia longe; dera uma rabanada, gritando-lhe:

— Quem trancou que destranque!

Em poucos segundos sumiu de nossas vistas. Com um suspiro de resignação, Lalu voltou-se para mim:

— Tu está vendo? Tenho ou não razão quando digo que ele quer me ver trancada com ele naquele hotel... Isso tudo é birra! Não quis nem levar as chaves... Eu conheço ele. Que jeito agora, senão voltar para o hotel? Tu vai sozinha desta vez, me desculpe, viu, fia?

BOM PALPITE

Tomei o ônibus que acabava de parar no ponto. Saltei em Copacabana, fui andando devagar, perguntando por apartamento a alugar em todas as portarias de edifícios. Ao passar por um prédio em fim de construção, andaimes ainda na calçada, tive um pressentimento. Sempre fui boa em palpites. Dirigi-me ao vigia da construção e para grande surpresa minha ele me informou que havia um apartamento vago no segundo andar; não somente vago como também mobiliado. A proprietária, que estivera de casamento marcado e ia habitá-lo, desmanchara o noivado. Se o candidato a inquilino conseguisse o habite-se na prefeitura, poderia mudar-se em seguida. O edifício ainda não tinha elevador, nem iluminação nos corredores; aquele seria o primeiro apartamento a ser habitado. Entusiasmada, tomei nota do nome e endereços da proprietária — o da residência e o do trabalho — e voltei para o Ópera. Queria dar a grande notícia a Lalu, pois não tinha mais dúvidas, encontrara onde morar.

O GATO CHAMADO PROFESSOR

Ao entrar no quarto dos velhos, encontrei Lalu sentada na cama, costurando. Vendo-me suspirou fundo, ar contrito, sem fazer rodeios, declarou-me:

— Professor morreu.

Levei um choque e não disfarcei meu espanto:

— Morreu, dona Eulália? Como?

Lalu falava de cabeça baixa:

— Pois é, minha filha. Gato é animal forte, até que dizem que tem sete fôlegos, mas... o meu se foi!

Cobriu o rosto com as mãos, pôs-se a chorar. E chorando ela me contou o triste fim de seu gato:

— Quando eu abri o guarda-roupa ele já não miava, estava todo largado. Pensei até que estivesse desmaiado, mas tinha morrido. Cresceu muito depois de morto... ficou um bitelo deste tamanho — mostrava-me com as duas mãos um tamanho descomunal. — João está danado comigo! Saiu esbravejando, me acusando de ter matado o gato dele...

Novamente Lalu cobria o rosto com as mãos, chorava.

— E onde está o corpo de Professor? — perguntei, angustiada, passando a mão em sua cabeça.

— Sei lá, acho que a Conceição jogou ele no lixo...

Saí porta afora atrás de Conceição, a arrumadeira portuguesa. Conceição surpreendeu-se, não sabia nada sobre a morte do gato de quem cuidava, mudando diariamente a areia do caixotinho.

— Talvez José saiba — disse-me. — Vamos procurá-lo.

José, o faxineiro espanhol, velho empregado de dona Gina, já havia saído.

Depois de procurarmos, em vão, o corpo do gato, em todos os depósitos do hotel, do térreo ao último andar, voltei ao quarto, desolada; gentil, segurando-me o braço na intenção de me amparar, Conceição me acompanhou. A moça também estava consternada, com pena do animal e preocupada com a minha gravidez.

— Não o encontramos — disse a Lalu. Deitei-me na cama e só então chorei: — Eu gostava tanto daquele gato... Ele me conhecia, miava para mim, vinha ao meu encontro... — lamentei entre lágrimas. — Estou me sentindo culpada de ter arrastado a senhora comigo...

Surpresa com minha reação, Lalu ficou passada. Buscou me consolar:

— Não chore, não, minha filha... Eu não pensei que tu gostava tanto desse gato... nunca pensei — repetiu.

Tomada de cuidados, a jovem portuguesa apressou-se a ir buscar um copo d'água para mim, num moringo que ficava de hábito no quartinho de Joelson. Voltou em seguida carregando nos braços Professor ainda sonolento. Encontrara-o dormindo na cama de Joca. Os olhos de Conceição fuzilavam. Não se conteve; com sua carregada pronúncia portuguesa e sem papas na língua, esbravejou:

— Então isso se faz, dona Eulália? Não está a ver que a rapariga está grávida?

Sem tomar conhecimento da presença de Conceição nem do que ela lhe havia dito, Lalu pôs-se a rir:

— Mas essa Zélia é uma boba... acreditou na brincadeira... Eu fingindo que chorava mas estava era rindo... e a boba acreditou!

Vendo que eu não reagia, continuou:

— Tu não viu, menina, que ninguém pode morrer sufocado dentro de um armário como esse, cheio de ventilação?

De tanto rir, corriam lágrimas pelas faces de Lalu.

— Está bem, dona Eulália — disse-lhe a custo, um nó

me apertando a garganta —, eu sou mesmo uma boba. A senhora tem razão.

Sem dizer mais nada, levantei-me, apanhei minha bolsa:
— Vou andando que está na hora.

Saí ouvindo Lalu me chamar, pedindo que não fosse... Eu não tinha condições de ficar. Dei adeus com gesto de mão e parti.

CAMÕES

Combinara com Jorge apanhá-lo na Câmara, no fim da tarde. Chegaria ao terminar a sessão. Não queria, ou antes, já não devia assistir aos explosivos debates de que tanto gostava e tanto me exaltavam. O médico que me assistia e me conhecia bem aconselhara-me:

— No seu adiantado estado de gravidez, evite se emocionar demais, ficar nervosa... pode ter o nenê fora de hora... Não assista mais aos debates na Câmara, Zélia, não deve.

A sessão da Câmara apenas começara e eu tinha muito tempo pela frente. Ocorreu-me a ideia de procurar a proprietária do apartamento da avenida Copacabana. O escritório onde ela trabalhava estava situado no centro da cidade. Tomei um bonde na rua do Catete e em meia hora, não mais, encontrei-me diante da pessoa que podia resolver meu problema.

Jovem ainda, bem-vestida, maquilagem perfeita, um lacinho de veludo arrematando um bandó de cabelos, extrovertida, dona Lucy, antes mesmo de deixar-me falar dos problemas que ali me levavam — o aluguel do apartamento e o habite-se —, pôs-me a par de sua desventura amorosa:

— Camões me fez poucas e boas, fui obrigada a desmanchar o casamento já nas vésperas... Até o vestido de noiva estava encomendado... Não quero, nunca mais, ver esse homem em minha frente.

Não havia dúvida: dona Lucy encontrava-se bastante traumatizada. Como eu não perguntasse nada sobre as travessuras do tal Camões, ela prosseguiu:

— O que Camões me fez foi demais! — Ainda uma pausa e um suspiro: — Boa história para seu marido escrever... Dava um romance...

Mesmo com tanta deixa, continuei a não perguntar sobre o que lhe fizera o noivo, não lhe pedi detalhes sobre a causa do casamento desfeito. Sabendo da trabalheira que iria ter para conseguir o habite-se, eu temia que uma reconciliação dos noivos me deixasse a ver navios, mandada embora com um simples *buona notte gesù*, como diria dona Angelina. Para livrar-me do mau pressentimento, tratei de sondar o terreno:

— E se seu Camões, arrependido do que fez, vier lhe pedir perdão?

Fui interrompida por uma gargalhada sonora que iluminou o rosto de dona Lucy. Por que estaria ela rindo? Que disparate havia eu dito? A resposta veio em seguida, espontânea:

— O nome dele não é Camões, não! — Continuava a rir: O nome dele é... — Hoje já não me lembro qual foi o nome que ela disse, mas soava assim como Otávio Arlindo (com licença de Chico Anísio). — Camões é um apelido que dei ao cretino...

Tranquilizada, arrisquei ainda uma pergunta, desta vez por pura curiosidade:

— Ele é poeta?

Nova gargalhada:

— Qual poeta, qual nada! O que ele é, é zarolho!...

A essa altura Lucy e eu já estávamos íntimas. Muito por

dentro do assunto habite-se, Lucy deu-me as dicas de como consegui-lo:

— Antes de mais nada é preciso ter pistolão. Você deve ter muitos. Tem de conseguir, com a firma construtora do edifício, um certificado atestando que o apartamento está em condições de ser habitado, com água, luz e gás. O escritório da companhia fica neste prédio mesmo. De posse do documento, você vai à Prefeitura procurar o responsável por esse setor, que, por sinal, é uma mulher. Aí é que está o problema! Tratar desses assuntos com mulher é fogo! Mais difícil do que com os homens. Elas são duronas, desconhecem a palavra "jeitinho", necessitam se afirmar.

Pediu-me que esperasse um momento, enquanto ia buscar os dados sobre o apartamento e anotar num papel nomes e endereços. Lucy não demorou. Desejou-me boa sorte. Assim que tudo estivesse pronto, voltasse para assinar o contrato.

SALVA PELA BURGUESIA

Eu lutava por esse apartamento, sem ao menos tê-lo visto. Supunha apenas, por pura intuição, que era o que nos convinha. O aluguel — 2200 cruzeiros — era pesado, mas espremendo bem, caberia em nosso modesto orçamento.

Iniciara as *démarches* com sorte, tudo parecia correr a contento, estava no bom caminho, seguiria em frente.

Sobrecarregado com coisas a fazer, Jorge me dera carta branca para resolver sozinha esse assunto: procuraria e alugaria o apartamento que melhor me parecesse, sem a sua intervenção. Ele entraria no apartamento quando eu tivesse terminado a mudança.

Na continuação de minha empreitada, subi alguns andares em busca do diretor da companhia, doutor não sei quantos, nome que nunca ouvira antes.

Entreguei meu cartão à secretária. Mandou que eu esperasse; em seguida voltou e acompanhou-me à sala do diretor, que estava vazia. Depois de introduzir-me, retirou-se dizendo:

— Aguarde um momento, por favor, ele já vem...

Aquele salão imenso, ricamente mobiliado, possuía, entre outros móveis, um grupo de cadeiras estofadas, de couro verde-escuro. Meu cansaço era enorme, tão grande que não titubeei em sentar-me numa das imensas poltronas. Ao largar meu corpo e nela acomodá-lo, dei-me conta de que dali não poderia sair; estava completamente perdida, sem nenhuma possibilidade de levantar-me. Para sempre enterrada naquelas profundezas.

Daquelas profundezas, distraí-me, enquanto aguardava, olhando a fotografia de uma jovem loura, cabelos soltos, com duas crianças, num porta-retratos com rica moldura de prata, sobre a escrivaninha do diretor. Devem ser a mulher e os filhos dele, pensava, quando a porta se abriu e um senhor elegante, alto, forte, charuto na boca, o próprio executivo, entrou. Não podia haver engano, era o tal. O cavalheiro marchava em minha direção, rosto sério. Eu ali, encravada, a barriga pesando mais do que nunca; na impossibilidade de movimentar-me, deixei-me ficar à espera. O homem aproximou-se e, ao perceber que eu não me movia, nem fazia menção de levantar-me, estendeu a mão para me cumprimentar:

— Como vai...

Inconsciente, sem raciocinar, vi naquela mão estendida a minha tábua de salvação. Agarrei-a rápida e firmemente; segurei-a com todas as minhas forças. Com a mão esquerda apoiei-me no braço da poltrona, dei um impulso, numa primeira tentativa para pôr-me de pé, sem resultado.

Sendo na época bastante sectária (hoje já não o sou, felizmente), não pude desconhecer, contudo, que o diretor, homem fino, o perfeito burguês, símbolo do capitalismo, tivesse sido de ajuda fundamental para libertar-me daquela situação desagradável. A gratidão sempre foi uma de minhas qualidades que nenhum sectarismo conseguiu destruir, disso posso me gabar. Senti-me profundamente grata, pois, gentilmente, o cavalheiro colaborou. Até deu um passo à ré a fim de ficar mais a jeito, equilibrando-se para não cair, facilitando a manobra. Nova tentativa, novo impulso, força!... Em meio à trajetória, dei-me conta do ridículo da situação, mas não recuei. Consegui ficar de pé, encabulada, desculpando-me, ele rindo, cortês. Esse foi um bom início de conversa, facilitando-me atingir meu objetivo. Depois de tomar conhecimento das minhas pretensões, comprimiu um botão, a secretária apareceu. O diretor pediu que me servissem um cafezinho, ordenou-lhe que preparasse o documento. Enquanto aguardávamos a volta da jovem, conversamos sobre vários assuntos: situação política, guerra, literatura, sobretudo literatura. Confessou-me que escrevia, possuía uns originais inéditos, nunca os mostrara a ninguém...

Quando nos despedimos, aconselhou-me que procurasse em seguida, na prefeitura, pois aquele era seu horário, a dra. Maria Ester Ramalho — a mesma que já fora indicada por Lucy —, pessoa compreensiva, engenheira competente.

Consultei o relógio, havia tempo de sobra.

ANTESSALA DE REPARTIÇÃO PÚBLICA

Encontrei a antessala da engenheira, dra. Maria Ester Ramalho, superlotada. As poucas cadeiras estavam ocupadas; a maioria das pessoas permanecia de pé, cada qual com seu papel na mão, documentos gastos e amarfanhados de tanto manuseio. Eu era a única ali que não exibia nenhum papel. Aliás, acabara de retirar da bolsa um cartãozinho de visita, na esperança de que aparecesse alguém que pudesse encaminhá-lo. Uma senhora levantou-se para ceder-me o lugar. A princípio recusei, mas, diante de sua insistência, acabei aceitando a gentileza, não sabia quanto tempo ainda deveria esperar.

Do fundo de um corredor, vi surgir uma jovem com ar de funcionária. Abandonei meu posto, fui direto ao seu encontro, pedi-lhe que entregasse o meu cartão à dra. Maria Ester. Ela não teve coragem de negar-se, embora pertencesse a outra seção, estando ali por acaso. Uma gravidez avançada impressiona muito, e a jovem não discutiu: sumiu com meu cartão.

Ao voltar ao meu lugar, deparei com um homem que o ocupara. Fora mais rápido do que a senhora, a que me cedera a cadeira. Iniciava-se um resmungo entre os dois, o homem a justificar sua atitude, dizendo que estava de pé desde as quatro da madrugada, que fora dos primeiros a chegar quando a prefeitura ainda estava fechada. Nem pude intervir, pois nesse instante a porta abriu-se e uma moça simpática, discretamente trajada, ausência completa de pintura no rosto, veio ao meu encontro. Todos se voltaram para ela, inclusive eu. Fitando-me, deu um passo a mais em minha direção, um sorriso nos lábios:

— Como vai, Zélia? — Maria Ester passou o braço em meus ombros: — Vamos entrar?

Sem jeito, bastante envergonhada e com algum remorso de passar na frente daquela gente que esperava havia tanto tempo, acompanhei a engenheira. Não me lembrava, absolutamente, de tê-la visto antes...

Percebendo a confusão que ia pela minha cabeça, pôs-me à vontade:

— Você não está se lembrando de mim, e nem podia. Não preciso dizer que sou grande admiradora de Jorge Amado, que acompanho todos os seus passos. Te vi pela primeira vez em São Paulo, durante os preparativos do comício no Pacaembu. Nem podia mesmo ter notado a minha presença, você tão ativa no meio daquela gente toda... E a última vez foi num churrasco em Jacarepaguá. Fomos até apresentadas.
— Maria Ester ria.

Até aquele momento eu não havia dito nada, confusa. Acabava de descobrir, com grande satisfação, que a dra. Maria Ester era uma companheira de ideias.

— Mas no que posso te ser útil?

Expliquei-lhe todo o assunto, entreguei-lhe o documento da firma construtora. Ela leu com atenção:

— E você acha que, nesse estado, vai poder subir dois lances de escada a pé? No escuro?

Claro que podia. Era o que mais fazia ao visitar os velhos no Ópera, andares infindáveis... estava habituada. Quanto à luz, uma boa lanterna de mão resolveria o problema. Eu necessitava, com a maior urgência, desse apartamento. Pressionei.

Ao ver-me tão aflita, Maria Ester me acalmou:

— Não se preocupe. Vou mandar examinar o apartamento, ver as condições do prédio, e se tudo estiver conforme atesta a companhia, amanhã mesmo você terá um documento que permita encaminhar o contrato e, em seguida, o habite-se. Ainda amanhã te darei uma resposta. Não precisa voltar aqui, é muito cansativo.

Dei-lhe o telefone da casa de Vinicius, onde continuávamos hospedados. Consultei o relógio, estava na hora de partir.

FINAL DE UM DIA AGITADO

Andei o mais depressa que pude para não me atrasar. No alto das escadarias do Palácio Tiradentes, lá estava Jorge — divisei-o de longe —, sobraçando a pasta de couro, o cigarro na boca. Certamente a sessão terminara antes da hora, pensei; mas não, as discussões continuavam lá dentro.

Ao avistar-me, antes que eu subisse as escadas, Jorge fez-me sinal para que esperasse, veio ao meu encontro. Não conseguia esconder seu nervosismo:

— O que foi que aconteceu com você? — perguntou-me aflito.

— Comigo? Nada. Acho que estou um pouquinho atrasada, mas tenho uma novidade: já acertei tudo, resolvi hoje o que queria. Acho que bati um recorde! — exclamei vitoriosa.

Intrigado, sem saber a que me referia, Jorge se impacientava:

— Telefonei há pouco para o Ópera, queria falar com você mas foi meu pai quem atendeu. O velho estava nervoso, disse que você saiu de lá muito cedo, chorando... que minha mãe tinha feito uma brincadeira com você... Uma história atrapalhada sobre o gato, não entendi nada.

Com as andanças do dia, eu esquecera por completo o assunto da suposta morte de Professor. Coisas mais importantes haviam acontecido depois que saíra do hotel; nem lembrava do incidente com Lalu. A história fora relegada a um segundo plano. Mas, já que o Coronel havia falado a Jorge, eu voltei ao assunto para esclarecê-lo. Contei-lhe tudo. Em geral Jorge costumava permanecer neutro, mas desta vez tomou partido:

— Minha mãe faz cada uma... Foi bom você ter saído logo — comentou —, evitou uma discussão desagradável.

Você sabe, minha mãe é cheia de imaginação, adora pregar peça aos outros. Desta vez não foi feliz. O que é importante, o que conta — concluiu — é que ela gosta muito de você, não faz segredo disso. Deve estar aflita, coitada...

Ao certificar-se de que eu não guardara ressentimento, Jorge quis saber da novidade que eu tinha para ele.

Pomar desceu a escadaria, juntou-se a nós. Na qualidade de quarto-secretário da mesa, na Câmara, tinha direito a automóvel e chofer. Estava à espera do carro. Ofereceu-nos carona para Ipanema, já que esse era seu rumo.

No caminho contei as minhas peripécias naquela tarde, o meu encontro com o chefão da empresa... Jorge riu muito:

— Depois você vai me dar os endereços e os nomes completos dele e da dra. Maria Ester; quero mandar livros para os dois.

Satisfeito com a solução do problema da habitação, entusiasmou-se e se dispôs a me acompanhar, na manhã seguinte, a Copacabana, para visitar o apartamento.

Jorge também tinha novidades a contar. Recebera naquela tarde telefonema da atriz e produtora Carmen Santos, uma velha amiga, pedindo-lhe que fosse à sua casa à noite. Estava com planos para a realização de um filme para o qual queria que ele escrevesse a história. Jorge telefonara para o Ópera e depois para a casa de Vinicius, a fim de me pedir que não fosse buscá-lo, como combináramos: ficasse descansando, já que sairíamos após o jantar. Ele estava muito interessado nesse encontro, que podia render-lhe algum dinheiro, tão necessário naquele momento, quando as nossas despesas aumentavam com o aluguel do apartamento e com o meu parto a se aproximar.

Pomar nos deixou perto da casa de Vinicius, bem em frente a uma padaria. Sentia-se à distância o cheirinho delicioso do pão saindo do forno. Jorge não resistiu, fez o que mais gostava e gosta de fazer: entrou na padaria e comprou pães de todos os tipos e formatos, quantidade que daria para alimentar todo um exército. O aroma do pão quentinho botava água em nossas bocas. Tiramos uma bisnaga quente e crocante do saco de papel pardo e, aos nacos, a devoramos em dois tempos.

Devido ao meu cansaço, a visita a Carmen Santos foi adiada para o dia seguinte.

CASTRO ALVES

O casarão antigo, térreo, rodeado de mangueiras, ficava no final de linha, da rua Conde de Bonfim, na Tijuca.

O terraço lateral da casa estava escuro, mas havia luz na sala da frente. Carmen Santos veio nos receber. Vestia calça de cetim preta, blusa clara e transparente sobre a pele, bastante ousada para a época. Ao ver-me, num gesto rápido de recato, colocou as mãos sobre os seios, na intenção de cobri-los, e explicou:

— Desculpe... não sabia que você vinha...

— Fique à vontade — disse-lhe, rindo.

Com esse diálogo nasceu uma boa amizade entre nós duas, que durou até a morte de Carmen.

Mário Peixoto, seu associado, também estava sendo esperado. Fora lá na véspera, ficara de voltar novamente naquela noite, se pudesse.

Carmen Santos desejava que Jorge escrevesse o argumento para um filme sobre Castro Alves. Repetiu-lhe o que já havia dito por telefone. Mário Peixoto seria o diretor.

Apesar da vida atribulada que estava levando, Jorge aceitou a ideia. O assunto lhe era familiar: Castro Alves, com sua poesia libertária e lírica, sempre fora uma de suas paixões. Publicara, em 1941, o *ABC de Castro Alves* e escrevera, em 1944, uma peça de teatro, Os *amores de Castro Alves*, a pedido da atriz Bibi Ferreira, diretora de uma companhia teatral, na época. Dissolvida a companhia, a peça não chegou a ser representada, mas foi editada em livro, anos mais tarde, com o título de O *amor do soldado*.

Mário Peixoto acabou não aparecendo naquela noite. Telefonou desculpando-se. Ficou acertado, então, um outro encontro onde os três concluiriam o acordo.

ESCÂNDALO INTERNACIONAL

A situação política se agravara naquela semana, ao ser divulgada a notícia de um acontecimento em que estava envolvido um diplomata brasileiro. Segundo as manchetes dos jornais, sucedera grave incidente envolvendo o diplomata e funcionários soviéticos, em Moscou.

Circulavam duas versões sobre o caso: a primeira, divulgada por forças de direita, dizia que o secretário Luiz Soares de Pina, da Embaixada do Brasil na URSS, havia sido atacado, barbaramente espancado e amordaçado, num ato de selvageria, por russos sanguinários, no Hotel Nacional, onde habitava.

A outra versão explicava que, completamente embriagado, o secretário Soares de Pina, vulgo Pina Gomalina, residente no Hotel Nacional, em Moscou, após ter violentamente tentado destruir móveis e utensílios do restaurante do referido hotel, fora levado para seus aposentos, onde continuara a quebrar espelhos e tudo que encontrara pela frente. Funcionários do hotel haviam sido obrigados a imobilizá-lo, enquanto esperavam a chegada de responsáveis da Embaixada brasileira, prevenidos e já a caminho.

Os partidários da primeira versão clamavam e exigiam que o presidente Dutra lavasse a honra do Brasil, já que a pátria fora ultrajada, rompendo relações com a União Soviética.

Os que acreditavam na segunda versão exigiam do presidente da República que retirasse, com urgência, de seu posto o diplomata que não soubera honrar a missão que lhe fora confiada, que desrespeitara a dignidade brasileira no exterior. A *Imprensa Popular* publicara fotos do quebra-quebra no Hotel Nacional, com a seguinte manchete: "Façanha de cachaceiro contumaz!".

A ÍNDIA EM CASA DE ANÍBAL MACHADO

Sempre que nos era possível, íamos à casa de Aníbal Machado aos domingos pela manhã. Esses encontros domingueiros com o autor de *A morte da porta-estandarte* eram agradabilíssimos, reuniam escritores, artistas e amigos dos donos da casa, das mais variadas profissões. Falava-se sobre temas variados, contavam-se histórias e anedotas, discutiam-se os assuntos mais diversos, inclusive literatura e política. Escritor de minha grande admiração, homem de esquerda de larga trajetória, candidato a deputado federal em Minas Gerais pelo Partido Comunista, Aníbal evitava as discussões sobre literatura e política, em geral polêmicos. Por isso as "domingueiras" eram extremamente agradáveis e alegres. Recordavam-me as reuniões da casa de Aparecida e Paulo Mendes, em São Paulo, quando podíamos rir descontraidamente, esquecidos dos problemas quotidianos. Eu necessitava cada vez mais desses momentos de distensão, pois a situação política, que se tornava cada vez mais tensa, com as constantes violações das liberdades recém-consagradas pela nova Constituição, se agravara agora com o *affair* Soares de Pina.

Certo domingo, encontramos na porta da casa de Aníbal o pintor Di Cavalcanti, que se fazia acompanhar pela Índia, sua bela modelo. Entramos juntos.

A chegada da espetacular mulata causou certa inquietação, melhor dito, certo impacto, evidente assanhamento entre os homens, que se ajeitaram nas cadeiras.

As conversas seguiam seus rumos com discussões por vezes inflamadas. Calada, no seu canto, a Índia ouvia tudo com atenção, sem se manifestar. Em certo momento o dono da casa preocupou-se com o silêncio da bela moça; não estaria ela, por acaso, se chateando profundamente? Aproximou-se e lhe perguntou:

— Não acha que estas conversas estão muito chatas?

A Índia se iluminou:

— Eu adoro essas sacanagens!

Os encontros com as pessoas amigas serviam para aliviar a tensão em que eu vivia, em meio a uma intensa batalha política e a um mês de dar à luz.

DOUTORA LALU

Naquela tarde, depois de apanhar com o radiologista a chapa de meu ventre pedida pelo obstetra, segui para a rua Santo Amaro. Pela primeira vez voltava ao Ópera, depois do incidente do gato, ocorrido dois dias antes.

Os velhos faziam sua sesta, ferrados no sono, quando cheguei. Pé ante pé, para não despertá-los, entrei no quarto de Joelson, deitei-me em sua cama, descansaria um pouco. Acabei pegando no sono. Despertei com o vozeirão do Coronel:

— Tu pensa que ela vem? — Ele mesmo respondia: — Vem coisa nenhuma... Vá esperando...

Ouvi-o abrir a porta e logo tornar a fechá-la, hábito seu quando estava à espera de alguém. Levantei-me em seguida, fui para o quarto deles. Ao ver-me, Lalu abriu-se num sorriso de satisfação:

— Ói ela!...

O Coronel voltou-se:

— Oxente! Estava aí? Por onde entrou?

Não me referi ao incidente do gato, nem dei chance para que ele entrasse em pauta. Estendi a Lalu a chapa, já fora do envelope:

— Veja aí a radiografia de seu neto.

Ler bulas de remédios e examinar chapas era o fraco de Lalu, doutora em radiografias, que para ela não tinham mistérios. Mostrou-me, certa vez, uma chapa antiga, dos tempos de sua operação, indicando-me com o dedo seus rins, que ela localizava pouco abaixo do coração:

— Eu estava tão ruim que tudo se misturou lá por dentro — explicou.

De posse da radiografia, Lalu se dirigiu à janela, onde melhor iluminação facilitaria sua tarefa. Levantou a enorme folha transparente, óculos a postos, ar severo de entendida, não levou muito tempo para revelar o diagnóstico. Por fim, fixando-me, vitoriosa, exclamou:

— Eu não dizia que ia ser menino?

Parou um instante, dirigiu-se à imagem de santo Antônio, na cantoneira:

— Obrigada, viu, Tonho?

Chamou o marido:

— Vem cá, João, venha ver a loloquinha dele! Teu neto vai ser um meninão!

O velho nem se mexeu do lugar, resmungou apenas:

— Inventa cada uma...

Lalu estava ainda no início da pesquisa; fez logo em seguida outra descoberta:

— Espie aqui, Zélia. Veja só a boquinha dele! É a cara de Jorge! Examinei a mancha esbranquiçada que ela me apontava no crânio do feto.

— Igualzinho!... Sem tirar nem pôr... — concordei. — Lindo, não?

Ao lado, seu João monologou:

— Se não for menino desta vez, Eulália vai se danar! Já tem duas netas...

Pensei que, entusiasmada com a radiografia do neto, Lalu talvez se decidisse a matar minha curiosidade, desvendando o mistério do nome que escolhera para o caso de ter tido uma filha.

— Qual é mesmo o nome que a senhora ia botar na sua filha, dona Eulália? — perguntei-lhe sem fazer preâmbulos.

O Coronel acabara de abrir o jornal e começara a ler; pousou-o no colo:

— Que filha é essa? Eulália nunca teve filho mulher... Perdeu um antes de tempo e esse também era macho.

Lalu se divertia com a minha curiosidade:

— Era um nome que eu tinha escolhido pra menina, quando esperava Jorge. Nem te contei. Ela está doida pra saber mas é segredo, e segredo não se conta. — Virou-se para mim: — Nem adianta atirar verde...

JANAÍNA

Os velhos haviam recebido, fazia seis meses, em abril, um telegrama de James, comunicando-lhes o nascimento da filha, na Bahia. Depois de ler afoitamente o telegrama, o Coronel pusera-se a rir, vaidoso.

— Eta moleque descarado! — Chegou-se a Lalu e, distraído, esquecido de que ela já podia ouvir, gritou-lhe, a plenos pulmões, no ouvido: — Teu filho está querendo me adular!...

— Não grite que eu não sou surda! — reclamou Lalu. — O que foi com meu filho?

— Botou meu nome na filha dele! — Não baixara o tom da voz: — Botou Joanina!

Satisfeito, entregou-me o telegrama; o Coronel enganara-se quanto ao nome; lera Joanina onde estava escrito Janaína. Ao saber da chegada dessa segunda neta, a avó emitira um "xiii!", discreto e desconsolado.

Convencida de que o próximo neto seria homem, satisfeita, Lalu convidou-me a dar "um fora":

— Vamos dar um forinha, fia? Quem sabe a gente encontra apartamento?

Os velhos ignoravam as minhas diligências. Eu ainda não tivera tempo de lhes contar as aventuras da véspera. Surpresos ao saber que tudo estava resolvido (inclusive Jorge já vira e aprovara o pequeno apartamento), o contrato pronto para ser assinado no dia seguinte, cobriram-me de elogios:

— Tu parece um homem! — disse Lalu; para ela não existia louvor maior.

ARMA DE FOGO DENTRO DAS PORTAS

Convocado para uma reunião da bancada parlamentar, Jorge saíra muito cedo. Ao voltar, ao meio-dia, trouxe Maurício Grabois para almoçar.

Depois de retirar o paletó e a gravata, pousando o cigarro no cinzeiro, Jorge depositou sobre a mesa um enorme revólver, diante de meus olhos arregalados. O que estaria acontecendo? Ele sempre fora avesso a armas, eu sabia disso... Agora, no entanto, trazia para dentro das portas aquele canhão que me fazia tremer...

Jorge sabia de meu horror por armas de fogo, sabia que eu era incapaz de tocar num revólver, mesmo descarregado. Antes que eu lhe perguntasse ou dissesse qualquer coisa, apanhou a arma novamente, dando-me novo susto, e mostrou-me o tambor vazio:

— Está vendo? Descarregado. Não precisa se assustar.

Dei uma olhada de relance; nenhuma bala dentro. Jorge as retirara ao receber a arma.

Ficara decidido na reunião daquela manhã que, devido à exaltação de ânimos reinante na Câmara, os deputados da bancada passariam a andar armados. Os frequentes e violentos bate-bocas podiam de repente degenerar em pugilato ou agressão física. As forças de direita criavam asas, andavam soltas fazendo provocações pelas ruas, visando às organizações de esquerda, ameaçando a *Imprensa Popular* de empastelamento. Jorge acatara a determinação da maioria: usando o revólver, porém descarregado. Não estava disposto a disparar em ninguém, nem mesmo em defesa própria. A arma, em sua cartucheira presa ao cinto, servia apenas para assustar, impor respeito.

Maurício Grabois ria ao ouvir aquela explicação. Sua pistola, ao contrário da de Jorge, estava carregada:

— Você sabe — disse ele — que nós, da bancada comunista, éramos dos raros deputados a não andar armados? Até o padre Arruda Câmara, um sacerdote, de crucifixo pendurado no pescoço, não larga o seu trabuco e, se duvidar, leva até punhal escondido debaixo da batina... As coisas não estão para brincadeira, precisamos andar prevenidos... Somos obrigados.

Essa última frase foi dita em tom que não admitia discussões. Era uma decisão, acabou-se.

CARLOS MARIGHELLA

Desde que explodira o escândalo com o diplomata brasileiro na URSS, Jorge perdera as manhãs livres, destinadas a seu trabalho literário, pois era convocado diariamente para reuniões.

Jorge passou a levantar-se mais cedo do que de costume, numa tentativa de poder trabalhar na história sobre Castro Alves para Carmen Santos. Eu ficava assombrada: como podia ele escrever argumento para cinema ou fosse lá para o que fosse, com a cabeça cheia de problemas políticos, com Pina Gomalina a azucrinar-lhe a paciência?

Ao chegar para o almoço, ele encontrava a mesa arrumada, as panelas fumegando, a comida pronta para ser servida. Havia sempre um talher a mais na mesa, para eventual convidado que ele trouxesse. Às vezes acrescentávamos outros talheres. Para que tudo marchasse em ordem eu contava com Nina, que havíamos trazido do sítio. Ela me dava grande ajuda, pessoa de confiança, sempre disposta a qualquer trabalho extra.

Carlos Marighella era um dos convivas mais assíduos

em nossa mesa. Com Marighella as conversas eram movimentadas e amenas. Alegre, espirituoso, contador de histórias divertidas, tirava partido de tudo para um comentário irreverente.

Naquele almoço, no entanto, quem mais falou fui eu; o assunto girou em torno de uma jovem pernambucana, funcionária do escritório parlamentar. Todo o mundo notava, menos Carlos Marighella, que Clara, ex-aeromoça de uma companhia de aviação nacional, o devorava com os olhos, sempre alerta, atenta para que nada faltasse ao simpático e bem-posto revolucionário. Acontecia frequentemente Marighella ficar sem almoçar por falta de tempo. Clara tomava as necessárias providências para alimentá-lo.

Certa vez fui com Jorge ao escritório parlamentar, na avenida Rio Branco, onde os deputados da bancada costumavam despachar, Marighella estava conosco, viéramos a pé da Câmara, conversando.

Sobre a escrivaninha de Marighella — secretário executivo da bancada —, à sua espera, envolto em papel de seda branco, um embrulho, a exalar apetitoso cheiro de carne assada. Tratava-se de substancioso sanduíche, acompanhado de um cartãozinho: "Bom apetite", nada mais.

— Chegou em boa hora — disse Marighella, satisfeito ao abrir o embrulho —; não almocei hoje, estou até agora com o café da manhã...

Sentada diante da máquina de escrever, Clara, a anônima, observava-o por debaixo dos óculos.

Casamenteira como eu só, durante o almoço em nossa casa, eu me propunha para madrinha de casamento. A moça estava apaixonada. E ele? Era tudo o que eu desejava saber.

— Sou a madrinha, Jorge o padrinho...

— Não me envolva nisso! — protestou Jorge, provocando-me com uma brincadeira que inventou e que sempre repete para me atazanar: — Quando Zélia se mete a arranjar casamento, pode contar que dá tudo errado, bota tudo a perder...

Interessado no prosseguimento do assunto, Marighella não deu ouvidos à provocação, perguntou:

— Mas, afinal de contas, que noivado é esse que você está me arranjando? — Ria um riso de quem está gostando da conversa. — Pois eu nunca reparei nessa moça... — afirmava o sonso.

— Pois olhe — alcovitei —, os dois fariam um belo par: você, um morenão bonito, simpático; ela, loira de olhos azuis...

Não terminei o elogio que fazia a Clara, fui interrompida:

— Onde foi que você viu olhos azuis em Clara? — corrigiu-me o ingênuo Marighella. — Os olhos dela são castanhos...

— Caiu que nem um patinho, hem? Até a cor dos olhos dela você reparou, seu danado — caçoei.

Assumindo um ar grave, Marighella já não brincava:

— Um homem como eu não tem direito de pensar em casamento... Onde vou encontrar mulher que se sujeite... Hoje estou livre, amanhã na cadeia. Hoje aqui, amanhã, quem sabe? Debaixo da terra?... Um cara como eu não pode se dar ao luxo... de amar... — falou em amor com certo acanhamento.

Clara Charf sabia da vida incerta e atribulada do homem que amava, sabia dos riscos que correria a seu lado, mas não se importou, casou-se com Carlos Marighella, foi companheira perfeita. Sempre apaixonada, jamais se deixou abater; confiante, acompanhou-o até o trágico fim. E o acompanha ainda hoje, guardiã de sua memória.

AMIGOS PORTUGUESES

Ao partir com Marighella, Jorge me prevenira que o jantar devia sair mais cedo, pois iríamos naquela noite à casa de Fernando de Barros. Lá estariam alguns cineastas interessados em que Jorge escrevesse uma história para um filme que eles pretendiam realizar. Vivíamos com aperto, dinheiro curto, qualquer proposta de trabalho que viesse aumentar o magro orçamento seria bem recebida.

Depois da mudança para Copacabana, sempre que podíamos, dávamos um pulinho ao apartamento de Fernando, no Posto 3, para um bate-papo descontraído.

Português de nascimento, Fernando continuava fiel ao sotaque luso. Chegara ao Brasil na década de 30. Em Portugal, fizera cinema, pretendia fazê-lo no Brasil. Mas como o cinema não dava condições de subsistência, voltou à sua profissão de maquiador. Trabalhou para a Coty, fazendo exibições de maquiagem em diversas cidades. Depois foi contratado pelo Cassino Atlântico.

Nos tempos em que o jogo era livre no Brasil, os cassinos, o da Urca e o Atlântico, os mais famosos do Rio de Janeiro, traziam do exterior, para que se exibissem no Rio, estrelas e atores, músicos e cantores de grande renome, de fama internacional. Recordo, entre outros, Marlene Dietrich, Josephine Baker, Mistinguett, Maurice Chevalier, Bing Crosby, Jean Sablon, a dupla Janette MacDonald e Nelson Eddy. Acompanhada pelo Bando da Lua, Carmem Miranda marcou época no Cassino da Urca, antes de ir para os Estados Unidos. Carlos Machado com sua orquestra The Brazilian Serenaders, Sylvio Caldas, Aurora Miranda, Grande Otelo, Oscarito, as irmãs Batista, Dircinha e Linda, artistas brasileiros faziam sucesso ao lado das celebridades de fora.

Fernando de Barros desembarcara no Rio em 1938 com Chianca de Garcia, diretor de cinema e de teatro, que dirigira em Portugal um filme de grande sucesso, *Aldeia da roupa branca*, estrelado por Beatriz Costa, famosa atriz do teatro de revista português.

No Brasil, Chianca de Garcia, depois de dirigir dois filmes, encontrou um vasto campo para seu trabalho, no mundo do espetáculo. Beatriz Costa fazia shows nessa época, no Cassino da Urca, ao lado de Grande Otelo e Oscarito. Vem dessa data a amizade de Jorge com Fernando, Chianca e Beatriz, que é inclusive nossa comadre, madrinha de casamento de Paloma, nossa filha, com Pedro Costa. Também eu vim a ser amiga, tempos depois, de Chianca, íntima de Fernando e de Beatriz.

Homem de muita imaginação e vivacidade, sempre com projetos e realizações à vista, Fernando de Barros andava, nesse ano de 1947, às voltas com o cinema brasileiro. Já mudara de profissão mil vezes, sempre envolvido com artes e atrizes. Até um livro de conselhos de beleza ele escrevera: *A arte de ser bela*.

Fiz amizade com Fernando e Maria Della Costa, então sua esposa, na época da encenação de *Terras do sem-fim*, quando passaram vários fins de semana em nosso sítio. Sempre que podia, Maria ia me visitar à tarde, no apartamento, levando coisinhas para o bebê, do qual se declarou madrinha antes mesmo que ele nascesse.

TARDE TRANQUILA

Após o almoço eu saíra com Odette. Ela viera me buscar para irmos às compras.

Gaúcha de nascimento, criada no Rio de Janeiro, Odette Brandão fora minha amiga durante uma temporada que viveu em São Paulo, havia muitos anos. Perdera-a de vista, voltara a encontrá-la no Rio, onde morava havia algum tempo. Mulher bonita e dinâmica, mãe de duas filhas mocinhas e lindas, sobrinha do marechal Mascarenhas de Moraes, Odette pertencia a tradicional família de militares.

Eu ainda não participava de movimentos políticos quando perdi Odette de vista, com sua mudança para o Rio. Agora, ao reencontrá-la, tornara-me a mulher de um "comunista perigoso". Para mim, o fato dela pertencer a uma família de militares, de posição política oposta à nossa, não tinha significação, não afetava minha estima e amizade por ela. Mas quem sabe Odette? Talvez não quisesse comprometer seus parentes...

Amiga leal, ela riu muito ao saber de meus escrúpulos:

— Ora! Não me amole...

Prontificou-se a me levar a lojas onde eu encontraria tudo que ainda faltava ao enxoval do bebê, "a preços de galinha morta".

Andamos, rodamos a tarde toda por Copacabana. Depois de terminadas as compras, fomos tomar lanche na Confeitaria Colombo. Não tive oportunidade naquele dia de ouvir o rádio, minha única fonte de informações, já que nem telefone tínhamos. Passara uma tarde tranquila.

Em casa, ao voltar, encontrara sobre a mesa um pão de ló fofinho deixado por Nina, que devia ter saído havia muito, pois o forno já estava quase frio. Nina costumava ir ao sítio uma vez por semana visitar os pais. Voltava no dia seguinte carregada de aves abatidas, de ovos e de frutas, abastecendo-nos por uma semana. Trazia-nos também notícias de Chuli, das aves, do quati, do louro, todos tristes com a nossa ausência.

Resolvi descansar um pouco à espera de Jorge, que ficara de chegar cedo. Mas não tive tempo de deitar-me. A porta abriu-se de repente, Jorge entrou apressado:

— Vamos sair imediatamente! Arrume aí alguma roupa... Vamos dormir fora de casa esta noite.

Antes que eu lhe perguntasse qualquer coisa, Jorge deu-me pressa:

— Ande rápido, depois eu explico...

Atarantada, sem saber para que lado me virar, com todo aquele mistério, obedeci. No quarto, enquanto metia numa sacola pijama e camisola, não resisti, quis saber o que se passava. Ao dar-se conta, surpreso, de que eu estava inocente de tudo, que não sabia de nada, Jorge perguntou-me admirado:

— Então você não sabe? O Brasil rompeu relações com a União Soviética! O pau está comendo nas ruas... Vamos depressa!

Na saída, ao passar pela mesa posta, perguntei instintivamente:

— Quer levar teu pão de ló, Jorge?

Sem me responder — nem sei mesmo se me ouviu —, Jorge apanhava a sacola com nossos pertences, a lanterna de mão para iluminar as escadas:

— Vam'bora!

Em frente ao edifício, um automóvel estacionado com a porta aberta nos aguardava. Um rapaz moreno ao volante cumprimentou-me, engrenou a marcha, o carro arrancou. Ainda pudemos ver James que chegava esbaforido, afobado e nos acenava com a mão. Nervosa, aflita, sem saber para onde ia, aguardei ainda que Jorge acendesse o cigarro antes de falar.

"PEGA ELE!"

Atraído por uma aglomeração em frente ao Teatro Municipal, ao passar casualmente pela Cinelândia naquele fim de tarde, James Amado aproximou-se de um grupo, curioso de saber o que estava acontecendo. Havia fumaça na praça, fogo nas escadarias do teatro. Alguém disse:

— Estão queimando a bandeira russa...

Forças de extrema direita, em manifestações de júbilo pelo rompimento das relações entre o Brasil e a União Soviética, incitavam o povo a atacar as organizações de esquerda, a dar caça aos comunistas.

Um deles, confundindo James com Jorge, começou a gritar histericamente:

— Pega ele! Pega o russo... — e partiu para o linchamento, seguido de outros fanáticos.

James meteu o pé no mundo, não lhe restava outra coisa a fazer. Foi salvo por um desconhecido que, ao vê-lo perseguido, freou bruscamente o automóvel e lhe abriu a porta, arrancando em seguida:

Ainda tiveram tempo de ouvir — James e o dono do carro — os gritos:

— Vamos te pegar na tua casa, seu russo filho da puta!...

James agradeceu ao amigo desconhecido e providencial, contando-lhe que sua parecença com o irmão mais velho — muito grande na época — de quando em vez o envolvia numa confusão como a daquele dia. Parando o carro no sinal vermelho, o rapaz do volante fixou James — pensara estar salvando Jorge, a quem conhecia da Câmara. Tratava-se de um jornalista credenciado junto ao Parlamento.

Ao constatar o engano, não teve dúvidas: deixou James

num táxi, voltou em seguida para o Palácio Tiradentes a fim de avisar Jorge do acontecido, oferecendo-lhe condução e abrigo em sua casa naquela noite de ameaças.

Temeroso de que as arruaças crescessem e os fanáticos fossem ao nosso apartamento, Jorge aceitou a oferta. Ainda estava muito viva em nossa memória a lembrança do assassinato de Zélia Magalhães em praça pública — dela e do filho que levava no ventre. Isso tudo me foi explicado no carro do jornalista que nos ia hospedar.

Além do susto e da noite maldormida — apesar do conforto e do carinho com que fomos cercados pelo jornalista e por sua mulher —, nada nos aconteceu. Prevenidos pela manhã de que tudo voltava à normalidade, nos despedimos, gratos para sempre, do jovem casal, incomparáveis em sua solidariedade.

PROFESSOR CLANDESTINO

Joelson aparecera para jantar conosco. Sempre ocupado no hospital, costumava nos visitar em seus dias de folga. Naquela noite trazia um recado dos pais: partiriam dentro de uma semana para a fazenda. Haviam adiado mais de uma vez a viagem, à espera de que o neto nascesse, mas "avexado como ele só" — Joelson reproduzia o recado da mãe ao pé da letra —, o velho marcara as passagens. Viriam almoçar conosco no dia seguinte.

Pouco nos víramos nesse mês de novembro, para o qual estava previsto o nascimento da criança. Já não me arriscava a tomar condução nem a subir os dois andares do Hotel Ópera; bastavam as escadas de nosso prédio, que era obrigada a descer e subir mais de uma vez por dia. Ocupado com mil coisas, Jorge também não estivera pessoalmente com os pais, limitando-se a falar com eles por telefone.

A última vez em que eu fora vê-los, havia uns quinze dias, encontrara Lalu passeando pelo quarto e pelos corredores do andar, uma velha sacola de lona — propaganda de companhia de aviação — pendurada no braço; dentro dela, alguma coisa se movimentava, impaciente. Fiquei intrigada:

— Que é isso, dona Eulália?

— Uma astúcia, minha filha... — riu satisfeita. — Resolvi levar Professor com a gente na viagem... não quero deixar o pobrezinho aqui sozinho... — Levantando a sacola, indicou-me um orifício: — Espie aqui o buraco que fiz para ele respirar, botar o focinho... espie!

Examinei o orifício todo debruado, rematando a lona; realmente ele estava tapado com o focinho preto do gato. Lalu explicou-me sua técnica:

— Já tem uma semana que eu treino andar com ele dentro da sacola, para o moleque ir se acostumando... Aprendeu num instante. Eta gato mais sabido! Já não mia mais. João vive dizendo que é proibido levar gato no avião, que se o fiscal pega, tira o gato da gente, que mais isso, que mais aquilo... Mas duvido que alguém descubra ele aqui dentro, calado do jeito que ele fica...

No mesmo instante, um miado pungente fez-se ouvir, logo seguido de outros. Sem perturbar-se com a manifestação de Professor, a miar fora de hora, desmentindo-a, Lalu sacudiu a bolsa, ralhando:

— Cale a boca aí, seu corno! — ordenou com energia para ser atendida.

O gato continuava a miar, cada vez mais forte. Dirigindo-se a mim, Lalu explicou:

— Na certa ele sentiu o teu cheiro... Deve estar com

saudades da madrinha, quer te ver... Tu não é a madrinha dele? Então!

Essa história de madrinha, Lalu acabava de inventar na hora. Não protestei, ficaria sendo daí por diante a madrinha de Professor.

Lalu suspirou para em seguida desabafar-se:

— Também, tu quase que não aparece mais... abandonou a gente... até o gato sente falta...

— Que é isso, dona Eulália? — protestei. — Não vê como estou pesada?

Arrependida do que dissera, Lalu amaciou a voz para ela mesma se desculpar:

— Com um barrigão desses, hem? Como pode subir essa ladeira da Santo Amaro, essas escadas de dona Gina... Ave Maria! Coitadinha! Não venha, não!

Joelson trouxe notícias dos velhos. Lalu continuava a treinar o gato, sem muito ou nenhum êxito; não conseguira ainda fazê-lo calar-se dentro da sacola. Mas não confessava seu fracasso.

Atento às novidades políticas, o Coronel passava o dia a ouvir rádio. O processo da cassação de mandatos dos parlamentares prosseguia a passos largos. Não havia a menor dúvida de que, mais dia, menos dia, o senador e os deputados comunistas seriam expulsos do Parlamento.

O Coronel comprara uma bateria nova para o rádio da fazenda. Como já disse anteriormente, na Fazenda Santa Eulália não havia eletricidade. Para ouvir-se rádio era necessário uma bateria de automóvel que, ligada ao aparelho receptor, resolvia o problema. Naqueles idos ainda não existiam rádios de pilha.

A bateria antiga que ele possuía ainda estava em bom estado, aguentaria um bocado de tempo, mas o Coronel não queria arriscar-se a ficar, de repente, sem notícias. Dinheiro bem empregado aquele, não estava para fazer economia boba numa hora daquelas. Mesmo à distância, na fazenda, ficaria na escuta, de sentinela, atento ao que pudesse acontecer ao filho.

HISTÓRIAS E DIÁLOGOS PARA CINEMA A PREÇOS DE OCASIÃO

Jorge tivera vários contatos com os cineastas interessados em seu trabalho, na casa de Fernando de Barros. Georges Fanto, de nacionalidade húngara, excelente *cameraman*, viera ao Brasil com Orson Welles e aqui ficara trabalhando em cinema. Interessado em filmar *Mar morto*, procurara Fernando de Barros, sabendo-o amigo do escritor. Fernando, que sempre sonhara levar esse romance às telas, entusiasmou-se com o projeto, promoveu o encontro, ao qual compareceu João Araújo, outro produtor, que se associou a Fanto e Fernando para levar a ideia adiante. Assunto discutido, Jorge vendeu-lhes uma opção de dois anos, por 15 mil cruzeiros, divididos em parcelas de 5 mil entre os três sócios. O filme não foi realizado, a opção caducou. Até hoje não sei a razão, pois estivemos fora do Brasil durante cinco anos.

Pelo mesmo motivo nunca assistimos ao filme *Terra violenta*, adaptado do romance *Terras do sem-fim*, produzido por Moacir Fenelon para a Atlântida, dirigido por um norte-americano. A Atlântida comprou os direitos a Jorge por 20 mil cruzeiros, nos últimos dias de 1947, pouco antes da cassação dos mandatos.

Fernando de Barros dirigia na ocasião um filme produzido por João Araújo: *O cavalo número 13*, para o qual Jorge escreveu os diálogos por dois contos de réis. Apareceu quase ao mesmo tempo outra proposta cinematográfica, trazida pelo cineasta Ruy Santos, autor de *Escadas* e de um documentário sobre a praia de Itapoã, com roteiro de Jorge e música de Caymmi. Desta vez Ruy propunha que Jorge escrevesse uma história sobre pescadores para um filme cuja ação devia se desenrolar na pedra de Guaratiba. A produtora interessada no assunto era uma distribuidora de filmes, com escritório na Cinelândia.

Estávamos em péssima situação financeira. Sem tempo para escrever, Jorge, pela primeira e única vez em sua vida — jamais lhe acontecera isso e jamais voltou a lhe acontecer —, estava em débito com seu editor. As perspectivas eram negras. Não sabíamos ainda o que faríamos após a cassação dos mandatos, o assunto estava sendo discutido pela direção do partido.

Ruy Santos contava com Mário Peixoto para fazer o roteiro e dirigir o filme. Com essa garantia Jorge se entusiasmou, aceitou a proposta. Escreveu em poucos dias, em condições precárias, uma história intitulada *A estrela da manhã*, pela qual devia receber a quantia de 15 mil cruzeiros; 10 mil na entrega do trabalho, os restantes 5 mil um mês após. Esse filme foi realizado e exibido. De *A estrela da manhã*, no entanto, pouco ou nada sobrou. A história criada por Jorge foi adulterada, completamente modificada, assim como o roteiro de Mário Peixoto, que finalmente não dirigiu o filme. Nós nunca assistimos a ele pois estávamos na Europa quando foi lançado. Soubemos, porém, que a fotografia de Ruy Santos é magnífica.

DUAS SURPRESAS AO MESMO TEMPO

Ao voltar do aeroporto, aonde fora embarcar os velhos, Jorge trazia duas novidades. A primeira foi depositada sobre a mesa: a sacola de lona com Professor dentro. O gato não aprendera a comportar-se; debatendo-se sem parar, o miado angustiante superando o ronco dos motores dos aviões, Jorge achara por bem trazê-lo para ficar conosco.

Solto, Professor escondeu-se debaixo da cama. Depois, mais tarde, num salto doido, atirou-se pela janela. A cena foi assistida por Nina que, horrorizada, ao procurar localizá-lo, certa de vê-lo estatelado lá embaixo, o encontrou preso, com unhas e dentes, numas peças de roupas penduradas num cordão, na janela, para secar. Recambiado para o Hotel Ópera, Professor ficou sob os cuidados de Conceição, durante a ausência dos velhos. A "madrinha", já nos dias de dar à luz, não podia cuidar dele.

A segunda surpresa foi a notícia da chegada, ao Rio, do poeta Nicolás Guillén.

Eu tomara conhecimento da poesia de Guillén havia pouco tempo, no sítio, nas tardes românticas dos domingos, na rede. Jorge lera para mim sua poesia negra, musical... A cadência dos versos soando aos ouvidos como toques de tambor...

Guillén daria um recital na Associação Brasileira de Imprensa e Jorge ia apresentá-lo ao público carioca.

O poeta chegara ao Brasil, vindo da Argentina, num momento crítico, quando os ânimos andavam, mais do que nunca, exaltados. O retrocesso democrático era evidente, com a proibição do Partido Comunista e a batalha da cassação dos mandatos.

Na Câmara dos Deputados, as galerias lotavam-se diariamente, o povo vaiando os deputados favoráveis à expulsão de seus colegas, aplaudindo os que defendiam a inviolabilidade dos mandatos. Também quase diariamente o presidente da Câmara, deputado Nereu Ramos, mandava evacuar as galerias. Postos na rua, os manifestantes permaneciam nas escadarias do Palácio Tiradentes, continuando seu protesto; às vezes os grupos eram dispersados a golpes de cassetete pela polícia; outras vezes, infiltradas por provocadores, as manifestações transformavam-se em escaramuças.

Nessa noite no recital de Nicolás Guillén, ao qual estariam presentes os nomes mais representativos de nossa cultura, eu devia ficar em casa, já não tinha condições para assistir a atos de poesia ou de protestos: a barriga, imensa, impedia-me.

Impossibilitada de comparecer ao ato, estava triste, perdia oportunidade única. Jorge me consolou com a promessa de levar o poeta à nossa casa para que eu o conhecesse pessoalmente.

25 DE NOVEMBRO

Jorge saiu depois do almoço, só voltaria após o recital de Guillén, a realizar-se naquela noite de 25 de novembro. Saiu sem saber que eu já sentia os primeiros sinais do parto. Não quis lhe contar. Para que afligi-lo?

Pedi a Nina que me acompanhasse à Maternidade Arnaldo de Moraes, que ficava ali mesmo em Copacabana. Depois de examinada e diante da afirmação do médico de que o nascimento da criança ainda ia demorar um pouco, telefonei para Jorge prevenindo-o de que estava internada e, menti-lhe, dizendo que o parto seria para o dia seguinte:

— Não se preocupe, querido... está tudo muito bem... estou ótima! — disse, abafando um gemido.

Ao chegar ao hospital, às nove horas da noite — Jorge não assistira ao recital, saíra logo após ter apresentado Guillén —, felicitei-o pelo nascimento de João Jorge, que esperava pelo pai, no berçário, havia mais de uma hora. Para que ele acreditasse que o menino já havia nascido, foi preciso que eu tomasse de sua mão e a pousasse sobre meu ventre vazio. Saiu em disparada para ver o filho.

Na manhã do dia seguinte, recebi a visita do poeta cubano. Desculpando-se por ter-me roubado Jorge no momento em que mais eu necessitara de sua presença, declarou-me que, se estivéssemos de acordo, seria padrinho do menino. Nosso compadre Nicolás! Juntos, com ele e comadre Rosa, sua mulher, corremos mundo em viagens maravilhosas. Compadre duas vezes, pois não é que, por pura coincidência, ele chegou a Praga, na Tchecoslováquia, em 1951, onde morávamos havia quase dois anos, quando nasceu nossa filha Paloma?

Assim como por ocasião do nascimento de João, na manhã seguinte ao nascimento de Paloma recebi, na Maternidade Londinska, em Praga, flores enviadas pelo querido amigo. Logo depois, sua visita, durante a qual me comunicou seu desejo de ser padrinho também dessa criança.

Meu filho João Jorge nasceu sob o signo da política e da poesia. Não sendo nem político militante nem poeta, possui, no entanto, enorme interesse pela política e toda sua vida tem sido um ato de poesia. É um ser feito de generosidade, bondade e amor.

OS DOIS COMPADRES

Já que abandonei o fio da meada e rompi mais uma vez a cronologia destas memórias, contando a visita de Nicolás Guillén à Maternidade Londinska, aproveito para me referir a outro compadre, Pablo Neruda, que chegou a Praga na ocasião e também me visitou naquela quente manhã de verão no hospital tcheco.

Em agosto de 1951, quando Paloma nasceu, realizava-se em Berlim um Festival da Juventude, reunindo jovens do mundo inteiro e renomados intelectuais de todas as idades. Entre as personalidades presentes estavam Nicolás Guillén e Pablo Neruda.

Com Pablo Neruda convivêramos em Paris, havia três anos, quando, refugiado político como nós, o poeta chileno lá passara longa temporada. João Jorge completava um ano de idade e aproveitamos a presença de Pablo e de Nicolás, também em Paris, para festejarmos o aniversário do menino e batizá-lo ao mesmo tempo. Batizado simbólico: uma festa com vinhos e queijos e um ponche de champanhe com morangos silvestres. Ao saber que Nicolás seria o padrinho, Pablo declarara: *"Pués seré la madrina!"*. E voltando-se para a criança que brincava ao lado, chamou-o divertido: *"Venga João, dar un besito en tu madrina..."*.

Agora, os dois chegavam a Praga, no dia 19 de agosto, dia do nascimento de Paloma. Foi assim que recebi, naquela manhã de 20, visita e flores dos compadres. Ao ver a menina, Pablo adiantou-se: *"Seré el padrino!"*. Nicolás não perdeu tempo: *"Yo también!..."*. Perguntei, recordando o acontecido em Paris: *"Madrina?"*. Nicolás quase se ofende: *"Que vá! Padrino!"*.

Nos hospitais tchecos os regulamentos referentes às visitas aos enfermos são extremamente rígidos. Na Maternidade Londinska as parturientes não podiam receber visitas pela manhã; à tarde, apenas o marido, e por um período muito curto.

Naquela manhã, ao chegar ao hospital trazendo consigo Pablo, Nicolás e alguns outros amigos latino-americanos, vindos também do Festival, Jorge encontrou na portaria o escritor e vice-ministro da Cultura da Tchecoslováquia, Lumir Civerny, e sua mulher Valy, nossos amigos fraternos, que vinham trazer-me flores. Obediente ao regulamento que lhes vedava a entrada, Lumir redigia um cartão para me ser entregue junto com as flores. Jorge não entendia tanto senso de disciplina. Convidou-os a acompanhá-lo juntamente com os dois poetas e os outros latino-americanos. Lumir se negou, como bom cidadão tcheco.

Burlando a vigilância das enfermeiras e médicos, Jorge surgiu em meu quarto com toda a alegre comitiva. Lá ficaram grande parte da manhã, rindo, conversando e fumando, até serem descobertos e expulsos pela enfermeira-chefe, que exaltadíssima exclamava:

— *Kriste Pane! Jesus Maria Josef? Latinsky temperament!*

8 DE JANEIRO DE 1948

Finalmente, a 8 de janeiro, após tanta luta e tanta agonia, os mandatos dos parlamentares foram cassados!

Dias depois, ouvíamos no *Repórter Esso*, em edição extraordinária, a notícia de um gigantesco incêndio no 15º Regimento de Infantaria, em João Pessoa; imediatamente considerado ato de sabotagem dos comunistas, em represália à cassação dos mandatos.

Os jornais passaram a noticiar prisões de parlamentares "comprometidos com o incêndio". Casas de deputados recém-expulsos eram vigiadas; a polícia dava batidas a torto e a direito, em residências particulares... Voltavam os desmandos. Possuir livros de Jorge Amado em casa comprometia. Quando encontrados durante as batidas, eram levados pela polícia como parte de material subversivo. Os livros de Jorge Amado sumiram das vitrines, os livreiros não se aventuravam...

Outro noticiário, em edição extraordinária, anunciou a prisão de Gregório Bezerra; o deputado resistira aos policiais que o cercavam e fora levado à força para a prisão, onde permanecia incomunicável.

DIRETIVAS A SEREM CUMPRIDAS

Jorge esperou que eu terminasse de amamentar a criança para me dizer que devia sair, convocado para uma reunião. Eu aprendera que em situação como essa, de clandestinidade — no caso, clandestinidade de quem o convocava —, não se devem fazer perguntas. Por isso não lhe perguntei com quem ia se encontrar, nem onde, nem quando voltaria. Não havia a menor dúvida de que seria com a direção do partido, refugiada em qualquer lugar. Certamente iam dizer-lhe que viajasse, que saísse do Brasil...

Eu não queria vê-lo partir mas também já não estava suportando a pressão das ameaças e da incerteza. Acabariam por prendê-lo ainda uma vez? Tudo podia acontecer naqueles dias de desmandos. Esses pensamentos rolavam em minha cabeça. Chegara à conclusão de que Jorge devia viajar, ausentar-se, não havia outra alternativa.

Jorge se despedia:

— Cuide bem do Inseto — sorriu ao empregar o apelido carinhoso que arranjara para o filho desde que o vira pela primeira vez —, eu volto logo, viu? Não tem por que chorar... que é isso? Fique tranquila, nada vai me acontecer...

Chegou ao anoitecer. Antes que me dissesse qualquer coisa, adivinhei que trazia más notícias. Pelo jeito carinhoso com que pegou o dedinho do pé da criança, pela maneira como alisou seus cabelos, a indisfarçável inquietação debaixo do sorriso... Não quis prolongar aquela agonia, poupei-lhe o esforço de falar, tomei a iniciativa:

— Você vai viajar, não vai?

As diretivas do partido haviam sido estritas: Jorge devia sair do país o quanto antes. Romancista conhecido (vários livros seus estavam traduzidos na Argentina, na França, nos Estados Unidos e na União Soviética; acabara de vender os direitos de *Jubiabá* e *Terras do sem-fim* para uma editora de Lisboa), indo para a Europa seria mais útil ao Brasil, à causa democrática e da paz do que permanecendo no país, perseguido e ameaçado.

Eu sabia, claro que sabia!, que não poderia acompanhá-lo. Não podia, de forma alguma, sair mundo afora com uma criança recém-nascida nos braços para enfrentar o inverno europeu, sem dinheiro. Nem coloquei o problema.

— Eu vou agora, você vai depois se encontrar comigo — explicou Jorge. — Vamos estar juntos na Europa, você vai conhecer a Itália... E o que é que dona Angelina vai dizer quando souber que a filha vai conhecer a terra dela, hem?

Jorge procurava me entusiasmar, secar minhas lágrimas. Sabia o quanto eu estava desesperada, embora nada dissesse e procurasse não demonstrar minha tristeza.

PREPARAÇÃO DE VIAGEM

O *Provence*, navio francês, faria escala no Rio, partiria para a França daí a quinze dias. Jorge reservou passagem nele, entrou em ritmo de viagem, tratando de providenciar, rapidamente, o necessário para poder embarcar. Escreveu a Carlos Scliar em Paris, avisando-o de sua chegada, pedindo-lhe que o esperasse no porto de Le Havre e lhe reservasse acomodação no modesto Hotel Saint Michel, no Quartier Latin, onde o pintor habitava.

Não seria conveniente tentar obter passaporte no Rio. Na Bahia, certamente, ele teria mais facilidade. Viajava no mesmo dia, Jorge para Salvador, eu para São Paulo, onde tiraria meu passaporte e o da criança, já que meus documentos eram todos de lá.

Jorge telefonara na véspera para Paulo Mendes, pedindo-lhe que me hospedasse. Lá, na casa do Paraíso, me locomoveria melhor, facilitaria nosso contato telefônico, já que na casa de minha irmã não havia telefone.

Aparecida e Paulo me receberam, Paulo como sempre a pilheriar:

— *Célia, Célia, qué haces?...*

Eles já não estavam na mesma casa, haviam se mudado, permanecendo, no entanto, fiéis ao bairro do Paraíso.

Estava ansiosa, não via Luiz Carlos havia muito. Ao contrário do que podia supor, o nascimento de outro filho não me ajudara a atenuar as saudades do ausente. Pensava nele como sempre, com amor e saudades, imensas saudades. Agora, com a perspectiva de uma longa viagem, andava agoniada.

Prevenida de minha chegada, Vera apareceu com o menino. Como estava crescido! Tão diferente...

— Vem dar um beijinho na mamãe... — balbuciei a custo. — Arredio, desconfiado, o menino olhava-me sem se aproximar. O que devia estar pensando? Não era difícil descobrir: "Que mãe mais chorona é essa? Não sabe fazer outra coisa senão chorar?...".

Ele tinha razão; as circunstâncias faziam-me extremamente sensível, eu não conseguia me conter, não conseguia estancar as lágrimas que rolavam aos borbotões, desde que o vira chegar pela mão da tia. Apresentei-lhe o irmãozinho. Coisa que também não lhe fez mossa. Depois, sem que eu o chamasse, foi se chegando. Já controlada, lhe contei histórias de bichos, de aviões e de viagens, que o fascinaram. Passamos juntos um dia inteiro, o único de que dispunha, em casa de Wanda, com minha mãe. Dia triste aquele de despedida; mamãe e minhas irmãs, aflitas com a minha situação. Mamãe apreensiva e revoltada com a situação política. A casa de meu primo Mauro, filho do irmão mais velho de papai, fora assaltada pela polícia à sua procura. O rapaz andava desaparecido. Traumatizada, mamãe não tinha outro assunto, a não ser perseguições e prisões, entrecortando as conversas com suspiros e exclamações, prova de seu sofrimento: "*Oh Dio!* Quando é que vão acabar com toda essa ruindade no mundo! *Madonna mia santissima!* Se prenderem o Jorge, o que é que você vai fazer?... E se te prenderem também... *Maria Vergine!*".

Foi preciso a intervenção de Wanda para que mamãe mudasse de assunto. Ao despedir-me, combinei que a levaria ao Rio após a partida de Jorge.

Permaneci em São Paulo o estritamente necessário para tirar os passaportes. Um despachante cuidou da papelada, tive que ir uma vez à polícia com a criança para as devidas impressões digitais, fotografias e assinar o documento. Não quis ver mais ninguém. Com os passaportes na mão, o coração apertado, voltei para o Rio. Já de volta da Bahia, Jorge me esperava.

ACERTO DE CONTAS

Jorge andava às voltas com cálculos de dinheiro. Faltava-lhe receber ainda 10 mil cruzeiros. Quanto aos 5 mil que Fernando de Barros estava lhe devendo de sua parte na opção de *Mar morto*, não houve dificuldades. Jorge fez um acerto, receberia em espécie. E assim, foi redigido um documento de quitação da dívida: "Jorge Amado recebeu do sr. Fernando de Barros um sobretudo preto, de lã — com o qual o dito senhor desembarcou no Rio de Janeiro, vindo da Europa, há muitos anos; um terno de casimira, azul-marinho, jaquetão — com o qual o dito senhor se casou com a atriz Maria Della Costa; dois pulôveres de lã, quatro camisas compostas e uma esporte, como pagamento de 5 mil cruzeiros, de sua quota no contrato para utilização de *Mar morto* num filme cinematográfico".

Agora estava forrado, já podia aguentar o inverno europeu, desembarcar em Le Havre com aquele sobretudo quentíssimo, teria roupa adequada e suficiente para enfrentar a neve que caía na França.

Feliz e encantado com a transação, e sobretudo com o extraordinário recibo, Fernando pretendia enquadrar o manuscrito de quitação.

Receber os restantes 5 mil cruzeiros da dívida dos produtores de *A estrela da manhã* estava mais difícil. Jorge deu-lhes um aperto; responderam que deviam, não negavam, mas só poderiam pagar depois do Carnaval, em fevereiro, quando ele já devia andar longe. Não havia tempo a perder em discussões. Ficou, pois, acertado que esse dinheiro seria pago a mim. Depois de várias e penosas incursões ao escritório da distribuidora de filmes na Cinelândia, ou antes, à sombria salinha de espera — pois eu era despachada dali mesmo, depois de muito esperar —, consegui, já no começo de abril, receber 3500 cruzeiros, ficando os restantes 1500 para jamais.

CARNAVAL

Agora até parecia que os problemas políticos haviam desaparecido. A cidade se enfeitava, blocos carnavalescos ensaiavam pelas ruas da cidade, o povo cantando e dançando, tirando a forra das misérias de um ano inteiro.

Jorge embarcou na véspera do Carnaval. O *Provence* zarpou ao cair da noite; eu tive grande dificuldade para atravessar a cidade em festa e chegar a Copacabana de volta.

Sozinha no pequeno apartamento, ouvia o barulho ensurdecedor das baterias dos blocos carnavalescos na rua, o som dos tamborins, o gemido da cuíca, os estridentes apitos... O povo cantava um samba triste, o grande sucesso daquele ano. Eu acompanhava a letra; ela só podia ter sido escrita por alguém que amava e sorria de verdade, um samba escrito para a minha dor: "Não, não me diga adeus/ pense nos sofrimentos meus...". Eu estava só, podia chorar aos soluços, atirada em minha cama deserta! "Não vá me deixar, por favor/ que a saudade é cruel,/ quando existe amor.../ Ai! Não me diga adeus!".

A PRIMEIRA CARTA

A primeira carta chegou mais rápido do que eu esperava. Fora posta no correio em Dakar, onde o *Provence* fizera escala. Jorge se referia aos bilhetinhos de amor que eu espalhara entre suas roupas ao arrumar as malas. Falava em saudades, recomendava-me que entregasse a carta que deixara para o Coronel e Lalu.

Nessa carta, ele lhes pedia que me dessem toda a assistência. Como não utilizara a passagem que o velho pusera às suas ordens, caso necessário, pedia que essa passagem fosse dada a mim, que viajaria logo que pudesse.

Recomendava-me também que fosse à casa de aves, onde, certamente, o proprietário, que tanto dinheiro ganhara ao vendê-las, as compraria. Seu tempo fora curto demais para tratar de tantos assuntos. Mandava mil carinhos ao Inseto. Eu o levaria comigo, na viagem. Bastava o que já sofria com a separação do outro filho. Animada com a carta, tratei de me movimentar. Os velhos ainda não haviam regressado da Bahia; dediquei tempo integral à solução dos inúmeros assuntos a resolver.

Comecei por ir à rua da Assembleia tratar do problema mais urgente: tentar vender as aves ao proprietário do estabelecimento onde as tínhamos comprado. Precisava desfazer-me delas o quanto antes, vendê-las. As despesas com a ração eram enormes. Mesmo que ele me oferecesse a metade do que havíamos pago, eu venderia, pensei otimista. Até por um terço... O dinheiro era importante, muito importante mesmo, naquela hora. Mais importante ainda era livrar-me daquele encargo imediatamente.

A loja estava repleta, o proprietário ocupado. Esperei pacientemente até que ele me atendesse. Propus-lhe o negócio. Sorrindo, balançou a cabeça:

— Lamento muito, mas aqui nós só vendemos, não compramos... Temos granja, criação...

Bastante decepcionada, diante daquela resposta tão comercial, tão seca, tratei de me retirar. Antes de chegar à rua, fui alcançada por um mulato, modestamente trajado. Ele ouvira a conversa, estava interessado no assunto. Começou por declinar sua qualidade de assistente de um milionário que acabara de comprar uma ilha na baía de Guanabara. Meu interlocutor falava com uma certa empáfia, procurando empregar palavras difíceis. Seu chefe estava levando aves raras para a ilha, talvez se interessasse pelas "da madame". Curiosa, quis saber o nome do milionário, não consegui. Era segredo...

— Isso não vem ao caso... — desconversou. — Preciso examinar de perto as aves, ver tudo direitinho, antes de falar ao chefe. — Não dizia *patrão*, talvez a palavra o humilhasse. Não escondia a vaidade de ser assistente de um milionário possuidor de uma ilha, coisa que repetiu várias vezes, antes de ficar acertado um encontro no domingo seguinte, pela manhã, na praça Mauá.

Seria mesmo bom que eu desse um pulo lá no sítio, onde, segundo Nina, as coisas não marchavam. O quati andara aprontando uma das dele; fugira e matara várias galinhas. Com suas unhas afiadas, atacara seu Antônio quando este tentara prendê-lo na corrente. O pobre de seu Antônio ficara coberto de arranhões.

Pedi a Nina que fosse ao sítio na véspera, a fim de preparar almoço, já que o assistente do milionário candidatara-se a deliciar-se com um "almoço campestre", levaria a "patroa" e o garoto menor.

Convidei Joelson para ir comigo. Ele me faria companhia e me ajudaria a levar a criança. Infelizmente, ocupado, ele não pôde me acompanhar. Depois da viagem de Jorge, Joelson me dava muita assistência; sempre que podia, aparecia para jantar, bater um papo, ver o sobrinho, por sinal seu cliente. Saí, pois, de Copacabana sozinha, levando a criança e carregando várias sacolas.

Pontual, em traje esporte, boné de aba virada para cima, lá estava ele com a "patroa" e o filho. Dei-me conta de que não sabia seu nome e, certamente, nem ele o meu. Foi ele quem tomou a iniciativa:

— Qual é mesmo a sua graça? A patroa me perguntou e eu não soube responder. A mim pode chamar de Chico... meu nome é Francisco mas me chame de Chico mesmo — sorriu.

Chico e família partiam para o "convescote" munidos de sacolas vazias para, como declararam tranquilamente, trazê-

-las cheias de frutas e ovos e... quem sabe?... se desse jeito, até um franguinho... ou dois...

Encontrei seu Antônio com o rosto todo arranhado, desgostoso com Coronel.

— Eu sempre tratei ele bem... foi fazer isso comigo...

Não lhe doíam tanto os arranhões quanto a ingratidão do animal. Pousado numa árvore no galinheiro, Floro cacarejava, imitando galos e galinhas. Colocá-lo entre as aves fora a maneira humana encontrada por aquele homem rude, para distrair o pobre e solitário papagaio. Puxei conversa com Floro e a resposta foi um qui-qui-ri-qui!... límpido e sonoro. Caí na gargalhada diante do inesperado, e a criança em meu colo riu também prolongada risada, coisa pouco comum em criança de três meses. Teria puxado ao tio James? Seu Antônio ficou admirado, embasbacado mesmo:

— Ué! Vai vê que ele tá com saudade do dotô...

Tão ansiosa e emocionada estava, ao rever o sítio, meus bichos, meu papagaio, que me distraí, quase me esqueci da ditosa família de seu Chico, que se espalhara, eufórica, pelos meandros do terreno.

Chegara o momento de acertar o negócio. Levei seu Chico para o galinheiro. Lá estavam as galinhas, os marrecos, os gansos, os patos, meus íntimos, dos quais conhecia caprichos e preferências, amigos que haviam alegrado nossos dias, nos feito rir... Por onde andava a ceguinha? Procurei-a com os olhos. Seu Antônio baixou a cabeça e eu compreendi que ela fora uma das vítimas do quati. Sem rabo e sem penacho, irreconhecível, pobre miserável, empoleirado em sua árvore de fícus, estava o Bersagliere, que por um triz salvara-se do alucinado Coronel.

— E Jeremias, seu Antônio? — Estranhava a ausência da velha mula.

Senti grande alívio ao saber que fora vendido na véspera. Seu Antônio conseguira vendê-lo a um compadre. Jeremias voltaria a puxar carroça. Mas havia um detalhe do acerto que seu Antônio fizera com o compadre; receoso de que eu não estivesse de acordo, usara muitas reticências antes de explicar que o vendera a prestação.

— O home não pode pagá de vez...

Fiz a Antônio apenas uma recomendação: que em hipótese alguma aceitasse o animal de volta. Com o apetite devorador que o caracterizava, sua saída lá do sítio já era um bom negócio. Quanto às prestações, que as guardasse para ele, se as conseguisse receber.

De pé no galinheiro apontando galinhas, procurando vendê-las, sentia-me constrangida; coisa deprimente, eu ali a exaltar a qualidade das aves, o comprador a depreciar a *mercadoria*, a botar-lhes defeitos... Ele jamais poderia entender o que aquelas aves significavam para mim.

Após um dia exaustivo, já no fim da tarde, resolvi insistir para que seu Chico, bastante reticente, se manifestasse:

— Então, que decidiu?

Tomando uma atitude de comerciante tarimbado, entre fingidos cálculos mentais com franzir da testa e fechar de olhos, declarou-me interessar-se apenas por uma quinta parte das aves que ali estavam:

— Mas só farei o negócio com uma condição...

Eu já perdia a paciência. Havia também um mas... uma condição...

— A senhora vai me dar o quati de presente. Apreciei o animal e o meu garoto está apaixonado...

Senti o segundo alívio naquele dia. O primeiro pela venda da mula, agora...

Procurando imitá-lo em suas frases feitas, em seu linguajar empafioso, disse-lhe com voz embargada que era com o coração partido e uma dor n'alma que lhe entregaria o animal de minha estimação, tão manso, mesmo que um filho! Ao dizer essas palavras, evitei olhar para seu Antônio, ali ao lado. O casal não percebeu a galhofa; ficaram, ambos, marido e mulher, comovidos diante de minha dor, de meu sacrifício.

— Fique tranquila, madame, o animal será tratado dentro do estilo... — caprichou Chico.

Eu não possuía um telefone, seu Chico também não, combinamos um encontro daí a dois dias na porta do prédio onde ele ia falar com o chefe, próximo à praça Mauá.

CHEFÃO

Na porta de um antigo prédio da rua Mayrink Veiga, encontrei seu Chico à minha espera. Pelo menos ele era pontual. A importância a iluminar-lhe o rosto, excitado, me disse:

— O homem acaba de chegar.

Eu estava cada vez mais curiosa por saber quem era o tal milionário. Chico continuava misterioso:

— A senhora vai me desculpar, mas não quero que suba. Não posso apresentá-la ao chefe. Ele só trata desses assuntos comigo... O homem é muito ocupado... Vou subir, dar uma palavrinha com ele e lhe trago a decisão. Aguarde.

Galgou as velhas escadas de madeira, desapareceu de minha vista. Esperei cinco minutos, não mais. De repente pensei: Ora, essa é boa! E eu estou para esperar decisões, aqui plantada na porta, a apanhar sol, a ouvir piropos de homens que passam? Que é isso, dona Zélia?

Subi as escadas. Pelo visto, o escritório ocupava todo o andar. Não vi seu Chico, nem sinal dele. Numa pequena sala, uma jovem secretária falava ao telefone:

— Doutor Antenor já chegou...

Dr. Antenor? Seria por acaso Antenor Mayrink Veiga? Conhecia-o de nome. Figura badaladíssima nas colunas dos jornais, proprietário da Rádio Mayrink Veiga, homem de projeção.

Aguardei que a jovem desligasse o telefone.

— Eu queria falar com o doutor Mayrink Veiga — arrisquei meu palpite. — Se você puder fazer o favor de entregar a ele o meu cartão...

— No momento ele está ocupado — respondeu-me a moça. — Aguarde um pouco.

Pousou o cartão sobre a mesa sem o ler, abriu uma revista. Certamente seu Chico está conferenciando com ele, pensei. Vai se surpreender ao sair e dar comigo aqui sentada. Esperei algum tempo, decidi-me a fazer outra investida, interrompendo a leitura da secretária:

— Se você pudesse entregar meu cartão a ele, eu lhe agradeceria. Não posso aguardar mais, tenho uma criança em casa para amamentar...

Pousando a revista aberta sobre a mesa, a moça apanhou o cartão e leu; perguntou-me, por perguntar, se eu era parente do escritor Jorge Amado. Ao saber que era a mulher, entusiasmou-se:

— Eu tenho até um livro dele autografado... Espere um momentinho.

Entrou no gabinete do chefe. Voltou sorridente:

— Ele vai lhe receber agora, pode entrar — abriu a porta para que eu passasse.

Ao fundo do espaçoso escritório, atrás de uma escrivaninha, o dr. Antenor Mayrink Veiga levantou-se, veio ao meu encontro. Moreno, calvo, de compleição robusta, sorriso amável, cumprimentou-me:

— E então, dona Zélia? No que posso lhe ser útil?

Não escondia sua surpresa diante de minha visita.

— Estou aqui para lhe vender galinhas... — disse-lhe, divertindo-me com sua reação de espanto.

— Galinhas? — exclamou, os olhos arregalados.

Nesse momento, ouviram-se pancadas tímidas na porta, que se abriu, e apareceu Chico em toda a sua verdadeira humildade.

— O que é que é, seu Francisco? — a voz era dura.

Chico ensaiou um passo à frente, quis dizer qualquer coisa, mas foi barrado. A ordem seca para que se retirasse e aguardasse lá fora o fez sair rapidamente.

— Então, dona Zélia, a senhora quer me vender galinhas? — Já refeito da surpresa, dr. Antenor Mayrink Veiga divertia-se agora com a insólita e inesperada proposta.

Ao saber o número de aves que eu tinha para vender, riu bastante. Mas ao tomar conhecimento da visita de seu Francisco ao sítio, para examinar as aves, fê-lo rir ainda mais. Seu Francisco era o homem que comprava ração para as aves já existentes na ilha, e cuidava dos galinheiros... O empregado não lhe havia dito nada sobre o assunto. Certamente estava criando coragem para abordar o patrão.

Vendi, naquela manhã, 450 cabeças de aves. Das restantes, daria uma parte para seu Antônio; as outras, sobretudo os frangos, seriam comidas até minha viagem. Recebi o que pedi — e pedi menos do que elas valiam —, em dinheiro contado. Antes de nos despedirmos, o "chefe" mandou que seu Francisco entrasse, ordenou-lhe que fosse com o chofer do caminhão ao sítio, para buscar as aves, daí a dois dias.

— E o senhor comprou todas, patrão? Nem tem onde botar, doutor... — arriscou Chico, mas não obteve nem resposta.

— Pode sair.

Dr. Antenor Mayrink Veiga desejou-me boa sorte e me acompanhou até a porta. Talvez ele nunca se tenha dado conta do peso que tirou de minhas costas, do serviço que me prestou, ao decidir-se a instalar Donana Badaró, Fabiana, Clarissa, Antônio Balduíno, Lívia, Guma, os Irmãos Karamazoff, o Bersagliere e toda a banda em sua ilha na baía de Guanabara.

Quanto a seu Chico, levou o quati de quebra, e, apesar dos pesares, da tentativa de atravessar meu negócio no último momento, por puro puxa-saquismo, ainda assim dei-lhe uma comissão. Estava contente por ter vendido as aves.

VISITA INESPERADA

Fui avisada por Nina de que chegara visita:

— Está aí uma moça loira com um ramo de rosas, dizendo que é uma amiga de São Paulo.

Acomodei a criança no bercinho, fui recebê-la. Fanny Rechulski, ex-secretária de Jorge, me aguardava na sala. Depois de efusivos abraços — não nos víamos havia quase três anos —, Fanny contou-me que estava passeando no Rio, já se preparava para voltar.

Eu recebera carta de Jorge nesse dia, carta de amor, cheia de planos e de saudades; encontrava-me feliz. Falei a Fanny de meus projetos de viagem. Esperava apenas o fim do inverno na Europa, quando o menino estaria mais durinho, em condições de suportar uma longa viagem.

— E você vai? Jura! — admirou-se a moça. Fanny acreditara nos mil boatos que circulavam em São Paulo a nosso respeito. Um deles, o mais corrente, era de que Jorge Amado abandonara vilmente a pobre mulher com uma criancinha nos braços... — frase boa para impressionar, dava grande satisfação àqueles que a repetiam.

Eu aprendera a não ligar ao que dissessem a nosso respeito, não dar ouvidos a más-línguas; mas essa, agora... E se fosse cair nos ouvidos de dona Angelina? Coitada, ia sofrer... Escreveria a mamãe em seguida, propondo-lhe passar uns dias comigo.

Convidei Fanny para jantar mas ela lamentou, tinha um compromisso. Levantava-se para ir embora quando a campainha da porta soou, era Joelson que chegava. Fanny voltou a sentar-se, ficaria ainda um pouco. Não via o rapaz desde sua visita a São Paulo, em 1945, quando surgira a brincadeira de um suposto namoro entre os dois.

Joelson procurava sala onde montar seu consultório; contou de suas infrutíferas buscas. Fanny esqueceu que tinha compromisso para jantar. Mandei que Nina colocasse na mesa, em vez de um, dois talheres a mais.

CUPIDO NÃO DORME NO PONTO

Secretária executiva eficiente, com uma velha paixão recolhida pelo jovem doutor, Fanny não perdeu tempo. Logo pela manhã do dia seguinte comprou o *Jornal do Brasil*, de fartas páginas de anúncios classificados, recortou os de aluguel de salas para escritórios e consultórios, preparou um mapa, colando os recortes selecionados, os mais viáveis, divididos por bairros, procurou Joelson e prontificou-se a acompanhá--lo na difícil tarefa.

ARRULHOS DE AMOR

Os dois me apareceram juntos, abraçados, olhos nos olhos, beijinhos pra cá, beijinhos pra lá. Quantos dias haviam decorrido desde o reencontro lá em casa? Cinco ou seis? Certamente nem isso. Eu, que não sou de me escandalizar, fiquei bastante assombrada com a fulminante evolução do namoro. Sempre me gabara de ser boa psicóloga, e agora via que me enganara ao julgar Joelson uma pessoa tímida.

Estavam os dois tão encantados um com o outro, que só depois de muito arrulhar foi que Joelson lembrou-se de mostrar o telegrama que havia recebido dos velhos, anunciando que chegariam no dia seguinte. Havia também esquecido de dizer que James estava no Rio e que apareceria depois do jantar.

Fanny aumentava o seu conhecimento da família Amado, com a chegada de James, a quem, aliás, ela já vira em São Paulo. O caçula da família, de natural crítico e gozador, estava naquela noite como nunca. Resolvera divertir-se à custa da futura cunhada:

— Vá se preparando, Fanny, minha mãe não vai estar de acordo com o namoro de Joelson... Vai te examinar dos pés à cabeça... Vai te espremer...

O que James dizia na brincadeira era a pura verdade. Eu que dissese! Lalu ia ter, sem dúvida, um grande choque ao saber da novidade. Fanny devia se preparar para o duelo.

PRIMEIRO ENCONTRO

Aguardamos, Fanny e eu, no quarto do Ópera, os dois rapazes que foram buscar os velhos no Santos Dumont. Lalu devia estar ansiosa para conhecer o neto, seu primeiro neto homem. Tinha certeza de que ela ia se encantar com João Jorge, um bebê tão lindo! — pelo menos eu o achava lindo. Ficaria babada.

Inquieta, Fanny não sabia se acreditava ou não nas coisas que James lhe dissera na véspera. Ligeiramente apavorada, fazia-me perguntas sobre a família.

Lalu me abraçou chorosa, já não encontrava Jorge:

— Coitadinho de meu filho, tão longe, sozinho...

Puxei-a para o quarto de Joelson, onde o menino dormia. Mas a atenção de Lalu voltava-se para a moça em cuja cintura Joelson passara o braço, beijando-a em seguida no pescoço. Lalu acercou-se da cama onde o neto dormia e, antes de olhar para a criança, perguntou-me a meia-voz:

— Quem é aquela?...

Finalmente olhou para o menino, mas sua atenção continuava voltada para o outro quarto.

— Não está achando seu neto lindo, dona Eulália? — perguntei-lhe, bastante desapontada com a indiferença da avó.

Tornando a si, Lalu comentou:

— Xiii! Que nariz mais espalhado! Largo como o de João! Pobrezinho!

Cada vez mais decepcionada com a reação de Lalu, não pude dizer nada além de que o narizinho afilaria com o tempo.

— Qual é o tempo? — De mau humor, Lalu mostrava-se pessimista: — Isso não conserta nunca! A não ser que tu aperte ele com um pregador de roupa... Deve botar pelo menos uma hora por dia...

O quarto de Joelson acabava de ser invadido, o Coronel à frente, enciumado comigo por não lhe ter mostrado o neto:

— O pegadio dela é com Lalu... — Olhou o menino que despertava com o vozerio em torno. — É uma bela criança...

— Seu João não escondia a satisfação de ter um neto com seu nome e seu nariz.

Enquanto os comentários sobre o nariz da criança prosseguiam, "é parecido... não é...", Lalu examinava a jovem que o filho mantinha abraçada, colada a ele. Foi James quem esclareceu o assunto:

— Gostou da noiva de Joelson, mãe?

Lalu revidou, rápida:

— Que noiva o quê! Brincadeira mais besta, Tenente!

Joelson ria e confirmava:

— Vou me casar com ela...

Coisa curiosa, os filhos voltavam a falar com a mãe no mesmo tom gritado dos tempos em que ela não usava o aparelho para surdez; o aparelho estava ligado; Lalu não era doida de desligá-lo naquela hora, quando não queria perder nada do que diziam.

Fanny criou coragem, puxou conversa, relembrou à mãe do namorado o encontro das duas em São Paulo, no tempo em que era secretária de Jorge. Levara-a, inclusive, a fazer uma visita... Chocada, Lalu não podia lembrar-se, naquele momento, do que quer que fosse. Não podia? Talvez não quisesse lembrar-se das gentilezas recebidas...

— Tu mora em São Paulo? — perguntou.

Diante da resposta afirmativa da moça, Lalu continuou:

— E que diabo está fazendo aqui no Rio?

Todo mundo riu, menos Fanny, que, escabreada, não sabia onde se meter.

— Tu é judeus, não é?

Gargalhada geral, James era quem mais se divertia com o embate, aliás, já esperado, e punha lenha na fogueira:

— Fanny é judia, sim, minha mãe! Gente boa! Joelson vai ter que se operar se quiser casar com ela...

— Se operar? — Lalu ficara confusa.
James esclareceu:
— Tem que fazer circuncisão com um rabino... — Para ilustrar, fez um gesto com a mão: — Cortar um pedaço...
— Cortar um pedaço? Hum! Meu filho é maluco?
— Mas, em compensação, minha mãe — voltava James —, ela vai lhe dar netos loiros de olhos azuis... — James não se aguentava de gozo.
— E para que diacho eu quero mais netos? Já tenho até demais! — declarava Lalu com desgosto.

Prudente, antes que a conversa esquentasse ainda mais, Joelson tratou de jogar água na fervura:
— Vou a São Paulo na semana que vem, pedir a mão de Fanny em casamento. Já falei com James, ele vai comigo.

O velho se limitava a ouvir, não dera nenhum palpite sobre o namoro de Joelson. Estava doido, isso sim, para falar no filho ausente, em Jorge, saber notícias. Entreguei-lhe a carta. O Coronel leu-a cuidadosamente. Depois monologou:
— O pau verga e acaba sempre estourando em minhas costas.

Compreendi que ele se referia à passagem que Jorge lhe pedia que me desse. Fiquei calada, conversaríamos em outra ocasião.

A sós comigo, mais tarde, desconsolada, Lalu se abriu:
— Tu está vendo? Foi só eu virar as costas e o besta do Joelson caiu na esparrela!

Essa frase de Lalu teria sido dita, fosse quem fosse a noiva do filho. Nem milionária, nem princesa, nem rainha, nem santa, nenhuma ela aceitaria de bom grado.

ADEUS AO ÓPERA

Joelson não brincara com a mãe ao dizer-lhe que ficaria noivo na semana seguinte. Voltava agora de São Paulo comprometido oficialmente, decidido a casar-se o mais depressa possível. Não havia sentido nenhum ele ficar no Rio e ela em São Paulo, ambos curtindo saudades.

Joelson propôs casar-se e continuar morando com os velhos, não sairia de junto da mãe. A família se reuniu e foi decidido que os velhos comprariam um apartamento suficientemente grande para os dois casais.

Um corretor conseguiu-lhes, em três tempos, um belo apartamento num edifício recém-construído, em Copacabana. E, dizendo adeus a dona Gina, os velhos se mudaram em seguida para a rua Rodolfo Dantas, perto do mar.

DUELO AMÁVEL E CORDIAL

Entusiasmada com o telegrama avisando da chegada de dona Angelina ao Rio, Lalu me pediu que a levasse ao aeroporto para esperá-la.

Ao contrário do que pensara, mamãe desembarcou lépida do avião; a alegria de rever a filha fizera-a perder o medo. Desvanecida com a presença de Lalu, mamãe se desfazia em gestos e agradecimentos:

— Imagine só, veio me esperar... Não precisava ter esse trabalho, dona Eulália, foi se incomodar...

Lalu a ouvia e a examinava, muito no seu estilo, dos pés à cabeça:

— E ela é moderna, hem? Sim, senhor! — dirigia-se a mamãe.

— Moderna, eu, dona Eulália? — admirou-se dona Angelina, que não conhecia o sentido da palavra, empregada pelos baianos para designar pouca idade. — Que nada! Eu não tenho luxo nenhum, nunca fui muito de modas... Sou pessoa simples...

Lalu se divertia:

— Dona Angelina só fala italiano, Zélia? Ela não entendeu o que eu disse.

Realmente, mamãe não estava entendendo nada; o que é que dona Eulália estava dizendo? Que ela só falava italiano?

— Eu estou falando português, a senhora não está me entendendo? — admirou-se mamãe, desconcertada, inocente.

Lalu estava entendendo tudo, apesar do sotaque italiano de mamãe, claro que estava. Dona Angelina seria um bom material para distraí-la; pelo menos por alguns dias ia tirar sua cabeça do casamento do filho, que se aproximava e com o qual ainda não estava conformada.

A estada de mamãe no Rio não foi longa. Em meu apartamento de Copacabana, o calor insuportável não a deixava dormir. Resolvi levá-la para o sítio, onde eu aproveitaria a ocasião para separar a papelada de Jorge, encaixotar os livros; deixaria tudo arrumado e guardado antes de viajar.

O sítio ficara deserto, sem as aves. Ainda assim, as poucas galinhas que restavam encheram o tempo de mamãe, apaixonada por criação. Eu organizava o arquivo, selecionando cartas, manuscritos, fotografias, colocando tudo em envelopes grandes.

Chamei os velhos para o fim de semana conosco. O Coronel, cheio de mesuras com mamãe, divertia-se aconselhando-a a casar-se novamente, coisa que a escandalizava:

— Deus me livre! Nem pensar numa coisas dessas, seu João!

Chamando-me de lado, Lalu me pedira que aconselhasse dona Angelina a não comer tanta jaca, pois acabaria tendo uma indigestão. Mamãe provara a fruta pela primeira vez, adorara, devorara dezenas de bagos...
— Um perigo na idade dela... — sentenciara Lalu.

Por sua vez, mamãe também tinha um conselho muito particular a me dar em relação ao "apetite da velha":

— Ela diz que não come nada, mas passa o dia se empanturrando com coisas indigestas... Você sabia que ela tem uma lata cheia de farinha de mandioca misturada com pedaços de carne-seca assada? Ela até me ofereceu, noutro dia... Come carne-seca a toda hora... Vai ter uma indigestão num dias destes... você vai ver! Por que você não aconselha ela? Fale com jeito, não vá ofender... Você sabe, na idade dela...

Despediram-se ambas com lágrimas nos olhos, no momento da partida de mamãe. Quinze dias haviam sido suficientes para que dona Angelina formasse opinião sobre a sogra da filha:

— Dona Eulália é uma pessoa original! — declarou-me, ao tomar o avião de volta para São Paulo.

"O PAU VERGA..."

A última carta de Jorge trazia junto um bilhete para o pai. Recordava-lhe que chegara a hora de pagar minha passagem. A primavera surgia na Europa, Jorge estaria na Itália com Scliar, onde o clima era mais ameno do que na França. Eu iria encontrá-lo lá, sem preocupação com o frio, a criança suportaria bem.

O Coronel andava nervoso. Comprara o apartamento, gastara um dinheirão, via-se diante daquele mundo de casa para mobiliar...

Agora, para completar, chegava o bilhete de Jorge, pedindo-lhe que pagasse minha passagem... Eu vivia aflita, não suportava a ideia de ouvir uma recusa por parte do velho. Sua frase ao chegar da Bahia não me saíra da cabeça:

— O pau verga e acaba sempre estourando em minhas costas.

Essa mesma frase ele repetira havia pouco, quando do casamento de Joelson e da compra do apartamento:

— Inventa casar... O pau verga...

Antes que seu João me dissesse qualquer coisa, negativa ou positiva, a respeito do pagamento da passagem, fiz-lhe a proposta, pensada e decidida em noites de insônia. Propus-lhe trazer para a Rodolfo Dantas tudo que possuíamos no sítio, móveis, aparelhos elétricos, utensílios... suficientes para montar o apartamento. Até os móveis de quarto do jovem casal seriam os nossos, não precisariam gastar dinheiro. Seu João não teria despesas de forma alguma, e em troca me pagaria a passagem. Eu preferia deixar nossas coisas com eles a vender a estranhos.

O Coronel ouviu calado a minha proposta e, cheio de dedos, reticente, se abriu; seu João devia ter pensado muito, antes de me expor seu pensamento, seu desejo, o que pretendia: disse-me que preferia que eu não partisse, que não viajasse, que ficasse com eles.

— Não é pela passagem, não pense, não, minha filha! — falava com voz doce, quase suplicante. — Estamos muito pegados com o menino, Eulália está num pegadio medonho! Com o menino e com você também — corrigiu. — Tu é mesmo que nossa filha... Eulália vai sofrer muito...

Eu acreditava na estima dos velhos por mim e no amor que tinham à criança, mas ainda outro motivo, de fina astúcia, o levava a fazer-me a proposta: se eu ficasse, o filho certa-

mente voltaria mais depressa... Ao ouvir a opinião, os conselhos e as propostas do Coronel, abri no berreiro. Chorava aos soluços: eu iria para a Europa de qualquer maneira. Jorge me chamava e não havia força humana que me impedisse de ir ao seu encontro... Morria de saudades dele, impossível sofrer mais do que eu estava sofrendo com sua ausência...
Lalu, que até o momento ouvira tudo calada, interveio:
— Que doidice é essa, João? Deixa a menina ir... O lugar dela é junto de Jorge... — Tomando uma atitude severa, como nunca eu vira antes, elevou a voz, enfrentou o marido:
— Eu não quero ver mais essa menina chorar! A pobrezinha não faz outra coisa, está se acabando de consumição, magra de fazer dó... Você entendeu, João? Não quero que ela chore mais! — repetiu.
Lalu acabou de conquistar nesse dia a minha gratidão e a minha estima para sempre.

Minha proposta da barganha de móveis por pagamento da passagem foi aceita e eu saí, feito doida, em busca de navio que me levasse à Itália. Reservei passagem de segunda classe no *Argentina*, barco de nacionalidade italiana, que zarparia do Rio na primeira quinzena de abril, para Gênova; por coincidência, eu chegaria à Itália no mesmo porto de onde haviam partido meus avós e meu pai para o Brasil, no fim do século XIX.

CASAMENTO EM SÃO PAULO

Convidada por Joelson para ser sua madrinha de casamento, incorporei-me aos demais membros da família Amado, viajamos todos juntos, na véspera da cerimônia, que se realizou no dia 27 de março. Estava feliz com a oportunidade de ver meu filho ainda uma vez antes de minha partida. Hospedei-me com Wanda, que com mamãe e Vera haviam sido convidadas para o casamento.

Felizes e comovidos, Clara e Moisés Rechulski casavam sua filha Fanny com um jovem médico, gói, em cerimônia civil, sem padre católico e sem rabino. A casa cheia de flores, um enorme bolo sobre a mesa e champanha no gelo. Lalu, triste, ameaçava chorar a toda hora, contida por mim, que, a pedido de Joelson, lhe dava assistência, não a perdia de vista. A grande estrela nesse dia era João Jorge, que passava de colo em colo, todo o mundo querendo ver a criança, chegando mesmo a ofuscar um pouco o brilho da noiva, que acabou reclamando: "... a noiva está aqui e não no colo da Zélia...". O Coronel, encantado com minhas irmãs, entrara em compasso de parente, alisando e apalpando as duas com exaltados elogios: "Que moças mais bonitas, benza Deus!... Que gente forte!...". O Coronel não era brincadeira. Repetia sempre uma frase que valia por uma definição: "Nunca fumei, nunca bebi. Dos vícios só tive um, e esse foi forte!".

Passei ainda um dia em São Paulo, telefonando aos amigos mais chegados, despedindo-me. Vera foi acompanhar-me ao aeroporto, levou Luiz Carlos.

Os passageiros de meu voo estavam sendo chamados pelos alto-falantes. Chegara a hora de despedir-me de meu filho. Até quando?...

Enfiando a mãozinha no bolso da calça, ele retirou um pacotinho, um guardanapo de papel amarfanhado, abriu-o: dentro algumas migalhas de queijo; estendeu-me:

— Para você comer na viagem...

Não me recordo se lhe agradeci; afastei-me rápido, entrei na fila, nem me voltei para lhe mandar ainda um beijo...

VISITA NA MADRUGADA

Joelson e Fanny haviam passado os três primeiros dias de sua lua de mel no sítio; eu dispensara Nina para cozinhar e dar assistência aos noivos. Mal os vi ao voltarem. Estavam de passagem para Minas Gerais, onde permaneceriam por algum tempo. Certamente só regressariam depois do meu embarque.

Eu precisava, com urgência, providenciar o transporte dos móveis do sítio para Copacabana. Tomara o compromisso de deixar tudo arrumado antes de partir. Traria o louro, que passara a morar com os velhos, sob os cuidados de Lalu. Acertei com uma transportadora, que ficou de apanhar a mudança daí a dois dias pela manhã. Preferi ir para lá na véspera, queria estar presente quando o caminhão chegasse.

Fatigada, dormia profundamente quando fui despertada, alta madrugada, pelos insistentes latidos de Chuli, pelo vozerio próximo à casa. Ouvi a voz de seu Antônio:

— O dotô não está... Só está a moça com o menino...

Acordei sobressaltada. O que estaria acontecendo? Pancadas na porta fizeram-me estremecer...

— Abra essa porta aí! É a polícia!...

Vesti-me rapidamente enquanto as pancadas se repetiam, cada vez com maior violência:

— Abra, senão arrombamos!...

Três homens invadiram a casa, de revólver em punho; outros dois permaneceram fora, vigiando.

— Onde é que ele está?

Ao mesmo tempo que perguntavam, iam invadindo os cômodos.

— Onde foi que ele se meteu?

Procuravam afoitos, dentro dos armários, debaixo das camas, atrás das portas. Encostei-me, instintivamente, na porta de meu quarto:

— Por favor, nesse quarto está uma criança dormindo...
Deram-me um empurrão e entraram, na certeza de que Jorge se encontrava ali escondido:

— Saia daí, seu desgraçado!...

Assustado com o barulho, o menino acordou, pôs-se a chorar e eu o retirei do berço, apertei-o em meu peito.

O mais feroz dos três me interrogou diretamente:

— Onde está o homem?

— Na Europa — respondi.

Onde arranjara tanto sangue-frio? Sentia-me calma. Não devia e nem ia discutir com aqueles facínoras. Apenas perguntei:

— Polícia de onde?

— Do estado do Rio — respondeu o brutamontes.

Na parede, sobre nossa cama, estava pendurado um desenho de Flávio de Carvalho, um belíssimo nu. Um dos tiras chamou a atenção dos colegas:

— Olhe que porcaria. Uma indecência!

Arrancou o quadro da parede e o atirou no chão, quebrando o vidro:

— Isso só serve pro lixo!

Continuaram a vasculhar tudo, agora em busca de material subversivo. Os envelopes encarreirados junto das malas foram despejados ao chão; aquela papelada toda, o que significaria? Decidiram levar tudo: apanharam no depósito sacos de ração, vazios, iam metendo dentro deles todo o arquivo de Jorge, inclusive documentos preciosos, dezenas de cartas de escritores como Oswald de Andrade, Graciliano Ramos, José Lins do Rego, Erico Verissimo, Mário de Andrade e muitos outros; algumas de notáveis escritores estrangeiros, entre as quais uma de Romain Rolland.

As malas de roupas, as caixas de louças e talheres, esvaziadas, tudo esparramado pelo chão. Interessaram-se pelos envelopes de fotografias, iam olhando os retratos e rasgando, depois pisando em cima. Espetáculo que seria ridículo se não fosse assustador. Encontraram três bandeirinhas que eu guardava do fim da guerra, bandeirinhas dos Aliados: brasileira, americana e russa:

— Olha esta bandeira com a foice e o martelo! Bota dentro do saco...

— Por que não levam as três? — arrisquei!

Não me ouviam, agora detidos diante de um punhal com bainha de prata trabalhada, presente que Jorge recebera no Rio Grande do Sul. Tirando o punhal da bainha, o brutamontes mostrou-me a ponta da lâmina:

— Isto é para seu marido, quando voltar... Diga pra ele que vamos beber o sangue dele...

Seu Antônio, fiel, pálido como um cadáver, não saía de meu lado. Agora, despejavam as caixas de livros. Escolheram, a esmo, os de encadernação vermelha, meteram no saco... Encontraram uma foto grande de Jorge, rasgaram acintosamente em minha cara, pisaram em cima...

Partiram quando os galos começavam a cantar, de manhãzinha, carregando todo o arquivo, os livros, o punhal de prata.

Antes, ordenaram a seu Antônio que pegasse umas galinhas para eles levarem mas seu Antônio não se mexeu. Ainda por cima, ladrões de galinha.

PROTESTO

Voltei para o Rio na boleia do caminhão que transportou a mudança. Precisava fazer qualquer coisa, protestar, tomar uma atitude. Aquele ato de vandalismo não podia ficar impune. Seu João assustou-se ao saber do acontecido. Agora, era o primeiro a achar que eu devia partir, que o filho não devia voltar.

Logo depois do almoço, dirigi-me ao Palácio Tiradentes com a criança nos braços. Chegaria antes que a sessão começasse, falaria com os deputados, principalmente com os mais reacionários.

Procurei por Pomar e Diógenes Arruda Câmara, deputados do partido que cumpriam seu mandato, pois, como já foi dito anteriormente, haviam sido eleitos pela chapa do PSP. Contei a Pomar o ocorrido e ele se encarregou de reunir alguns deputados, de várias correntes, para me ouvirem. Entre eles estavam: Acúrcio Torres, o padre Medeiros Neto, Lino de Matos, o presidente Nereu Ramos. Contei-lhes o que se havia passado naquela madrugada, e exigi que fizessem um protesto da tribuna. Foi aí que o deputado Lino de Matos quis saber se eu ia viajar, encontrar-me com Jorge. Ao tomar conhecimento de que eu embarcaria para a Europa daí a dez dias, aconselhou-me a ficar calada, a não dar entrevistas. Qualquer notícia sobre o assunto, a invasão à casa do escritor Jorge Amado pela polícia, poderia chamar a atenção sobre mim, me prejudicar, atrapalhar minha vida, podiam até impedir-me de partir... O deputado Lino de Matos estava bem a par da situação política, das repressões e das injustiças que estavam sendo praticadas; se comprometia a levantar a questão na tribuna da Câmara, assim que eu viajasse. Eu podia partir tranquila, ele protestaria. O melhor que eu tinha a fazer era aceitar o conselho do deputado, homem liberal, reconhecidamente democrata. Soube, tempos depois, que ele cumprira sua palavra, ocupara a tribuna após minha partida num protesto que caiu no vazio, tendo tido pequena repercussão, pois as violências se sucediam naqueles tempos novamente sombrios.

AINDA UMA FOFOCA PARA ARREMATAR

Odette andava sumida. Desde que Jorge partira eu não voltara a vê-la. Não tivera tempo de procurá-la, e se ela me procurara, certamente não me havia encontrado. Agora aparecia, afobada, a aflição estampada no rosto. Recebera uma carta de São Paulo, acreditara nas fofocas nela contidas: segundo a missivista, eu me encontrava em São Paulo, fora vista e depois sumira. Deprimida, abandonada, certamente devia estar escondida, humilhada, sem querer aparecer a ninguém...

Odette vinha em busca de notícias, e espantara-se ao me encontrar entre trouxas de roupas e de malas, mudando-me do apartamento da avenida Copacabana para o da rua Rodolfo Dantas, onde eu ficaria com os velhos até minha partida. Conseguira devolver o apartamento à proprietária, Lucy, que, sempre simpática e compreensiva, não me criou obstáculos, apesar de faltar ainda mais de um ano para a conclusão do contrato.

— Então tu vais para a Europa? — exclamou Odette admirada, entre lágrimas de alegria.

Espantada ao ver-me interromper de repente o trabalho de empacotamento para dar a mama à criança, expansiva e franca, sem esconder sua perplexidade de me ver tão magra, me advertiu:

— Se continuares a trabalhar desse jeito, com essa criança grudada no peito, vais ficar tísica! Arranje alguém para te ajudar...

— Quem? — francamente eu não via a quem recorrer, e o pior já estava feito.

Foi Odette quem me ajudou nos últimos dias de trabalho pesado. Foi também ela quem conseguiu, por intermédio de um amigo num banco, trocar em dólares, pelo câmbio oficial, o dinheiro que ainda me restava da venda das galinhas.

UM CHAPÉU PARA VIAGEM

Maria Della Costa me convidara para almoçar em sua casa. Pediu-me que chegasse cedo para conversarmos; tinha um compromisso após o almoço e eu também estaria ocupada, pois reservara a tarde desse dia para a arrumação das malas. Aceitei o convite de bom grado, faria uma pausa na correria em que andava; exausta, tomaria fôlego, aproveitaria para me despedir de Fernando e dela.

Ao chegar ao apartamento dos amigos, na rua República do Peru, a dois passos da Rodolfo Dantas, por volta de meio-dia, Maria já me esperava. Fernando saíra mas voltaria para o almoço. Ela foi logo perguntando se eu tinha chapéu para o embarque. Pus-me a rir, lembrando que Fanny também tivera os mesmos cuidados com minha elegância, quando eu partira de São Paulo, havia quase três anos. Repeti, agora a Maria, a mesma pergunta que fizera a Fanny naquela ocasião:

— E você acha, Maria, que é preciso chapéu para embarcar?

— Bem, preciso não é... — respondeu-me — mas seria bom. Viajando num navio de luxo para a Europa, você precisa se arrumar direitinho...

— Só que eu vou de segunda classe... — ri.

— E daí? De segunda ou de terceira, você não deixa

de ser a mulher de um homem importante, de um escritor famoso... Veja só — continuava na crítica à minha elegância —, com essas duas trancinhas que você está usando, sem maquiagem, parece mais uma menina do colégio do que uma senhora respeitável... Você precisa se colocar à altura de sua importância.

Mulher belíssima, modelo da *Vogue*, manequim de alta--costura, Maria desfilara nas passarelas do Cassino Atlântico, antes de tornar-se atriz de teatro. Era entendida em modas e maquiagens. Possuía roupas maravilhosas que não usava mais de duas ou três vezes. Aconselhava-me agora, por pura amizade, dizendo o que realmente pensava, com a intenção de me ajudar. Apenas não levava em conta que éramos duas pessoas de vidas e hábitos diferentes, apesar das muitas afinidades que nos ligavam. Havíamos descoberto, numa ocasião em que sua mãe viera de Porto Alegre passar uma temporada no Rio com ela, que certamente tínhamos um remoto parentesco, já que seu sobrenome por parte de mãe: *dala Costa*, era o mesmo que o de minha avó, mãe de mamãe, e, curiosamente, as duas provinham da mesma aldeia, nos Alpes vênetos. Acháramos graça na coincidência e no parentesco.

Desde que Jorge partira eu adotara as trancinhas, já que não me sobrava tempo para cuidar eu própria dos cabelos, muito menos de passar horas num cabeleireiro.

Acompanhei Maria a seu quarto, onde me aguardava uma surpresa: sobre a cama, dois chapéus e um belo casaco de lã, branco.

— São para você — disse sorrindo.

Um dos chapéus, o que mais me chamou a atenção, era deslumbrante! Uma espécie de boina preta de veludo, dois penachos de plumas de avestruz, um preto, outro azul-claro.

Apanhei o chapéu preto e já ia metê-lo na cabeça quando fui impedida pela atriz:

— Nada disso! Só vai experimentar chapéus e casaco depois de melhorar a fachada.

Eu me divertia, enternecida com o carinho da amiga:

— Pois então me diga o que devo fazer...

Sentada diante do espelho, acompanhei o seu trabalho. Começou por enrolar-me uma toalha na cabeça. Depois passou em meu rosto cremes e loções, fez elogios:

— Que pele mais fina... Parece bumbum de criança...

— Não uso cosméticos, minha cara! A pintura estraga a pele... — dava também uma de entendida.

Rosto pintado, olhos com sombra, delineados, os cabelos soltos, eu parecia outra.

— Veja! — Maria estava encantada com sua arte. — Agora vamos ao chapéu e estará pronta pra desfilar na passarela!

Irreconhecível, diante do espelho, ao ver-me de chapéu, as plumas a roçarem-me rosto e pescoço, sobressaltei-me com uma ideia:

— Você pretende, Maria, que eu embarque com este chapéu? Você está doida? Deus me livre!

Maria caiu na gargalhada:

— Você é boba mesmo! Claro que esse não é chapéu de embarque... Esse você vai usar em grandes ocasiões, em Paris; não vão faltar oportunidades...

Esse chapéu de penachos, eu usaria uma única vez, quando fomos testemunhas, em Paris, do casamento da ceramista Adela com o pintor venezuelano Héctor Poleo.

O chapéu que Maria designara para o embarque era uma espécie de turbante. Da pequena copa armada saíam duas longas e largas faixas enviesadas, a serem torcidas e enroladas na cabeça, na ocasião de vesti-lo. Com destreza e maestria, a perita realizou o milagre. Quem diria, ao vê-lo desfeito sobre a cama, que o turbante na cabeça era um chapéu ainda mais belo do que a espetacular boina de veludo? Assentava-me às maravilhas.

— Com este você embarca e desembarca — determinou a conselheira. — Precisa estar bem bonita no encontro com Jorge...

Fez-me vestir o casaco, que também me ia como uma luva, casaco comprado em Portugal, quando Maria lá passara longa temporada, estudando teatro. Encantada com a minha transformação, Maria divertia-se:

— O Jorge vai cair duro!

Fernando de Barros acabava de chegar trazendo para o almoço os jornalistas Franklin de Oliveira e José Amádio, ambos amigos e frequentadores do apartamento do cineasta. Solicitado a dar opinião sobre a minha elegância, conhecedor do gosto do compadre, Fernando riu:

— Estás linda! Mas será que Jorge vai gostar?

Áurea, a cozinheira, veio avisar, pela terceira vez, que o almoço estava esfriando.

ADEUS, LISELOTE!

Lila apareceu na véspera, à noite. Foi despedir-se de mim, levava um presente para o pai, uma gravata colorida.

— Bem do gosto dele, você não acha? — queria minha opinião.

— Ele vai adorar!

Lila beijou o irmãozinho, desculpou-se por não ir ao porto no dia seguinte. Não podia faltar às aulas.

— Não se preocupe, não, Liselote, você veio hoje, é a mes-

ma coisa... Teu pai vai ficar contente ao saber que te vi, que você está linda... Quando estivermos com nossa vida estabilizada, você vai passar uma temporada com a gente. Que tal?
— Papai também me convidou. Recebi carta dele, ontem — disse Lila, entusiasmada com a perspectiva de viajar pela Europa.

Nem de longe eu podia supor que aquela seria uma despedida para sempre; pela última vez eu via Lila, falecida aos quinze anos, durante nossa ausência.

BRASIL, ATÉ QUANDO?

Pedi a Lalu que não fosse ao embarque mas ela insistiu, iria de qualquer jeito. Esquecida da operação que a deixara, segundo contava, impossibilitada de qualquer espécie de trabalho, sobretudo de carregar pesos, carregava agora o neto, um chumbo de menino! Levou-o nos braços o tempo todo, da porta de casa até as escadas do navio:

— Tu está muito elegante com esse chapéu, deixa que eu levo o menino... — disse Lalu, quando saíamos do apartamento.

No porto, na confusão da despedida, ao me restituir a criança, Lalu confidenciou-me:

— Olhe, o nome é Esmeralda.

— Esmeralda? — repeti, sem me lembrar do que se tratava.

— Isso mesmo, é o nome que escolhi para minha filha...

Recordei-me do mistério em que Lalu envolvia o nome escolhido para a filha que jamais tivera; nem seu João o conhecia. Ao revelar-me segredo para ela tão precioso, Lalu me dava a maior prova de carinho, de confiança e de amor, o presente mais valioso.

Fiquei mais comovida ainda. Um nó na garganta... Mas consegui dizer:

— Que nome mais bonito!

Demoramos as duas em silêncio, em meio à balbúrdia dos passageiros que embarcavam entre recomendações e adeuses ruidosos. Apressado como sempre e acabrunhado com a tristeza da despedida, seu João consultou mais uma vez o relógio e, tomando do neto para beijá-lo, disse:

— Está na hora de embarcar, minha filha. Deus te leve, cuide de meu filho.

Dos braços dele fui para os de Lalu. Quase correndo, carregando João Jorge, começava a subir a escada quando ouvi uma voz aflita:

— Zélia, ó Zélia!

Parei, voltei-me para ela:

— Que é, dona Eulália?

Aproximara-se da escada, perguntou preocupada:

— Com esse chapéu, tu não está sentindo quentura na cabeça?

No tombadilho do navio, enquanto João Jorge em meus braços insistia em puxar o turbante, na falta das trancinhas, sua diversão preferida, eu olhava os dois velhos lá embaixo: Lalu debulhada em lágrimas, o Coronel enxugando, disfarçadamente, os olhos num lenço. Uma quentura na cabeça.

Eu não sabia se estava chorando de tristeza ao me separar de minha gente — meu filho, minha mãe, meus irmãos e irmãs, Lalu e o Coronel —, ou de alegria ao partir ao encontro de Jorge para enfrentarmos juntos a vida no estrangeiro. Pelas duas coisas, sem dúvida.

O apito forte do navio fez a criança estremecer, apertei-a contra meu coração também assustado. Um alto-falante possante, bem em cima de minha cabeça, anunciou: "*Signori passaggieri, la nave è in partenza!*".

Salvador, Bahia, março, 1980
São Luís do Maranhão, maio, 1982

ÍNDICE ONOMÁSTICO

ALENCAR, JOSÉ DE (1829-77), escritor brasileiro, 204-5
ALMEIDA, APARECIDA, 22-4, 26, 33-4, 44, 47, 144-5, 287, 313
ALMEIDA, PAULO MENDES DE (1905-86), jurista e poeta brasileiro, 22-4, 26, 34, 36, 44-7, 145, 287, 313
AMÁDIO, JOSÉ, jornalista, 344
AMADO, ÁLVARO, irmão do Coronel João, tio de Jorge Amado, 71
AMADO, DINAH, prima de Jorge Amado, 71
AMADO, JAMES, irmão de Jorge Amado, 36, 73, 75, 83, 95-9, 110, 142, 159, 182, 185, 188, 235-7, 241, 246, 291, 299-300, 319, 326-9
AMADO, JOÃO JORGE (1947-), sociólogo e escritor, filho de Jorge Amado e Zélia Gattai, 9, 252, 307-9, 327, 335, 346
AMADO, JOSÉ, avô paterno de Jorge Amado, 75, 181, 223-4, 253
AMADO, LILA (1935-49), filha de Jorge Amado e Matilde Rosa, 38, 45, 63, 97-8, 115, 132, 134-5, 143, 167, 187, 243-5, 247, 262, 344-5
AMADO, PALOMA JORGE (1951-), escritora, filha de Jorge Amado e Zélia Gattai, 9, 297, 308-9
AMADO, PEDRO, primo do Coronel João, 111, 178, 272
AMARAL, TARSILA DO (1886-1973), pintora brasileira, 23
AMAZONAS, JOÃO (1912-2002), político brasileiro, líder do Partido Comunista, 94
ANDRADE, MÁRIO DE (1893-1945), escritor brasileiro, 23, 36, 337
ANDRADE, OSWALD DE (1890-1954), escritor e dramaturgo brasileiro, 23, 36-7
ANGELINA, mãe de Zélia Gattai,

9, 15-8, 29-33, 39, 57-61, 65, 69, 204, 215, 236, 263-4, 270, 272, 277, 312, 325, 330-2
Antunes, Laís e Rui, casal de advogados, hospedaram o casal Amado em Recife, 200
Apolônio, Luiz, chefe dos investigadores do DOPS, 20
Araújo, João, produtor de cinema, 304
Barbedo, Alceu, procurador que pediu a cassação do PCB, 222, 241
Barros, Adhemar de (1901-69), político brasileiro, prefeito da cidade de São Paulo (1957-1961), interventor federal (1938-1941) e duas vezes governador de São Paulo (1947-1951 e 1963-1966), 214-5
Barros, Fernando de (1915-2002), cineasta português, 247, 296-7, 304, 314-5, 341, 344
Bartoglio, Gina, italiana, proprietária do Hotel Ópera, 72-4, 77-8, 274, 303, 330
Becker, Cacilda (1921-69), atriz brasileira, 258
Benário, Olga (1908-42), líder comunista alemã, esposa de Luís Carlos Prestes, 29
Bezerra, Gregório (1900-83), político brasileiro, deputado federal pelo PCB, 219, 310
Blay, Fanny, integrante do Comitê de Senhoras da Comissão de Anistia, 40

Bonadei, Aldo (1906-74), pintor brasileiro, 23
Braga, Rubem (1913-90), cronista brasileiro, 23, 98
Brandão, Odette, amiga de Zélia Gattai, 297-8, 340-1
Câmara, Arruda, deputado e padre pernambucano, 218-9, 293
Câmara, Diógenes Arruda (1914-79), engenheiro e líder comunista brasileiro, 94, 214, 218-9, 339
Camargo, Joracy (1898-1973), jornalista e dramaturgo brasileiro, 65
Campofiorito, Quirino (1902-93), pintor brasileiro, 65
Campos, Paulo Mendes (1922-91), escritor brasileiro, 36
Carril, Delia del (1884-1989), pintora argentina, esposa de Pablo Neruda, 51, 53, 55
Carvalho, Flávio de (1899-1973), arquiteto brasileiro, 337
Carvalho, Rafael de (1918-81), ator e dramaturgo brasileiro, 168
Castro, Ferreira de (1898-1974), escritor português, 151
Castro, Moacir Werneck de (1915-), jornalista e escritor brasileiro, 36, 159
Caymmi, Dorival (1914-2008), cantor e compositor brasileiro, 47, 48, 249, 251-2, 305
Charf, Clara (1925-), escritora

brasileira, esposa de Carlos Marighella, 264, 294-5, 335
CIVERNY, LUMIR, escritor e vice-ministro da Cultura da Tchecoslováquia, 309-10
CORONEL JOÃO AMADO DE FARIA, pai de Jorge Amado, 10, 12, 63, 65, 68-73, 75-78, 83-4, 87-9, 92-3, 105-15, 121, 136-8, 142-3, 167, 171, 182-3, 185, 189, 193, 217, 223, 226, 230-1, 233, 235, 239-40, 242-4, 252-5, 257, 261, 268-9, 272, 283, 289-91, 303, 316, 319, 327, 329, 331-5, 346
COSTA, BEATRIZ (1907-96), atriz portuguesa, 297
COSTA, MARIA DELLA (1926-), atriz brasileira, 247-8, 251-2, 257-8, 297, 315, 341-4
COSTA, MIGUEL (1885-1959), militar e revolucionário brasileiro, comandante da Coluna Miguel Costa-Prestes, 44
COSTA, PEDRO, genro de Zélia Gattai e Jorge Amado, marido de Paloma, 297
COUTINHO, ALCEDO (1906-94), médico e político brasileiro, deputado federal pelo PCB, 65
COUTINHO, ALFREDO DE MORAES, médico, 168
CRISPIM, JOSÉ MARIA, dirigente do PCB, 94
DI CAVALCANTI (1897-1976), pintor brasileiro, 50, 54, 288
DUTRA, MARIA DA GRAÇA, jornalista, 171

EHRENBURG, ILYA (1891-1967), escritor russo, 156-9
EMÍLIA, mãe de dona Eulália, avó materna de Jorge Amado, 76, 254-5
ESTRELA, ARNALDO (1908-80), pianista brasileiro, 86-7, 153
FADEIEV, ALEXANDRE (1901-56), escritor russo,154
FANTO, GEORGES, cineasta húngaro, 304
FARIA, JOÃO AMADO DE ver CORONEL JOÃO AMADO DE FARIA
FENELON, MOACIR (1903-53), cineasta e produtor brasileiro, 304
FIRMO, irmão de Zélia Gattai, 182, 227, 229, 232
FLEURY, TITO, jornalista, marido de Cacilda Becker, 248, 257
FREYRE, GILBERTO (1900-87), sociólogo e antropólogo brasileiro, 201
GARCIA, CHIANCA DE (1898-1983), dramaturgo e cineasta português, 297
GATTAI, ERNESTO (1885-1940), pai de Zélia Gattai, 15-7, 19, 21, 31, 94
GATTAI, FRANCISCO ARNALDO, avô de Zélia Gattai, 64
GIORGI, BRUNO (1905-93), escultor ítalo-brasileiro, 27
GLEISER, BERTA, antropóloga romena, esposa de Darcy Ribeiro, 168
GLEISER, GENNY, militante rome-

na, deportada em 1935 do Brasil para a Alemanha, 168
GOLD, MICHAEL (1893-1967), escritor e militante comunista americano, 153-4
GOMALINA, PINA, ver PINA, SOARES DE
GOMES, EDUARDO (1896-1981), militar brasileiro, ministro da Aeronáutica e patrono da Força Aérea Brasileira, 37
GONZÁLEZ, REBOLO (1902-80), pintor brasileiro, 27
GORI, PIETRO (1865-1911), advogado e militante anarquista italiano, 16, 19
GOULART, MAURÍCIO (1908-83), jornalista e político brasileiro, deputado federal, 47
GRABOIS, MAURÍCIO (1912-73), militante comunista brasileiro, deputado federal pelo PCB, 94-5, 218-9, 292
GRACIANO, CLÓVIS (1907-88), pintor brasileiro, 25, 28, 34, 37-8, 47, 50
GUARNIERI, ROSSINI CAMARGO, poeta brasileiro, 36
GUERREIRO, JOSEF, ator, 258
GUILLÉN, NICOLÁS (1902-89), poeta cubano, 306-9
HOLANDA, AURÉLIO BUARQUE DE (1910-89), lexicógrafo e filólogo brasileiro, 172
HOLANDA, SÉRGIO BUARQUE DE (1902-82), historiador e sociólogo brasileiro, 36

IACOVINO, MARIUCCIA (1922-), violinista brasileira, 86-7, 153
JAGLE, ADOLFO, psiquiatra, 26-7, 40
JANAÍNA, filha de James Amado, sobrinha de Jorge Amado, 291
JARDEL FILHO (1927-83), ator brasileiro, 258
JOCA ver JOELSON
JOELSON, irmão de Jorge Amado, 13-4, 63, 70, 72, 75, 79-81, 83, 87, 95-6, 110, 115-6, 121, 167-8, 182, 188, 233-5, 253, 275, 288, 301, 303, 318, 325-30, 333-6
JOFRE, irmão de Jorge Amado, falecido aos três anos, 75, 232-5
JURANDIR, DALCÍDIO (1909-79), escritor brasileiro, 36, 167-8
KONDER, VALÉRIO (1911-68), militante comunista brasileiro, 159
LACERDA, CARLOS (1914-77), jornalista e político brasileiro, governador da Guanabara, 23, 36
LAFER, HORÁCIO (1900-65), empresário e político brasileiro, ministro da Fazenda e das Relações Exteriores, 12
LALU, D. ver LEAL, EULÁLIA
LEAL, EULÁLIA (1884-1972), mãe de Jorge Amado, 10, 12, 63-8, 70-2, 74-84, 87-96, 105-8, 110, 112, 115-9, 121, 134-5, 137-44, 146, 149, 162-5, 167, 177-81, 183-9, 193- 200, 216-7, 222-8, 230-9, 249, 253-8, 262-4, 267-76, 283, 289-291, 302-3, 316, 326-32, 334-6, 345-6

LIMA, PAULO, marido de Vera, cunhado de Zélia Gattai, 39
LOBATO, MONTEIRO (1882-1948), escritor e editor brasileiro, 35, 44, 59
LUIZ CARLOS, filho do primeiro casamento de Zélia Gattai, 30, 40, 60, 173, 204, 237, 249, 264, 313, 335
MACHADO, ALFREDO, empresário brasileiro, fundador da Editora Record, 9
MACHADO, ANÍBAL (1894-1964), escritor brasileiro, 36, 287-8
MACHADO, DYONELIO (1895-1985), escritor e militante comunista brasileiro, 36
MAGALHÃES, JURACY (1905-2001), militar e político brasileiro, foi ministro da Justiça durante a ditadura militar, 148
MARIGHELLA, CARLOS, (1911-69), político e militante comunista brasileiro, 94-5, 171, 187, 293-5
MARTINS, MANUEL (1911-79), pintor e ilustrador brasileiro, 52
MELO, GRAÇA (1914-79), ator e diretor brasileiro, 247
MELQUE, irmão de Coronel João, tio de Jorge Amado, 238
MIRANDA, ROSITA PONTES DE, psicanalista, 65, 94
MORAES, VINICIUS DE (1913-1980), diplomata, poeta e compositor brasileiro, 23, 36, 262, 282, 284
MOREYRA, ÁLVARO, (1888-1964), poeta e cronista brasileiro, 168, 217
MOREYRA, EUGÊNIA ÁLVARO, atriz, 168
MURIEL, HELENA, pintora, esposa do escritor português José Maria Ferreira de Castro, 151
NADREAU, MISETTE, amiga de Jorge Amado e Zélia Gattai, 153
NERUDA, PABLO (1904-73), poeta chileno, 44, 48, 50-1, 53-6, 98-9, 104, 246, 308-9
NERY, ADALGISA (1905-80), poetisa brasileira, 111
NIEMEYER, OSCAR (1907-), arquiteto brasileiro, 65, 159
NOCA ver NOÊMIA
NOÊMIA, prima de Jorge Amado, 198-9, 203
OCTÁVIO FILHO, RODRIGO (1892-1969), escritor brasileiro, 111
OLIVEIRA, FRANKLIN DE (1916-2000), jornalista brasileiro, 344
PAIM, ALINA (1919-), escritora brasileira, 36
PANCETTI, JOSÉ (1902-58), pintor brasileiro, 46, 51, 53, 55, 97
PASSOS, JACINTA (1914-1973), poetisa, 42, 99
PEIXOTO, MÁRIO (1908-92), cineasta e escritor brasileiro, 285-6, 305
PEREIRA, ASTROJILDO (1890-1965), escritor e político brasileiro, fundador do Partido Comunista, 64-5

PEREIRA, NUNES (1892-1985), antropólogo brasileiro, 34
PESSOA, JOVINA, integrante do Comitê de Senhoras da Comissão de Anistia, 40
PINA, SOARES DE, diplomata brasileiro, secretário da Embaixada em Moscou, 286, 288, 293
PINTO, BARRETO, deputado federal, primeiro político cassado no Brasil por falta de decoro parlamentar, 137, 161, 271
POLEO, HÉCTOR (1918-89), pintor venezuelano, 343
POLÔNIO, SANDRO, ator, 257-8
POMAR, PEDRO (1913-76), político brasileiro, fundador do PCdoB, foi assassinado na Chacina da Lapa, 94, 171, 173-4, 214, 284, 339
PONTES NETO (1915-94), médico e político brasileiro, deputado federal, 202, 205, 213-4
PORTINARI, CANDIDO (1903-62), pintor brasileiro, 64, 214
PRADO JÚNIOR, CAIO (1907-90), historiador, político e editor brasileiro, 36
PRESTES, ANITA LEOCÁDIA (1936), professora brasileira, filha de Luís Carlos Prestes, 29, 42
PRESTES, LEOCÁDIA (1874-1943) professora brasileira, mãe de Luís Carlos Prestes, 29, 42
PRESTES, LUÍS CARLOS (1898-1990), líder comunista brasileiro, 25-6, 29, 39, 42-4, 49, 51, 64, 87, 94, 113, 136-7, 148, 161, 214
QUEIROZ, DINAH SILVEIRA DE (1911-82), escritora brasileira, 111
RAMOS, GRACILIANO (1892-1953), escritor brasileiro, 64, 111, 167-8, 221-2, 239-40, 337
RAMOS, NEREU (1888-1958), advogado e político brasileiro, presidente da República por dois meses (1955-56), 306, 339
RECHULSKI, FANNY, secretária de Jorge Amado, 13-5, 62, 324, 325-9, 335-6, 341
RECHULSKI, MOISÉS, pai de Fanny, 335
REDOL, ALVES (1911-69), escritor português, 152-3
REGO, JOSÉ LINS DO (1901-57), escritor brasileiro, 36, 111, 337
REMO, irmão de Zélia Gattai, 215
REZENDE, SIDNEY, amigo de Jorge Amado e Zélia Gattai, médico analista, 168, 216
RIBEIRO, DARCY (1922-97), foi um antropólogo, escritor e político brasileiro, ministro da Educação, 168
RISTORI, ORESTE (1874-1943), militante anarquista italiano, deportado para a Itália, 18, 25, 52
RODRIGUES, NELSON (1912-80), dramaturgo e escritor brasileiro, 248
ROSENBERG, IRACEMA, integran-

te do Comitê de Senhoras da Comissão de Anistia, 40
SABENÇA, ALCIDES, político brasileiro, deputado federal, 171
SACCO E VANZETTI (1891-1927) e (1888-1927), anarquistas italianos executados nos EUA por supostos homicídios, 18
SALVAGE, MADAME, proprietária Grand Hotel Saint-Michel em Paris, 152
SANTA ROSA (1909-56), cenógrafo e artista plástico brasileiro, 34
SANTOS, CARMEM (1904-52), atriz e cineasta brasileiro, 285, 293
SANTOS, RUY, fotógrafo e cineasta brasileiro, 85, 305
SCHENBERG, MÁRIO (1914-90), cientista brasileiro, 40-1
SCLIAR, CARLOS (1920-2001), pintor brasileiro, 24, 33, 84-7, 96, 98, 153, 312
SCLIAR, HENRIQUE, anarquista russo, pai de Carlos Scliar, 33, 96-7, 100-2
SCLIAR, MOACYR (1937-), médico e escritor brasileiro, 97
SEGALL, LASAR (1891-1957), pintor e escultor lituano, 23
SEGHERS, ANNA (1900-83), escritora alemã, 154-5
SEGHERS, PIERRE (1906-1987), poeta e editor francês, 154
SELJAN, ZORA (1918-2006), escritora e jornalista brasileira, 23
SILONE, IGNAZIO (1900-78), escritor italiano, um dos fundadores do Partido Comunista Italiano, 149
SILVA, CLAUDINO JOSÉ DA (1902-85), político brasileiro, deputado federal pelo PCB, 171
SILVA, MARIA HELENA VIEIRA DA (1908-92), pintora portuguesa, 85-7
SILVEIRA, PELÓPIDAS (1915-2008), engenheiro e político brasileiro, prefeito do Recife, 193, 201-2
SISSON, ROBERTO, poeta e militar brasileiro, membro da Aliança Nacional Libertadora, 65, 69, 87, 94
SOLEDADE, funcionária do coronel João, esposa de Virgílio, 107-8, 110
SZENES, ARPAD (1897-1985), artista plástico húngaro, 85-7
TEIXEIRA, AMÁLIA HERMANO (1916-91), botânica e pesquisadora brasileira, 159
TORELLY, APARÍCIO, o BARÃO DE ITARARÉ, (1895-1971), jornalista e humorista brasileiro, 36-8
TUNA ver AMADO, JAMES
TURKOV, diretor teatral polonês, 248
VALENTIM, funcionário do coronel João, 88, 188
VARGAS, IVETE (1927-84), política brasileira, deputada federal, 219
VEIGA, ANTENOR MAYRINK, empresário e político brasileiro, senador, 322-4

VERA, irmã de Zélia Gattai, 17, 39, 51, 54, 60, 216, 264, 313, 335
VERISSIMO, ERICO (1905-75), escritor brasileiro, 96-7
VIRGÍLIO, administrador da fazenda do coronel João, 105, 107, 257-8

WANDA, irmã de Zélia Gattai, 17, 35, 56, 59, 61, 215, 264, 266, 271, 314, 335
WERNECK, PAULO (1907-87), artista plástico brasileiro, 65
ZIEMBINSKI (1908-78), ator e diretor polonês, 247-8, 252, 257-8

ESTA OBRA FOI COMPOSTA POR
RITA DA COSTA AGUIAR | ESTÚDIO EM FARFIELD E DIN
E IMPRESSA EM OFSETE PELA PROL EDITORA GRÁFICA
SOBRE PAPEL PÓLEN SOFT DA SUZANO PAPEL E CELULOSE
PARA A EDITORA SCHWARCZ EM JANEIRO DE 2010